来自法治现场的报告

法治的[政府]

LEGAL GOVERNMENT

顾问点评30例

◎ 周连勇 主编　钟丽 副主编

南京师范大学出版社
NANJING NORMAL UNIVERSITY PRESS

图书在版编目(CIP)数据

法治的政府:顾问点评30例/周连勇主编. —南京:南京师范大学出版社,2015.9
(来自法治现场的报告系列丛书)
ISBN 978-7-5651-2364-1

Ⅰ.①法… Ⅱ.①周… Ⅲ.①国家行政机关－社会主义法制－中国 Ⅳ.①D920.0

中国版本图书馆CIP数据核字(2015)第231080号

书　　名	法治的政府:顾问点评30例
主　　编	周连勇
副 主 编	钟　丽
责任编辑	刘娟娟　王　涛
出版发行	南京师范大学出版社
地　　址	江苏省南京市宁海路122号(邮编:210097)
电　　话	(025)83598919(总编办)　83598412(营销部)　83598297(邮购部)
网　　址	http://www.njnup.com
电子信箱	nspzbb@163.com
照　　排	南京理工大学印刷照排中心
印　　刷	盐城市华光印刷厂
开　　本	787毫米×960毫米　1/16
印　　张	14.5
字　　数	258千
版　　次	2015年9月第1版　2018年11月第2次印刷
书　　号	ISBN 978-7-5651-2364-1
定　　价	35.00元

出版人　彭志斌

南京师大版图书若有印装问题请与销售商调换
版权所有　侵权必究

目 录

推荐序 / 1

作者自序一 / 1

作者自序二 / 3

案例 1	环保信息如何公开？/ 1
案例 2	可不可以要求公开法官信息？/ 8
案例 3	违法拆迁赔偿怎么赔？/ 23
案例 4	政府如何征收自管用房？/ 29
案例 5	政府如何解决土地权属争议？/ 36
案例 6	镇政府强制拆除程序正当吗？/ 42
案例 7	政府如何签订征收补偿协议？/ 49
案例 8	如何判断行政裁决的对错？/ 55
案例 9	如何判断规划许可的合法性？/ 63
案例 10	正在刑事追诉的案件可以行政处罚吗？/ 71
案例 11	行政处罚明显不当如何分析？/ 79
案例 12	行政处罚如何听证？/ 87
案例 13	林业主管部门行政处罚合法吗？/ 95
案例 14	海关警告并处罚款的处罚对吗？/ 101

目录

案例 15　行政执法中如何进行证据收集？／105

案例 16　行政机关可以确认鉴定结论违法吗？／110

案例 17　司法鉴定投诉怎样处理？／117

案例 18　纳税告知行为理由成立吗？／122

案例 19　国税局答复企业退税有错吗？／130

案例 20　政府行政奖励该不该发？／139

案例 21　如何认定"教育行政垄断行为"？／148

案例 22　是信访还是行政复议？／156

案例 23　政府如何保障利害关系人的权利？／164

案例 24　遗产转移登记，政府能要求强制公证吗？／170

案例 25　政府受理工伤认定需要实质审查吗？／176

案例 26　文物拆毁责任如何追究？／182

案例 27　考试作弊不授予学位违法吗？／191

案例 28　公安局 110 不作为要不要行政赔偿？／199

案例 29　公安机关能否拒绝律师会见犯罪嫌疑人？／207

案例 30　监狱的监管行为是否可诉？／214

推荐序

前些日子,偶遇连勇君,他和我谈起南京师范大学出版社近期要帮他出一本政府法律顾问点评案例的书,让我为这本书作个序。

我觉得南京师范大学出版社出版这种题材的书籍,对于当下的政府法治实践无疑恰逢其时,但由我写序并不合适。因为连勇君现在主要致力于律师业务,而且已经是享誉省内外的大律师,但二十多年前,他曾执教于当时的江苏省司法学校,多次系统讲授过行政法学课程。其时,我也在南京大学教行政法,我从事行政法学教学科研活动,虽然早他几年,但从年龄上讲,我们是同道平辈。当时,我们一起参加江苏省行政法学会的学术年会,一起研究部门行政法课题,一起讨论典型行政案件,有比较深的专业交流,结下了纯朴的友情!所以,我总觉得给连勇君著述写序的人应该是年事更高、德高望重的学术大家!但连勇君坚持我是最合适的人选,反复强调他一不需要傍大家扬名,二不需要借高人吹捧,只需要实实在在的介绍,一针见血的批评!由于我和连勇君的相互了解和坦诚相见,客套与遮掩都是多余的。诚恳之至,却之不恭!

到底什么样的政府才是法治政府?可能需要从现实分析入手逐步向理想设计推进,这本书最大的特点就是从律师代理政府机关行政案件的视角,吸取法院审判的思路,对政府行政行为的成败得失进行总结与点评,接地气,可操作性强!30个案例的挑选,编著者颇费心机,既有常见的政府信息公开、征收补偿安置、行政处罚等传统案例,也有目前还比较少见的行政奖励不兑现、教育行政垄断等新型案例,选材具有一定的代表性。每篇文章,既有对具体个案的介绍与讲评,更有从法学理论梳理、实务操作建议等方面举一反三的提炼和升华,对读者具有多方面的启发和借鉴意义。

但由于这本顾问点评的案例系多位作者撰写,每篇文章的深度和广度不太平衡,理论归纳及实务经验总结也是各有差异,这对编辑工作提出了挑战,也为同行研究的进一步完善留下了足够空间!正是由于差异和区别,才有努力和进取,我们不懈追求法治的过程,何尝不是如此?

我觉得这种类型的书籍可以持续出版下去,形成 2015 版、2016 版、2017 版、2018 版……即便每本书体量不大,仅 30 个案例,但也能在一定程度上折射政府法治的进步,描绘法治中国的未来。

感谢周连勇律师和他朝气蓬勃的团队,让我有机会提前拜读其佳作,先睹为快!

是为序。

河海大学法学院院长、教授、博士生导师
邢鸿飞
2015 年 8 月 31 日

作者自序一

1988年下半年我在江苏省司法学校接替外聘的南京大学叶松春老师讲授行政法学的时候,课程编排的还是选修课,课时不多,没有合适的教材,学生的课堂笔记基本上围绕我的讲义记些要点。当时的背景下,很多人,包括我们的政府官员对这门法律学科还比较陌生,大家比较强烈的意识是按政策办事,听领导指示!学者称之为"人治"。但是,作为一名年轻的普通教员,我还是豪情万丈地和一些大学老师、社科院研究员、刚刚成立行政庭办理行政案件还比较茫然的法官朋友们,义无反顾地投入到对行政法、行政诉讼法的研究中去!那时候没有电脑,没有复印机,就发动学生手抄资料、剪报贴报;那时候书很便宜,刚刚发的工资除了吃饭,几乎把南京城所有书店里只要是写行政法的中外书籍全部买齐。那年冬天,我和本省行政审判岗位上的几名法官,以及教学同行去中国政法大学进修行政法学,研习刚刚颁布的《中华人民共和国行政诉讼法》草案,回校后一年多,竟然以"初生牛犊不怕虎"的威猛编写了当时是雪中送炭、今天看来让我羞涩难堪的全省第一本专业教材《简明行政法》(江苏教育出版社1990年版),这就是我对政府法治全身心研究的青涩起步。回忆起来却无比温馨!

转眼二十多年近三十年过去了,政府法治有了全新的坐标,无论是顶层设计还是百姓的期待都与二十年前不可同日而语,特别是2014年上半年以来,我的团队中标研究江苏省人民政府法制办公室的课题"普遍建立政府法律顾问制度研究",我们对法治的政府有了更多的向往,有了更多一吐为快的建设性意见和建议。我和助手们商量,我们能不能选择一批相对典型的案例,站在完善政府法治的角度,摒弃指责、怀疑的负能量,结合多年来政府法律顾问的工作经验,用专业的眼光点评案例中存在的问题,以及解决问题的路径或方法!一年的努力,终于瓜熟蒂落,我们诚诚恳恳地把这本完全可能挂一漏万的资料梳理、心得体会捧至您的面前,静听批评!

这次我和年轻的助手们一起编著、撰写文稿,还有一个想法:法律职业人需要传承我们心爱的事业,时光飞逝,我等同辈终将淡出"江湖",希望后来者在丰富经验、历练技能的同时,永葆对政府法治工作的澎湃激情,对法治中国的未来信心满满!

周连勇

2015 年 8 月 21 日

作者自序二

记得刚到博事达律师事务所工作的时候,周连勇主任就对我们说过,律师队伍的建设必须解决年轻律师的成长和业务专业化问题,这是时代发展的命题,也是法制文明的呼唤。作为处于律师执业起步阶段的我,有幸成为周主任挂帅的政府法律顾问团队的主要成员,近年来接手了大量的代理政府机关的诉讼及非诉讼业务,在成长过程中拓展了专业领域,提高了执业技能,与此同时又激发了自己深入思考、潜心研究政府法治的热情。2014年以来有机会全程参与江苏省人民政府法制办公室"普遍建立政府法律顾问制度研究"课题的研究,更使我集中思考了相关问题及其解决方案。这次在周主任的鼓励下参与"来自法治现场的报告"系列丛书之一——《法治的政府:顾问点评30例》的编撰,深感责任重大!政府法律顾问虽不是新鲜事物,但在党的十八届四中全会之后,作为一线的法律服务人员,我们确实感受到前所未有的改变。法治政府的建设在以我们看得见、听得到的方式推进,在以明晰、具体的阶段性成果呈现在我们的面前。各级政府及其工作部门不断以制度形式和日渐科学的机制确认政府法律顾问的地位、任务和责任,以规范化的程序保障政府法律顾问效能的实现。法律顾问无论就其对政府日常管理的参与度还是介入的深度均属史无前例,法律顾问提出的法律建议其受重视的程度、被采信的比率均明显提高。这又大大提升了从事政府法律顾问专业人士的执业信心,很多政府法律顾问通宵达旦地审核规范性文件、审查行政机关的各式合同,应对日益增多的行政复议和行政诉讼,研究纷繁复杂的行政预案,努力完成执业坚守。

周连勇主任的政府法律顾问服务团队长期致力于政府法制工作研究,参加与此相关的各项专业研讨和社会活动,不断深化政府法律顾问服务的内涵与外延，从政府工作实际出发，不断总结、完善标准化的工作指引，力求通过不同的形式为各级政府及相关部门提供全方位、多层次的法律服务。在代理政府行政复议、行政诉讼案件的过程中，通过对涉诉行政行为的证据梳理、程序研习及对法官个案审判思路的揣摩，为政府提升履职、执法的合法性、科学性提供更多途径。顾问团队经常在完成个案代理后，将办案的启示以书面法律建议书的形式提交顾问单位，深受顾问单位好评，这些工作成果的取得也正是编撰本书的由来。我们在包括自办案件在内的行政诉讼典型案例中，根据行政机关履职过程中所涉重点、难点问题，精心挑选了 30 个案例，按照案情简介、争议处理及顾问点评的"三部式"体例编制，重点通过顾问点评来讨论和辨析典型案例的争议焦点，并进行延伸思考，提出相关的总结建议和预案设计等，把我们未必尽善尽美但绝对尽心尽力的思索传达给每一位读者。

钟 丽

2015 年 8 月 7 日

案例 1
环保信息如何公开?[1]

周连勇　杨秀云

一、案情简介

2011年10月,原告某环保联合会向某市人民法院环保法庭提起环境公益诉讼,起诉某乳业股份有限公司超标排放工业污水。因案件需要某乳业股份有限公司的相关环保资料,原告便向被告某县环境保护局提出申请,要求被告向其公开某乳业股份有限公司的排污许可证、排污口数量和位置、排放污染物种类和数量情况、经环保部门确定的排污费标准、经环保部门监测所反映的情况及处罚情况、环境影响评价文件及批复文件、"三同时"验收文件等有关环境信息,并于2011年10月28日将信息公开申请表以公证邮寄的方式提交给被告。被告收到该信息公开申请表后,认为原告所申请公开的信息内容不明确,信息形式要求不具体、不清楚,获取信息的方式不明确,故一直未答复原告的政府信息公开申请,也未向原告公开其所申请的信息。原告某环保联合会以被告某县环境保护局不予公开环境信息,向某市人民法院提起行政诉讼。

二、争议处理

(一) 原告主张

原告某环保联合会诉称:2011年10月,原告向某市人民法院环保法庭提起环境公益诉讼,起诉某乳业股份有限公司超标排放工业污水,基于该案件需要,需调取某乳业股份有限公司的相关环保资料,便向被告某县环境保护局提出申请,要求被告向其公开某乳业股份有限公司的环境影响评价报告、环保设施竣工验收资料、排污许可证、排污费征收等有关环境信息。而某县环境保护局在法定期限内既未向原告公开上述信息,也未对原告申请给予答复,违反了《中华人民

---

[1] 案例来源:北大法律信息网。

共和国政府信息公开条例》(以下简称《条例》)和环境保护部《环境信息公开办法(试行)》的规定,故向某市人民法院提起行政诉讼,要求判决某县环境保护局对原告的政府信息公开申请予以答复,并向原告公开相关信息。

（二）被告主张

被告某县环境保护局辩称：① 原告某环保联合会确实于2011年10月28日以特快专递的方式提交了政府信息公开申请表,但申请表未附原告的机构代码证等主体材料,也未明确需要某乳业股份有限公司的三个基地中具体哪一个基地的信息,其申请公开的信息内容不明确；② 原告要求公开信息的形式不具体、不清楚；③ 原告获取信息的方式不明确；④ 原告申请信息公开时未提供相关的检索、复制、邮寄等成本费用。且被告已于2011年10月31日电话告知了原告的联系人宋某,要求原告对申请公开的信息内容进行补充说明,以方便被告履行信息公开的职责。故原告诉被告不履行政府信息公开法定职责,没有事实依据和法律依据。

（三）审理结果

某市人民法院一审认为：

原告某环保联合会因为环境公益诉讼案件的需要向被告某县环境保护局通过邮政快递的方式提出了环境信息公开的书面申请,并在申请中载明了申请人的名称、联系方式、申请公开的具体内容、获取信息的方式等,其申请环境信息公开的内容不涉及国家秘密、商业秘密、个人隐私,属于法定可以公开的政府环境信息,申请环境信息的程序亦符合《条例》第二十条、《环境信息公开办法(试行)》第十六条的规定。

某市人民法院依照《条例》第十三条和第二十六条、《环境信息公开办法(试行)》第十六条,以及最高人民法院《关于审理政府信息公开行政案件若干问题的规定》第一条第(一)项、第九条第一款之规定,于2012年1月10日判决如下：

被告某县环境保护局于判决生效之日起十日内对原告某环保联合会的政府信息公开申请进行答复,并按原告的要求向其公开某乳业股份有限公司的相关环境信息。

某县环境保护局不服一审判决,向某市中级人民法院提起上诉。

在某市中级人民法院审理过程中,上诉人某县环境保护局以"环境保护局向公民、法人及其他组织主动公开政府信息是其义务和责任,自愿服从某市人民法院〔2012〕清环保行初字第1号的行政判决书"为由,于2012年3月9日向某市中级人民法院递交撤诉申请书,申请撤回上诉。

某市中级人民法院经审查认为,上诉人某县环境保护局撤回上诉的申请符合法律规定,依照最高人民法院《关于执行〈中华人民共和国行政诉讼法〉若干问题的解释》(法释〔2000〕8号)第六十三条第一款第(十)项、第九十七条及参照《中华人民共和国民事诉讼法》第一百五十六条之规定,于2012年3月12日作出终审裁定,准许上诉人某县环境保护局撤回上诉。

三、顾问点评

(一)本案争议焦点

本案对政府信息公开具体行政行为进行司法审查涉及的争议焦点问题主要有:① 申请人与申请公开的政府信息的相关性判断;② 申请公开的信息是否属于政府不予公开的信息的判断;③ 政府信息公开申请的内容要求。

1. 申请人与申请公开的政府信息的相关性

政府信息公开行政诉讼中,原告必须是与申请公开的政府信息具有利害关系的公民、法人或者其他组织,申请人必须与申请公开的政府信息之间具备相关性。

根据《条例》第三十三条第二款规定,政府信息公开行政诉讼的原告是认为行政机关在政府信息公开工作中的具体行政行为侵犯其合法权益的公民、法人或者其他组织。这一规定说明原告资格要求具备两个条件:第一,起诉人是公民、法人或者其他组织。第二,起诉人认为具体行政行为侵犯了其合法权益,并具备相关性。《条例》第十三条规定:"除本条例第九条、第十条、第十一条、第十二条规定的行政机关主动公开的政府信息外,公民、法人或者其他组织还可以根据自身生产、生活、科研等特殊需要,向国务院部门、地方各级人民政府及县级以上地方人民政府部门申请获取相关政府信息。"国务院办公厅《关于实施政府信息公开条例若干问题的意见》第五部分第(十四)项规定:"行政机关对申请人申请公开与本人生产、生活、科研等特殊需要无关的政府信息,可以不予提供。"因此,原告起诉时,有责任证明其与申请公开的政府信息之间具备相关性。

具有维护公众环境权益和社会监督职责的公益组织,根据其他诉讼案件的特殊需要,可以依法向环保机关申请获取环保信息。本案中,因诉讼需要,某环保联合会向某县环境保护局提出环境信息公开的书面申请,属于《条例》所规定的申请人根据自身生产、生活、科研等特殊需要申请公开信息的情形。在申请内容明确具体且申请公开的信息属于公开范围的情况下,人民法院应当支持。

2. 申请公开的信息是否属于政府不予公开的信息

申请公开的信息属于不予公开信息的,行政机关可以拒绝公开;申请公开的信息不存在的,行政机关不负公开义务。

根据《条例》规定,不予公开的信息为:① 根据保密法及其实施办法确定为国家秘密的信息及有关主管部门或者同级保密部门确定为国家秘密的信息。② 行政机关发布政府信息需要相关部门批准而相关部门未批准的信息。③ 公开后可能危及国家安全、公共安全、经济安全以及社会稳定的信息。④ 根据法律、法规规定明确不予公开的信息,如与申请人无关的信息,以及公开可能侵犯他人商业秘密、个人隐私,权利人不同意公开的。

关于涉及国家秘密及安全稳定的信息,《条例》第八条规定:"行政机关公开政府信息,不得危及国家安全、公共安全、经济安全和社会稳定。"国务院办公厅《关于实施政府信息公开条例若干问题的意见》中作了更具体的解释:"凡属国家秘密或者公开后可能危及国家安全、公共安全、经济安全和社会稳定的政府信息,不得公开。"这一解释事实上将公开后可能危及国家安全、公共安全、经济安全和社会稳定的政府信息视作国家秘密信息不予公开。

国家秘密指关系国家的安全和利益,依照法定程序确定,在一定时间内只限一定范围的人员知悉的事项。保密法第八条、第十一条对此作了具体的规定,主要有:国家事务重大决策中的秘密事项;国防建设和武装力量活动中的秘密事项;外交和外事活动中的秘密事项以及对外承担保密义务的事项;国民经济和社会发展中的秘密事项;科学技术中的秘密事项等。

针对无关信息不予公开的情形,国务院办公厅《关于实施政府信息公开条例若干问题的意见》第五部分第(十四)项规定:"行政机关对申请人申请公开与本人生产、生活、科研等特殊需要无关的政府信息,可以不予提供。"对此类信息政府亦有权不向申请人公开。

本案中,申请公开的信息显然不属于涉及国家秘密的信息,且与申请人另一诉讼案件相关,属于"自身生产、生活、科研等特殊需要的政府信息"范畴。

同时,政府虽然对不予公开的信息和不具有公开义务的信息具有拒绝公开的裁量权力,但是在政府信息公开诉讼中,政府应承担相应的证明责任。

3. 政府信息公开申请的内容要求

《条例》第二十条明确规定,政府信息公开申请应当包括:① 申请人的姓名或者名称、联系方式;② 申请公开的政府信息的内容描述;③ 申请公开的政府信息的形式要求。本案中被告某县环境保护局认为原告某环保联合会在提交政府信息公开申请表时,应同时附上原告的身份证明,因原告在信息公开申请表中已正确填写了单位名称、住所地、联系人及电话并加盖了公章,而《条例》中并没有强制要求申请人提供身份证明,故被告所提意见没有法律依据。

根据《条例》第二十一条的规定,对于申请内容不明确的,行政机关应当告知申请人作出更改、补充。被告某县环境保护局认为某乳业股份有限公司在某县有三个基地,原告某环保联合会未明确申请公开哪一个基地的环境信息,原告所申请的内容不明确的意见,在本案中,原告在申请表中已经明确提出需要某乳业股份有限公司的排污许可证、排污口数量和位置、排放污染物种类和数量情况、经环保部门确定的排污费标准、经环保部门监测所反映的情况及处罚情况、环境影响评价文件及批复文件,其申请内容的表述是明确具体的,至于某乳业股份有限公司在某县有几个基地,并不妨碍被告公开信息,被告应就其手中掌握的所有涉及某乳业股份有限公司的相关环境信息向原告公开。

根据该省政府信息公开相关规定,行政机关对申请公开的政府信息,根据相关情况分别作出答复,申请内容不明确或申请书形式要件不齐备的,行政机关应当出具《补正申请告知书》,一次性告知申请人作出更正、补充。即便被告认为原告申请内容不明确,应当按该规定向原告发出《补正申请告知书》,一次性告知申请人作出更正、补充,而被告没有按规定办理。故被告以申请内容不明确而不公开相关环境信息,不符合规定。

根据该省政府信息公开相关规定,行政机关依申请提供政府信息,可以收取实际发生的检索、复制、邮寄等成本费用。被告某县环境保护局认为原告某环保联合会申请信息公开时,未提供相关检索、复制、邮寄等成本费用,因被告并未向原告提出收费要求,原告也未向被告明示不支付相关费用,故被告以此理由不公开相关环境信息亦不符合法律规定。

(二) 政府信息公开诉讼制度

《条例》第三十三条第二款规定了政府信息公开诉讼制度,明确了公民、法人或者其他组织认为行政机关在政府信息公开工作中的具体行政行为侵犯其合法权益的,可以依法提起行政诉讼。政府信息公开诉讼属于《中华人民共和国行政诉讼法》第十二条第二款规定的扩大的行政诉讼受案范围,对于保障公民、法人和其他组织依法获取政府信息的权利,提高政府工作的透明度,促进社会主义政府法治建设,起到了非常重要的作用。

随着法治政府建设进程的推进,政府信息公开申请及因此导致的行政复议、行政诉讼案件数量将越来越多,政府信息公开案件的研究分析,将有利于政府信息公开工作的有效推进。

(三) 总结与建议

政府信息公开的规范与法治化是一个国家民主与法治发展的彰显,亦是保障人权的必然要求。解决政府信息公开实践中出现的诸多问题,不仅需要制度规范的完善、公权主体观念的转换,更需要普通民众、社会组织的积极参与和监督。法律顾问就政府信息公开工作的完善特提出以下建议:

第一,完善以《条例》为核心的政府信息公开规范体系。① 提升政府信息公开规范位阶。《条例》仅仅是行政法规,信息公开规范位阶的提升,能够在制度层面保证政府信息公开规范的权威性。② 加强《条例》的解释工作。客观世界是复杂的,社会现实在时刻变化着,成文法一经颁布实施,从严格的法律学角度看,就已经落后于社会现实。在辅之实施细则的基础上,结合社会成员的广泛关注,对《条例》的重点、核心概念进行解释,如合理界定"社会大众广泛关注的信息"、"生产、生活、科研等特殊需要"等。③ 从制度层面完善知情权的救济方式与渠道。无救济就无权利,社会大众的知情权作为广义人权的当然内容,需要切实有效的制度机制予以保障。仅就《条例》而言,主要是行政复议与行政诉讼。这就要充分发挥法院的司法审查功能,为政府信息公开的法治化提供强有力的司法保障。

第二,不断完善政府信息公开形式。不断完善政府及其部门的网站、纸质媒介或新闻发言人制度。及时更新网站信息的发布,力求专门化、专业化,对于社会热点问题,特别是对网络舆情做好积极、及时、正面的回应。行政部门应及时建立新闻发言人制度,甄别主动公开、依申请公开政府信息的范围,从容应对政府信息公开。

第三,行政机关需严格依照法定方式和程序进行政府信息公开申请答复。《条例》第三章明确规定了政府信息公开的方式和程序。特别需要强调的是,对申请公开的政府信息,行政机关需严格依据《条例》第二十一条规定的四种方式作出答复:属于公开范围的,应当告知申请人获取该政府信息的方式和途径;属于不予公开范围的,应当告知申请人并说明理由;依法不属于本行政机关公开或者该政府信息不存在的,应当告知申请人,对能够确定该政府信息的公开机关的,应当告知申请人该行政机关的名称、联系方式;申请内容不明确的,应当告知申请人作出更改、补充。行政机关需避免因答复程序不当而被确认行政行为违法。

参考文献:

1. 李广宇. 政府信息公开诉讼:理念、方法与案例[M]. 北京:法律出版社,2009.

2. 赵正群,胡锦光,王锡锌,王四新,莫于川.政府信息公开法制比较研究[M].天津:南开大学出版社,2013.
3. 黄伟群.政府信息公开保密审查制度研究[M].北京:人民出版社,2014.
4. 乔立娜,李鹏.政府信息公开工作制度与实施[M].北京:中国人事出版社,2011.
5. 许莲丽.保障公民知情权——政府信息公开诉讼的理论与实践[M].北京:中国法制出版社,2011.
6. 王万华.知情权与政府信息公开制度研究[M].北京:中国政法大学出版社,2013.

案例 2
可不可以要求公开法官信息?[1]

周连勇　周　立

一、案情简介

原告李某于 2014 年 7 月 4 日通过邮寄方式向被告某省司法厅提交信息公开申请表,要求公开某市中级人民法院行政庭三名法官的司法考试成绩及法官等级信息,申请表记载所需信息用途为"生活、维权"。被告某省司法厅于同年 7 月 11 日作出答复,认为原告提出的信息公开申请不符合《中华人民共和国政府信息公开条例》(以下简称《条例》)第十三条规定,不属于被告信息公开范围。原告对此不服,于 2014 年 8 月 31 日向司法部申请行政复议,司法部于 2014 年 10 月 24 日作出行政复议决定,维持被告作出的答复。原告仍不服,提起行政诉讼,要求判令被告在法定期限内公开某市中级人民法院行政庭三名法官的司法考试成绩及法官等级信息。

二、争议处理

(一) 原告主张

原告李某诉称:2014 年 7 月 4 日,原告根据《条例》,以邮寄方式向被告申请公开某市中级人民法院行政庭三名法官的司法考试成绩和法官等级信息。2014 年 7 月 11 日,被告作出答复,拒绝公开原告申请的信息。原告向司法部申请复议,司法部维持被告的答复。原告查询被告网站职能介绍发现,被告负有组织实施全省国家司法考试工作的职责,因此,其在履行行政职责过程中,应当获取了该省某市中级人民法院行政庭三名法官的司法考试成绩信息,而这三名法官是负责审理原告案件的审判人员,原告要行使诉讼中的回避请求权,则需要了解这三名法官的基本信息,这显然与原告生活中行使诉讼权利的需要有关联,被告拒

---

[1] 案例来源:江苏博事达律师事务所代理案件。

绝公开属于拒绝履行政府信息公开职责的违法行为。故请求法院判决被告在法律规定的期限内,依法公开某市中级人民法院行政庭三名法官的司法考试成绩和法官的等级信息。

(二) 被告主张

被告某省司法厅辩称:

第一,被告作出信息公开答复的处理过程合法。被告收到原告的申请后,立即开展对原告申请公开信息内容的审查工作。经查阅法律、对照被告的职权,认定原告提出的信息公开申请,不属于被告信息公开范围。2014年7月11日,被告依法定程序向原告作出了答复。

第二,被告的答复依据充分,法律适用准确。① 关于原告提出的公开三名法官的司法考试成绩信息的申请。根据《条例》的规定,申请人的信息公开申请不符合第九条、第十条有关政府主动公开信息的规定,同时,申请人的信息公开申请也不符合第十三条"根据自身生产、生活、科研等特殊需要"申请获取政府信息的规定。法官是否参加国家司法考试、司法考试成绩如何与申请人的"生活、维权"没有直接联系。② 关于原告提出的公开法官等级信息的申请。《条例》第二条规定:"本条例所称政府信息,是指行政机关在履行职责过程中制作或者获取的,以一定形式记录、保存的信息。"法官由同级人民代表大会任命,法官等级相关信息不属于被告制作和保存的政府信息,与被告履行法定职责无关。因此,申请人申请公开的信息不属于被告信息公开范围。

第三,原告在起诉状中提出的理由不能成立。在起诉状中,原告提出"三名法官是负责审理原告的审判人员,其要行使诉讼中的回避请求权,所以需要了解这三名法官的基本信息"。根据《中华人民共和国行政诉讼法》(以下简称《行政诉讼法》)第四十七条第一款的规定:"当事人认为审判人员与本案有利害关系或者有其他关系,可能影响公正审判的,有权申请审判人员回避。"法官是否通过司法考试及成绩如何与法官在案件中是否会公正审判没有关联性。原告申请法官回避应当依据《行政诉讼法》第四十七条第四款规定的程序申请。

综上,被告收到原告关于信息公开的申请后,按照《条例》规定的方式和程序及时作出了书面答复,答复行为事实清楚,证据充分,适用法律正确,程序合法,处理恰当,请法院依法予以维持。

(三) 审理结果

法院审理认为,《条例》第十三条规定:"除本条例第九条、第十条、第十一条、第十二条规定的行政机关主动公开的政府信息外,公民、法人或者其他组织还可以根据自身生产、生活、科研等特殊需要,向国务院部门、地方各级人民政府及县级以上地方人民政府部门申请获取相关政府信息。"

《条例》第二十四条第一款、第二款规定："行政机关收到政府信息公开申请，能够当场答复的，应当当场予以答复。行政机关不能当场答复的，应当自收到申请之日起十五个工作日内予以答复；如需延长答复期限的，应当经政府信息公开工作机构负责人同意，并告知申请人，延长答复的期限最长不得超过十五个工作日。"原告于2014年7月4日向被告提出信息公开申请，被告收到后，于同年7月11日作出答复，被告作出的答复符合上述规定，程序合法。

本案中，原告提出其申请公开的信息在于了解法官的情况以行使回避权，法院认为，原告如认为法官与案件存在利害关系可能影响案件公正审理，可以提出回避申请，但合议庭法官的司法考试成绩与其行使回避权无关联，法官的任职资格由有权机关进行认定，原告要求公开的相关信息与其自身生产、生活、科研等特殊需要无关。被告据此作出的答复并无不当。

综上，被告作出的答复具有事实和法律依据，程序合法，原告的诉讼请求不能成立，本院不予支持。依照《最高人民法院关于执行〈中华人民共和国行政诉讼法〉若干问题的解释》第五十六条第（四）项的规定，判决驳回原告李某的诉讼请求。

三、顾问点评

（一）本案争议焦点

本案的核心争议焦点为申请人申请公开事项是否与自身生产、生活、科研等特殊需要有关。

《条例》第十三条规定："除本条例第九条、第十条、第十一条、第十二条规定的行政机关主动公开的政府信息外，公民、法人或者其他组织还可以根据自身生产、生活、科研等特殊需要，向国务院部门、地方各级人民政府及县级以上地方人民政府部门申请获取相关政府信息。"这种以生产需求、生活需求和科研需求作为申请人申请公开政府信息的目的或者用途的规定，对政府信息公开申请人的资格作了限制性规定，公民、法人或者其他组织申请行政机关公开的政府信息应当与其自身生产、生活、科研等特殊需要有关，否则不符合依申请公开政府信息的条件，行政机关可以以不符合申请人资格为由在程序上作出拒绝决定。国务院办公厅《关于施行〈条例〉若干问题的意见》中规定："行政机关对申请人申请公开与本人生产、生活、科研等特殊需要无关的政府信息可以不予提供。"该规定进一步强化了行政机关决定公开信息与否的裁量权。《最高人民法院关于审理政府信息公开行政案件若干问题的规定》中规定，"被告以政府信息与申请人自身生产、生活、科研等特殊需要无关为由不予提供的,人民法院可以要求原告对特殊需要事由作出说明";"不能合理说明申请获取政府信息系根据自身生产、生活、科研等特殊需要,被告据此不予提供,且已经履行法定告知或说明理由义务的,人民法院应当判决驳回原告的诉讼请求"。上述规定为行政机关对信息公开申请是否属申请人"特殊需要"进行审查提供了依据。

　　本案中原告提出其申请公开的信息在于了解法官的情况以行使回避权,原告若认为法官与案件存在利害关系可能影响案件公正审理,可以提出回避申请,但合议庭法官的司法考试成绩与其行使回避权无关联,法官的任职资格由有权机关进行认定,原告要求公开的相关信息与其自身生产、生活、科研等特殊需要无关,故不能得到支持。

　　当然,究竟如何考量申请人自身生产、生活、科研等特殊需要,我国并没有进一步的司法解释或者行政解释,法官的自由裁量权力较大,事实上,法院内部目前对此也有争论,因此,深入分析非常有必要。

(二) 对本案的深层思考

　　本案内含着一个案件审理虽未具体提及,但十分重要的一个问题,即政府信息公开与个人隐私权的保护问题。

　　1. 政府信息公开中的知情权和隐私权的冲突

　　(1) 政府信息公开中的知情权

　　知情权又称为知的权利、知悉权、资讯权、信息权或了解权,是指知悉、获取信息的自由与权利,包括从官方或非官方知悉、获取相关信息。随着人们法律意识的提高,公众对政府信息公开化的程度要求越来越高,公民想要了解自己应当知道的一切,要求政府多一些公开性和透明度,知情权越来越受到人们的重视。知情权是公民实现参与管理国家事务的基础性权利,一定意义上说政府信息的公开就是公众知情权的实现。政府信息公开的本质是保障公民的知情权,知情权是政府信息公开制度的理论基础。政府信息中的知情权是指公民对国家事务以及社会信息得以知悉的权利,其主要内容包括:① 知政权;② 社会知情权;③ 个人信息知情权;④ 法定知情权。知政权是公民、法人及其他组织依法享有的知悉国家机关及其工作人员的活动及背景资料,了解国家所颁布的法律、法规和政策的权利,它是实现参与管理国家事务的基础性权利。社会知情权是公民依法有权知道其所感兴趣的各种社会现象、商业信息的权利,有权了解社会的发展和变化。个人信息知情权则是公民有权了解各种涉及本人有关信息的权利。法定知情权是由宪法或者法律授予的,个人获取行政机关和其他公共机构所掌握的信息的一般权利,这些机构除非援引法定的豁免条款,不得拒绝应申请公开的信息,而且个人可以向独立机构或者法院等寻求救济,强制实施其权利。

政府信息公开就是保障公民的知情权,公民知情权的实现能有效地监督政府,维护、发扬民主,保护公民的权利,促进社会的发展。现代政府将保护知情权制度化,这是一个具有深远意义的举措。1966年,美国制定了《信息自由法》,从法律高度规范了信息公开制度,使知情权成为较为完整的法定权利,从此,知情权在美国被作为一项基本权利来看待。此后,一些国家有关知情权的立法都在不同程度上吸收和借鉴了美国的做法,把政府信息公开制度当成实现知情权的主要模式。各国已经建立的政府信息公开法,都强调通过信息公开制度来保障公民的知情权和公民对国家事务的参与,使公民作为知情权的主体有权要求政府公开除法定保密范围以外的信息。如1982年澳大利亚的《联邦信息自由法》,1996年韩国的《公共机关信息公开法》,2001年日本的《信息公开法》等。在我国,2008年《条例》的出台,弥补了我国政府信息公开立法的空白,实现了政府信息公开法律法规从无到有的质变,但是《条例》是作为行政法规出现的,并不能称之为真正意义上的法律,其涉及面、力度和效果远远不够,宪法也没有将知情权作为一项基本权利写入。制定一部信息公开法,明确对公民知情权的保护迫在眉睫。

(2) 政府信息公开中的隐私权

在我国,"隐私,又称为私人生活秘密或私生活秘密,是指私人生活安宁不受他人非法干扰,私人信息保密不受他人非法搜集、刺探和公开等"。也有学者认为,"隐私就是私生活,它相对于公共生活而言,是指与公众无关的纯属个人的私人事务,包括私人活动、私人的活动空间以及有关私人的一切信息"。政府信息公开中的隐私是指行政机关公开所保管的档案或记录中涉及有关个人的信息,这里的保管包括搜集、保管、利用和传播等行为。笔者认为公民隐私权作为一种基本人格权利,是指公民享有的私人生活安宁与私人信息依法受到保护,不被他人非法侵扰、知悉、搜集、利用和公开的一种人格权。政府信息公开中隐私权的特征是:隐私权的主体只能是自然人,法人和其他组织并不能成为隐私权的主体。

由于相对被动的隐私权常受到相对主动的知情权的侵入,政府信息公开时不免触及个人的隐私。《条例》建立了政府信息公开背景下的隐私权保护制度,如其第十四条第四款规定:"行政机关不得公开涉及个人隐私的政府信息。"这是我国政府信息公开立法中保护个人隐私权的最基本原则。不过相对于其他法律法规,尽管《条例》对隐私权的保护规定相对全面,但是从有利于贯彻执行和减少不确定性出发,其条款过于简单,不利于执行。我国没有为隐私权提供直接保护的专门法律,隐私权这一术语出现在不同的法律之中。《中华人民共和国刑事诉讼法》、《中华人民共和国民事诉讼法》、《中华人民共和国残疾人保障法》、《中华人民共和国消费者权益保护法》和《中华人民共和国老年人权益保障法》等法律中都设置了包含隐私保密的内容,但是我国并没有一部真正意义上的隐私权保护法。世界最早的国家级个人信息保护法是1973年瑞典的《资料法》,之后又有美国的《隐私权法》、加拿大的《隐私权法》等。其中值得注意的是美国在1974年颁布的《隐私权法》,它作为《信息自由法》的补充,旨在通过限制某些政府文件、信息的公开以保护公民的隐私权,可以说是一部专门针对政府信息公开中个人隐私保护的法律。我国应加快隐私权保护立法的过程,以完善我国的法律体系,切实保护好公民的隐私权。

（3）知情权与隐私权的冲突

在现代社会中,权利与权利的冲突是一种比较普遍的现象,而知情权和隐私权的冲突便是其中较为突出的一项。隐私权旨在保护公民能够控制自己的信息,而知情权的目的在于保障公民知情的权利,两者之间产生冲突的原因主要有：

第一,本质的冲突。隐私权是指公民希望自己的私人生活安宁与私人信息依法受到保护,不为他人非法侵扰,具有排他性。而知情权是指公民希望能够尽一切可能,知悉自己希望了解的信息,具有涉他性。就此可知,隐私权,就其本质而言,是一种静态的、被动的权利;而知情权,就其本质而言,是一种动态的、主动的权利。因此,依据这两项权利,人们一方面要求保护自己的隐私,另一方面又要知悉一切自己希望知道的信息。故此二者必然会发生冲突,构成一对矛盾。一方权利(知情权)的增加,则意味着另一方权利(隐私权)的减少。

第二,利益的冲突。随着现代文明的发展及民主政治化的进程加快,人们参与政治的积极性越来越高,公民迫切地想要了解和参与政府事务,于是便对政府信息的公开和透明越来越关注。知情权的政治属性也是越来越强烈,它需要提高整个社会的透明度和公开性,赋予人们了解和参与的机会,充分体现出公共利益。但是隐私权主要体现个人利益,隐私的根本属性是个人的,与公共利益、群体利益无关,它强调对个人信息的独占性、专有性,一般不主动与外界发生联系。于是公共利益与个人利益的矛盾造成了知情权与隐私权的冲突。

第三,法律的冲突。我国还没有制定有关知情权与隐私权的正式法律,对二者的保护缺乏制度的规范,虽然部分法律中提到了知情权和隐私权,但都是模糊的,可操作性弱。由于知情权的内容中有一部分与他人的隐私权重叠,法律虽然承认这两种权利的合法性、正当性,但没有提供解决二者冲突的明确规范。法律内在的矛盾,也是造成二者冲突的原因之一。

第四，观念的冲突。时代不断进步，人们的思想日新月异。由于人类个体具有一定的独立性，在认识上存在着差异性，人们认识的差异达到一定程度就会造成观念的冲突，这也是知情权与隐私权存在冲突的一种原因。

2. 知情权与隐私权的协调

政府信息公开与个人隐私保护之间既相互冲突又相互联系，因此在处理二者冲突问题时需要注意以下几个原则：

（1）社会政治与公共利益优先原则

在各国立法中有一个普遍的规则，那就是国家、社会和公共利益高于个人利益，个人利益必须要服从国家、社会和公共利益。个人隐私原则上是受法律保护的，但是当它与公共利益产生冲突时，则必须采用社会政治与公共利益优先的原则。恩格斯说过："个人隐私应受法律的保护，但个人隐私甚至阴私与重要的公共利益——政治生活发生联系的时候，个人隐私就不是一般意义上的私事，而是属于政治的一部分，它不再受隐私权的保护，它应成为历史记载和新闻报道不可回避的内容。"我国是社会主义国家，人民当家做主，国家、社会和公共利益从根本上说是符合个人利益的，我们更要坚持这个原则。

（2）利益衡量原则

在政府信息公开中，通常会出现多种利益的冲突，有公共利益与个人利益的冲突、国家利益和个人利益的冲突、个人利益与个人利益的冲突等。由于政府信息公开与个人隐私保护具有同样重要的意义，如何协调好这两个方面的关系，要做的就是对各种相互冲突的价值进行衡量，从而达到某种价值的平衡。首先，我们要先确定哪一种利益需要得到优先保护；其次，确定该种利益要优先保护到何种程度，并对其他利益如何平衡；最后，还要考虑这种选择的合理性。通过这种价值平衡方法找到一个合理的界限，使不同的利益都得到法律的保护。如果公众知情权的利益相比隐私利益更为重要，行政机关就应公开其所掌握的个人信息，反之则拒绝公开。

（3）最大限度维护人格尊严原则

《中华人民共和国宪法》第三十八条规定："中华人民共和国公民的人格尊严不受侵犯。禁止用任何方法对公民进行侮辱、诽谤和诬告陷害。"公民的隐私权是与个人尊严息息相关的。当今社会，政府职能日益的扩大，政府机关掌握大量的个人信息，隐私权越发变得容易遭受侵犯。在电子政务公开背景下，个人信息传播范围之大、影响之广、速度之快，绝非传统传播方式可比。政府在信息公开时，绝不能以保障公民知情权和追求公开的最大化为由，侵犯他人的隐私和人格尊严，如果擅自发布有关他人的私生活信息，就可能构成对人格尊严的侵犯。

(4) 合理限制原则

公众人物是社会关注的焦点,他们所从事的活动与公众息息相关,在一些私生活上与公众挂上了钩。因此,应在利益平衡的前提下对公众人物的隐私权作出适当限制,与一般公众的隐私权作出一定的区别。但并不是说为了公共利益牺牲对公众人物个人隐私的保护,而是通过限制部分隐私权以更好地保护其权利。

(5) 可克减性原则

隐私权作为一种基本人权,受到各国法律和国际公约保护的同时,它又是一种可克减性的权利。可克减性原则的特点是对隐私权的单方面限制。联合国《公民权利和政治权利国际公约》第十七条规定:"隐私权或称私生活的保护属于可克减的权利,国家在社会紧急状态威胁到其生命时,可宣布克减公民的隐私权,包括暂停对私生活秘密的保护、限制私生活秘密的范围等。"我国是《世界人权宣言》的成员国,可克减性原则适用于我国。

(6) 程序正当原则

在行政法律规范中,程序性规范占据极大比例,因此程序正当是法律对行政活动提出的基本要求。政府信息公开是行政机关的活动,理所当然要受到程序正当原则的规范。程序正当原则的核心思想由两条基本规则组成:一个人不能在自己的案件中做法官;人们的抗辩必须公正听取。协调政府信息公开与公民隐私权的保护同样要遵循这一原则,在行政机关进行信息公开时对不同利益的平衡和确定是一个行政过程,这一行政过程必须正当透明,否则这本身就可能构成恣意和侵权。

(三) 中美政府信息公开制度比较

美国的政府信息公开制度集中反映在三部法律上,分别为1966年制定的《信息自由法》、1974年制定的《隐私权法》以及1976年制定的《阳光下的政府法》。三部法律构成了美国政府信息公开制度的主体,其中《信息自由法》要求行政机关依职权或依申请向公众开放政府文件和资料;《阳光下的政府法》则要求实行委员会制(合议制)的行政机关会议必须公开举行,公众可以对会议进行旁听并有权获取会议的信息和文件;而《隐私权法》则规定了行政机关对个人信息的搜集、利用和传播必须遵守的规则,解决了信息公开与保护个人隐私的关系。由于中美两国国情的诸多差异,相应地,两国政府信息公开制度也会有不少差别,本文将对其中的一些不同之处进行比较分析。

1. 立法模式比较

我国《条例》与美国的立法模式差别较大。我国《条例》将政府信息公开内容的规定分三个层次:首先是原则上应公开政府信息的规定。然后是应公开事项的列举式规定,如第九条列举了所有行政机关应主动公开的政府信息;第十一条、第十二条重点列举了设区的市级人民政府、县级人民政府重点公开的政府信息和乡镇政府应重点公开的政府信息。最后是对不予公开的事项进行原则性而非列举式的规定,如第十四条对政府信息的不予公开范围进行了界定。虽然涵盖广泛,但是从立法方式来说,属列举式而不是排除式。

美国的信息公开的立法模式是原则上公开,然后对不予公开的事项进行列举式的规定,只要信息不属于除外规定的情形就应当一律公开。因此,《信息自由法》没有逐条列出政府信息公开的内容,只是把豁免公开的信息种类逐条列出,对于九类例外公开进行了列举,除了这九类信息可以不公开之外,其他必须公开。关于这九类信息,政府机关可以拒绝公开政府文件。当然,如果公开政府文件并不会对国家利益或社会造成损害,政府机关也可以公开例外范围内的某些材料,但不能是国家秘密或商业秘密。"列举法"有利于公众的监督,防止行政机关将一些重要的信息不予公布。但是在我国行政机关公务员的信息公开理念和办事方法等还没完全转变,未达到一定高度前,对一些在《条例》中没有列举,行政机关可以主动公开、也可以不主动公开的信息,就存在一个"选择故意"问题,而这往往会被一些行政部门根据利益关系刻意地加以选择利用,进而影响政府信息的公共服务效能。

2. 实施机关比较

我国《条例》第四条、第六条规定的政府信息公开主体主要是行政机关和法律法规授权的具有管理公共事务职能的组织,如教育、供水、供电、供气、供热、环保、医疗卫生、计划生育、公共交通等,毫无疑问,行政机关是我国政府信息公开的主要机构,而这些与群众利益密切相关的公共企事业单位在提供社会公共服务过程中也制作、获取了大量社会公共信息,公开这些与人民群众生产、生活密切相关的社会公共信息,有利于更好地保障广大人民群众获取信息、利用信息的合法权益。上述两类主体是政府信息的拥有者,也是政府信息公开义务的承担者。

美国的《信息自由法》适用于联邦政府行政机关。美国对"机关"所采用的是一种功能性的定义标准,即仅仅履行咨询与协助职能的部门不属于机关。除此以外,其他的部门均属于机关。

从上可以看出,中美政府信息公开的实施机关主要都是政府机关和各种政府控制和管制的组织。司法机关和私营企业都不属于政府信息公开的实施机关,他们可以不公开自己所产生和收集的信息。

3. 获取方式的比较

我国《条例》赋予国家机关及时公开政府信息职责的同时也赋予各级档案馆为公众、法人或其他组织提供政府公开信息的重要职能。第三章第十六条明确规定:"各级人民政府应当在国家档案馆、公共图书馆设置政府信息查阅场所,并配备相应的设施、设备,为公民、法人或者其他组织获取政府信息提供便利。"明确了各级档案馆在政府信息公开中的地位、任务及其与行政机关在政府信息公开中的关系。

与我国政府信息集中于档案馆这一公共场所的做法不同,美国一些重要的政府信息必须集中在一定的载体——"联邦登记"上进行公布,即联邦登记制度。联邦登记上公布的文件是对全体公民完全公开的信息。《信息自由法》规定,适合于全体公众的文件必须及时地公布于联邦登记上。公布这些文件的目的是让公众知晓怎样对行政机关提出意见和请求,行政决定由谁、在哪个地方、根据什么程序做出,以及行政机关其他一些最基本的问题。对于行政机关应该在联邦登记上公布却没有公布的文件,如果当事人不知道文件的内容则行政机关不得对当事人强制适用该文件所规定的内容。已经在联邦登记上公布的文件,即使当事人实际上不知道文件内容,也不影响行政机关对文件的适用。

目前,虽然我国还没有各级政府机关公布信息的统一性刊物,但是有些省市已经建立了政府公报制度,如上海一些关系民生的重要文件定期在政府公报上公布以便市民知晓。

4. 公开方式比较

政府信息公开的方式有两种,一种是主动公开,即行政机关主动公开某些信息而不需要申请。另一种是依申请公开,即只有在信息申请人申请时,行政机关才决定是否公开。

在现阶段,中国政府信息的主动公开方式多种多样,除了电视、广播、报纸、杂志以外,网络也逐渐成为人们搜集政府信息的渠道之一。国家档案馆在集中收集和综合管理上具有优势,成为公民对政府公开信息集中查阅的指定场所。

美国《信息公开法》专门规定了公众了解和取得政府文件的方法,主动公开方式主要有三种:一是有些政府文件必须在联邦登记上公布,公众通过了解联邦登记获得政府文件;二是有些政府文件不需要在联邦登记上公布,但必须通过建立出售情报出版物制度等方式主动公开;三是有些政府文件既不登记也不主动公开,公众可以通过申请公开。前两种方式行政机关必须主动负责公开,不论公众请求与否。

中美两国的政府信息公开制度都对政府信息的依申请公开作出了详细的规

定。对于政府信息的申请人,两国基本上都没有什么限制。总的来说,一切机关、团体、组织和公民个人,即"任何人"都有权请求负有公开义务的主体履行其公开义务,并没有要求申请人说明申请理由。

5. 公开机制的比较

我国《条例》与美国《信息自由法》最不同的地方表现在信息发布协调机制和保密审查机制的设立上。我国《条例》第七条规定:"行政机关发布政府信息涉及其他行政机关的,应当与有关行政机关进行沟通、确认,保证行政机关发布的政府信息准确一致。行政机关发布政府信息依照国家有关规定需要批准的,未经批准不得发布。"我国《条例》第十四条规定:"行政机关应当建立健全政府信息发布保密审查机制,明确审查的程序和责任。""行政机关在公开政府信息前,应当依照《保守国家秘密法》以及其他法律、法规和国家有关规定对拟公开的政府信息进行审查。""行政机关对政府信息不能确定是否可以公开时,应当依照法律、法规和国家有关规定报有关主管部门或者同级保密工作部门确定。"我国《条例》还就未建立健全政府信息发布保密审查机制的情况规定了制裁措施,充分体现了这个机制的重要性。

美国的《信息自由法》则没有规定在信息发布前应遵守哪些保密措施或者是审查机制,只是规定可以免除公开的九类事项,其他信息一律对外公开。当然,这并不是说美国政府机关在信息公开前可以不经过审查直接公开,各级政府机关在信息公开前也要审查,但审查是以上述九条为标准,目的是确定所公开信息是否属于可例外公开的事项。

信息发布协调机制和保密审查机制,是我国与美国信息公开制度区别显著之处。相比之下,我国的信息发布协调机制和保密审查机制要严格得多。这种审查机制,为防止国家秘密泄露设立了最后的防线,有可能在信息公开前把一批先前"漏网"的国家秘密保护下来。但从另一角度看,在我国政府信息公开公布刚刚起步、政府机关公务员信息公开意识还比较薄弱的今天,这种信息发布机制,容易使一些相关机关明哲保身,更为其因种种自利性因素而不公开信息提供方便,从而给提高政府信息透明度带来一些不必要的障碍。

6. 主管机构比较

我国《条例》第三条明确规定:"国务院办公厅是全国政府信息公开工作的主管部门,负责推进、指导、协调、监督全国的政府信息公开工作。""县级以上地方人民政府办公厅(室)或者县级以上地方人民政府确定的其他政府信息公开工作主管部门负责推进、指导、协调、监督本行政区域的政府信息公开工作。"

美国的政府信息公开主要由政府 CIO(首席信息官)主管。政府 CIO 是在政府部门中负责信息技术系统战略策划、规划、协调和实施的高级官员。

我国《条例》的出台标志着我国政府正在迈向"信息公开时代",同时也意味着我国由几千年来自上而下由大权力监督小权力的权力监督和制约方式,向自下而上由公民权利监督和制约公共权力的转变,这是一次政府的"自我变革"。它的实施将更加有效地促进廉洁高效政府的建设。我国立法实践已开始展开,需要立足于我国现实,在实践中不断发展、创新,以完善我国的政府信息公开制度。

(四)国外政府信息公开的有益启示

1. 建立内部协调一致的立法体系

由于信息公开的法制化涉及政府文件、会议、电子记录等诸多信息载体的公开以及公民隐私权、国家秘密、商业秘密的保护等一系列问题,因而制定一部包罗万象的信息公开法是相当困难的,尤其是在一国信息公开改革刚刚启动之时,制定单一的信息公开法典几乎是不可能的。美国信息公开的立法经验已经充分证明了这一点。从美国的情况来看,美国的政务信息公开制度由一系列法律构成,美国的《信息自由法》是美国政府信息公开法律中最具代表性和示范意义的法律,这一法律对美国联邦政府各机构公开政府信息作出了规定。此外,美国于1972年制定的《咨询委员会法》规定联邦行政机关的咨询委员会的组织、文化和会议等必须公开。1976年出台的美国《阳光下的政府法》进一步规定合议制行政机关的会议必须公开,公众有权观察会议,取得会议情报。1974年,美国制定的《隐私权法》,旨在保护公民隐私权不受政府机关侵害,控制行政机关处理个人记录的行为,保护个人检阅关于自己的档案的权利。美国这种分阶段、分步骤地进行信息公开立法、最终形成一个内部和谐的法律体系的务实做法,对我国来说无疑是值得借鉴的。

2. 从局部到整体的立法走向

从表面上看,世界范围内已经实现信息公开法治化的国家都是以议会制定专门的信息公开法作为标志的。然而,韩国的经验却表明:先在地方制定相应的信息公开条例,待时机成熟之后再进行全国层面的统一立法不失为一条可行的立法道路。韩国的政府信息公开首先在地方团体组织实施,其第一个信息公开的规定于1991年在清州产生,随后各个地方纷纷效仿,至1997年共有178个团体组织制定了信息公开条例。1996年,韩国制定了全国范围内的《信息公开法》,并于2004年全面修改。韩国议会正是在总结各地条例制定经验的基础之上,才制定出在全国范围内实施的信息公开法。中央层面的统一立法固然具有效力等级高、约束范围广等优点,但这需要很多先决条件,如果时机不成熟就匆忙地制定全国统一的信息公开法，将可能会产生一定的负面影响。

3. 提供诉讼机制的有力保障

综观发达国家信息公开法治化的进程，有效的诉讼机制往往都是信息公开改革中极为重要的环节。美国的经验为此提供了有力的证据。在美国，涉及信息公开的诉讼有两种：一是"情报自由法诉讼"，即公众有权针对政府信息不公开而向法院起诉，请求法院命令政府信息公开；二是"反情报自由法的诉讼"，美国的经验显示，较完善的信息公开诉讼权制对信息公开法治化具有巨大的推动作用。美国从最初的《信息自由法》制定以来，经过四十多年的发展完善，已经形成较为完备的体系，在具体的法律文件中，设计了更加有效和便利的诉讼救济制度。另外，隐私权与政府信息公开的可能冲突也是美国信息公开诉讼制度所调整的一个焦点。

（五）总结与建议

1. 在我国宪法和法律中明确规定公民享有知情权

只有明确规定公民享有知情权才会使得我国的政府信息公开制度有一个坚实的理论根据，才会使得我国的政府信息公开立法得以充分展开和实施。这样，公民就可以更详尽地了解政府的信息并且可以监督政府履行反腐职能。但是对于其他一些涉及国家隐私的信息，还是要有明确的规定以防泄露出去。在我国，档案文件由《档案法》调整，非档案文件则尚无法律调整。关于政府的档案文件的公开，现行《档案法》中的某些条款实际上限制了档案类政府信息的开放，如《档案法》第十九条规定："国家档案馆保管的档案，一般应当自形成之日起满三十年向社会开放。经济、科学、技术、文化等档案向社会开放的期限，可以少于三十年，涉及国家安全或者重大利益以及其他到期不宜开放的档案向社会开放的期限，可以多于三十年，具体期限由国家档案行政管理部门制定。"也就是说，《档案法》规定，即使不是保密档案，凡是未满三十年，原则上是不向公众开放的。因此，政府信息公开要迈出的重要一步就在于对现行《保密法》和《档案法》进行修订，明确保密与开放的界限，否则，政府信息公开的范围将会受到很大的限制。

2. 制定一部比较系统而完善的《政府信息公开法》

从我国国情出发，顺应世界潮流，吸收韩、美等国在信息公开立法方面的先进经验，制定一部比较系统而完善的《政府信息公开法》乃是完善我国政府信息公开制度的最直接、最有效的选择。制定《政府信息公开法》的目的乃是确保政府对其负有责任的社会公众提供获取政府信息资源的机会和途径，从而实现资源共享，最大限度地使用政府信息资源。政府信息在确定公开的范围时，应以公开为原则，不公开为例外，即除涉及国家秘密、商业秘密和个人隐私等的信息以外,其余一般均应公开。政府信息公开的范围大小决定了信息公开的程度。因此,应当明确规定政府信息公开的范围,使公众切实地了解哪些信息资源是可以依法获得的。政府信息的公开应当通过一定的方式进行,并且应以最大限度地方便公众获取政府信息为开通信息公开渠道的出发点。在公众了解和获取政府信息程序的规定方面应尽量详尽,以方便公众及时获取信息为原则。任何公民均可依法向有关机构要求查阅、复印信息。同时,应当明确规定政府机关及其工作人员无正当理由拒不提供信息所应承担的法律责任,以及要求政府信息公开的申请人在政府机关拒不提供或不完全提供信息而侵犯了自己的知情权时,可以采取的法律救济途径,包括行政救济和司法救济等途径。这就意味着要为政府信息公开制度提供讼诉机制保障,在《政府信息公开法》中可以单独规定关于公民、法人或者其他组织因需要得到政府信息而未取得因此受损失后请求政府部门赔偿损失的相关权利。这也是对政府信息公开制度施行的一大强有力的保障。

3. 扩大政府信息公开的范围,开通有效的信息沟通渠道

对于政府信息公开范围,世界各国有两种不同的方式:一种是列举政府信息公开的事项,一种是采用概括式加排除式的规定。首先概括规定行政主体的信息应该予以公开,然后再采用排除式的规定例外事项,例外事项一般为国家秘密、商业秘密和个人隐私。根据我国的实际情况,第二种方式更为适用。同时,政府应该开通多种形式的信息公开渠道,设立信息查询点,赋予行为人一定的程序权利,使其获取所需信息,从而实现对政府的管理方式的了解及监督。行政机关在公开政府信息前,应当依照保守国家秘密法和其他法律法规对拟公开的政府信息进行审查,是否可以公开,应当经相关部门确定。而现行《中华人民共和国保密法》和《中华人民共和国档案法》规定的原则是"以不公开为原则,以公开为特例"。因此,针对《中华人民共和国保密法》等法律对国家秘密的规定存在分类标准模糊、范围过于宽泛等问题,建议明确界定国家秘密的范围,对保密事项进行科学分类,以具体而明确的列举式立法加以规范。同时,对工作秘密的范围也以明确的列举式立法加以规定。对不列入政府信息公开的工作秘密,可以明确规定其范围。例如,与公众无关的机关内部人事规则或事务;行政机关决策过程中,机关之间或者机关内部在调研、建议、讨论或者审议,一旦公开会影响决策过程或造成公众混乱的信息;与刑事执法有关,公开后会影响犯罪侦查、公诉、审判与执行刑罚,或者影响被告人公平受审判权利的信息;在特定情况下为执法目的而收集的信息等,以此进一步规范完善政府信息公开制度。

参考文献：

1. 张新宝.隐私权的法律保护[M].北京:群众出版社,1997.
2. 中国政法大学民商法教研室.民商法纵论:江平教授七十华诞祝贺文集[M].北京:中国法制出版社,2000.
3. 马克思,恩格斯.马克思恩格斯全集[M].北京:人民出版社,1964.
4. [英]威廉·韦德(H. W. R. Wade).行政法[M].徐炳,等,译.北京:中国大百科全书出版社,1997.
5. 宋超.政府信息公开与个人隐私权保护[J].理论与改革,2005(3).
6. 汪全胜.政府信息公开过程中的第三人权利保护[J].档案学研究,2006(1).
7. 周园.政府信息公开立法中的隐私权保护制度初探[J].档案,2009(2).
8. 吴芬兰.论政府信息公开与个人隐私保护[J].现代商贸工业,2010(5).
9. 张晓文.政府信息公开中隐私权与知情权的博弈及平衡[J].情报理论与实践,2009(8).
10. 罗冰眉.隐私权与知情权的法律冲突[J].现代情报,2003(7).
11. 樊文君.论隐私权与知情权的冲突与协调[J].法制与社会,2008(13).
12. 王利明.隐私权内容探讨[J].浙江社会科学,2007(3).
13. 林敏.政府信息公开中知情权和隐私权的冲突与协调原则[J].图书情报工作,2007(2).
14. 范吉胜,景丽萍.政府信息公开过程中的个人信息保护[J].图书馆学研究,2010(21).
15. 秦珂.美国政府信息公开中的隐私权保护制度[J].图书馆学研究,2006(10).
16. 马静.政府信息公开下的个人信息保护——公安部身份证查询服务引发的思考[J].保定学院学报,2009(6).
17. 刘作翔.信息公开、知情权与公民隐私权的保护——以新闻采访中的"暗拍"为案例而展开分析[J].学习与探索,2004(4).

案例3
违法拆迁赔偿怎么赔？[①]

钟 丽

一、案情简介

某市某区开发建设局经某市有关部门批准，对某一路、某三路部分地段进行海底隧道口项目工程建设。2007年12月25日，某市某区房屋拆迁管理办公室为征迁人，某市某区开发建设局对其核发了《房屋拆迁许可证》。原审原告宋某在拆迁范围内拥有私房一处，建筑面积为63.54平方米，因未能在拆迁公告规定的期限内与征迁人签订拆迁补偿协议，且未在规定期限内搬家腾房，征迁人遂于2008年3月21日向原审被告某区人民政府提出申请，请求其责令宋某限期搬家腾房。2008年4月3日，某区人民政府作出强制拆除决定，要求原告于决定书送达之日起3日内签订拆迁补偿协议并搬家腾房，逾期将依据有关法律法规规定，对其建筑物强制拆除。6月30日，某区政府对宋某的房屋进行了强制拆除，对其房屋内的物品进行了公证保全，某区公证处出具了公证书。宋某对青岛市市南区政府的行政强制拆除行为不服，该行为被法院确认违法后，宋某于2011年7月31日向被告提出行政赔偿申请，被告于2011年9月30日作出《行政赔偿决定书》，决定：① 赔偿数额为拆迁补偿金（514 780元）及其银行利息（利息按照中国人民银行发布的同期同类贷款利率计付，时间自2008年6月30日起至本决定作出之日止）；② 对赔偿请求人被拆除房屋内的财产予以返还；③ 对赔偿请求人提出的其他赔偿请求，因于法无据或者无证据证实，不予支持。原告认为该赔偿金额明显不当，向某区人民法院起诉，一审法院经审理认为原告不能举证证明行政赔偿的明确数额，又不同意依照合法的评估程序明确具体的赔偿数额，应当承担举证不能的法律后果，故判决驳回原告诉讼请求。宋某不服，上诉至某市中级人民法院，该案现已审理终结。

[①] 案例来源：山东省高级人民法院公布十件典型行政案例之二。

二、争议处理

(一) 上诉人(原审原告)主张

上诉人宋某请求：① 确认被上诉人于2008年6月30日强制拆除上诉人合法住宅的具体行政行为是侵犯上诉人人身权、财产权等合法权益，并造成上诉人人身、健康、财产及精神损害；② 要求被上诉人承担行政侵权损害赔偿责任，并按照《中华人民共和国国家赔偿法》(以下简称《国家赔偿法》)法定的范围、方式、项目和标准进行赔偿；③ 要求被上诉人公开说明2008年海底隧道重点工程，由市财政根据拆迁总数拨付的拆迁补偿总金额的资金情况，并说明上诉人拆迁补偿资金的流向及其所使用的情况。

(二) 被上诉人(原审被告)主张

被上诉人某区人民政府辩称：① 其依法承担赔偿责任已由法院生效判决认定，且不属于本案的审理范围；② 涉案项目拆迁补偿资金情况是颁发拆迁许可证的依据，不属于本案审理范围；③ 被上诉人作出的赔偿决定合法、合理，请求驳回上诉，维持原判。

(三) 审理结果

二审法院经审理撤销了原审驳回原告诉讼请求的判决和某区政府于2011年9月30日作出的行政赔偿决定，要求某区政府自判决生效之日起两个月内重新作出赔偿决定。其判决理由如下：

第一，《国家赔偿法》第三十六条规定，对财产权造成其他损害的，按照直接损失给予赔偿。本案中，上诉人作为被征迁人按照拆迁法规的规定应当获得的拆迁补偿，属于行政侵权行为所造成的直接损失，由违法实施强制拆迁的行政机关予以赔偿。

第二，本案涉及的建设项目于2007年12月25日发布拆迁公告，故本案应当适用2006年1月1日施行的《某市城市房屋拆迁管理条例》的规定。该规定明确提出了拆迁补偿既可以采用房屋补偿方式，也可以采用货币补偿方式。本案中被上诉人仅对上诉人按照货币补偿方式给予行政赔偿，剥夺了上诉人选择房屋补偿的权利，势必导致上诉人在房屋价格变动的情况下无法获得足额赔偿，故该决定依法应予撤销。被上诉人应依照拆迁法规所确定的补偿标准和方式重新作出行政赔偿决定。

三、顾问点评

（一）本案争议焦点

本案是一起在城市房屋拆迁过程中因行政机关违法实施强制拆迁所引发的行政赔偿案件，原、被告双方的争议焦点在于违法拆迁的赔偿范围应如何确定。二审法院最终采纳的观点是：在行政赔偿的赔偿方式和赔偿标准问题上，赔偿请求人能够获得的拆迁补偿属于直接损失，被请求人应依照《国家赔偿法》确定的赔偿方式、赔偿标准等规定，按照拆迁法规提供房屋补偿和货币补偿两种方式，由赔偿请求人对赔偿方式进行选择。

（二）本案涉及的违法行政强制拆迁的司法审查

1. 司法审查的内容

行政强制拆迁的违法性需要司法机关的审查确定，司法审查应从实施行政征迁的主体、前置条件、实施的方式和程序是否合法等方面进行审查。

2. 行政强制拆迁的违法表现

实践中，行政机关违法强制拆迁行为主要表现在：① 没有作出裁决或强制拆迁决定之前进行的强制拆迁；② 未进行补偿而实施的强制拆迁；③ 在强制拆迁之前没有进行证据保全实施的强制拆迁。[①]

3. 被征迁人的权利救济

这里的权利救济主要是指行政机关违法实施强制拆迁过程中，被征迁人的维权途径。如果行政机关滥用职权实施强制拆迁，被征迁人可就该具体行政行为提起行政诉讼，请求法院确认强制拆迁行为违法。经法院确认程序后，被征迁人既可以向实施违法行为的行政机关请求行政赔偿，要求其作出行政赔偿决定，若对该赔偿决定不服，再就此单独向法院提起行政赔偿诉讼，也可以直接以行政机关为被告、征迁人为第三人向法院提起行政赔偿诉讼。

在赔偿范围上，首先，被征迁人的房屋被违法拆除，必须获得相当价值的补偿；其次，征迁人为强制拆迁的实际受益人，应当首先承担赔偿责任，只有当征迁人的赔偿责任无法实现或因行政机关违法拆迁造成被征迁人其他损失时，才由行政机关承担补充赔偿责任。

在赔偿方式上，根据《国家赔偿法》第三十六条规定，"应当返还的财产损坏的，能够恢复原状的恢复原状，不能恢复原状的，按照损害程度给付相应的赔偿金"；"应当返还的财产灭失的，给付相应的赔偿金"；"对财产权造成其他损害

---

① 王达. 拆迁纠纷诉讼中的职权法定和正当程序[J]. 人民司法，2008(2).

的,按照直接损失给予赔偿"。根据原建设部办公厅《关于被拆迁人选择拆迁补偿方式的复函》的规定,拆迁补偿可以采用房屋补偿方式,也可以采用货币补偿方式,对此被征迁人可以自由选择。因此,在因强制拆迁房屋引发的行政赔偿纠纷中,被征迁人既可以就其直接财产损失要求货币补偿,也可以选择房屋产权调换。

(三)房屋征迁过程中的强制执行

1. 房屋征迁的基本概念

房屋征迁是指取得房屋拆迁许可证的征迁人,拆除土地上的房屋及其附属物,并对被拆迁房屋的所有人进行补偿或安置的行为,在我国主要是指城市房屋拆迁。[①] 根据国务院《国有土地上房屋征收与补偿条例》(以下简称《征收条例》)的规定,房屋征迁大致可分为三个阶段:

(1) 决定阶段

因国防和外交,由政府组织实施的能源、交通、水利等基础设施建设等公共利益的需要,为了保障国家安全、促进国民经济和社会发展等公共利益,确需征收房屋的,由市、县级人民政府作出房屋征收决定。市、县级人民政府作出房屋征收决定前,应当按照有关规定进行社会稳定风险评估,进行是否符合国民经济和社会发展规划、土地利用总体规划、城乡规划和专项规划的审查。作出房屋征收决定后应当及时公告。公告应当载明征收补偿方案和行政复议、行政诉讼权利等事项。作出房屋征收决定前,征收补偿费用应当足额到位、专户存储、专款专用。

(2) 补偿安置的协商、裁决阶段

由征迁人与被征迁人协商订立拆迁补偿安置协议,如果双方达成协议并自动履行,则标志着第三阶段的完成;如果双方虽达成协议但被征迁人在限期内没有搬离房屋,征迁人可以依据拆迁补偿安置协议申请仲裁或提起民事诉讼;如果双方未达成协议,则可申请房屋拆迁管理部门裁决或由市、县级人民政府作出房屋征收补偿决定。

(3) 实施阶段

在拆迁双方达成协议并自动履行的情况下,该实施阶段根据征迁程序推进;双方未达成协议的,则可申请房屋拆迁管理部门裁决或由市、县级人民政府作出房屋征收补偿决定,被征迁人既不采取法定救济措施又拒绝搬迁的情况下,由裁决机关依法向人民法院申请强制执行。

---

① 王静.房屋拆迁纠纷解决机制存在的问题及完善[J].行政法学研究,2010(1).

2. 强制执行的类型

由《征收条例》及相关规定可知,房屋征迁过程中的强制行为可分为行政强制拆迁和司法强制执行两种:

(1) 行政机关的强制拆迁

"强制拆迁"的概念来源于现已失效的《城市房屋拆迁管理条例》,原条例规定,被拆迁人或者房屋承租人在裁决规定的搬迁期限内未搬迁的,由房屋所在地的市、县级人民政府责成有关部门强制拆迁,或者由房屋拆迁管理部门依法申请人民法院强制拆迁。行政强制拆迁的房屋在实际征迁中因某些行政机关实施程序不规范,引发了一些恶性事件,造成极大的负面社会影响。根据《中华人民共和国行政强制法》(以下简称《行政强制法》)相关规定,行政强制执行由法律设定。条例属行政法规,不宜再设定行政强制执行。因此,《征收条例》取消了原条例中行政机关自行强制拆迁的规定。

(2) 司法机关的强制执行

对于国有土地上的房屋征收,房屋征收部门与被征收人在征收补偿方案确定的签约期限内达不成补偿协议,或者被征收房屋所有权人不明确的,由房屋征收部门报请作出房屋征收决定的市、县级人民政府依照《征收条例》的规定,按照征收补偿方案作出补偿决定,并在房屋征收范围内予以公告。被征收人对补偿决定不服的,可以依法申请行政复议,也可以依法提起行政诉讼。被征收人在法定期限内不申请行政复议或者不提起行政诉讼,在补偿决定规定的期限内又不搬迁的,由作出房屋征收决定的市、县级人民政府依法申请人民法院强制执行。由司法机关依法定程序实施的强制执行行为是目前房屋征收过程中的法定强制方式。通过司法程序的设置来保障群众合法权益,把风险降到最低。

(四) 总结与建议

当前,我国的房屋征收整体制度仍待完善,细项立法缺失,行政执法中存在认识不一导致的混乱,司法制约受限,因强制拆迁房屋产生的争议不仅数量比较多、审理难度较大,而且极易引发群体恶性事件。

规范征收行政行为,依法维护被征收人的合法权益,要从依法行政的角度特别是应当从征收立法、法律实施的角度重塑房屋征迁制度。《征收条例》明确房屋征收必须是为了公共利益的需要,并列举了"公共利益需要"的法定情形:① 国防和外交的需要;② 由政府组织实施的能源、交通、水利等基础设施建设的需要;③ 由政府组织实施的科技、教育、文化、卫生、体育、环境和资源保护、防灾减灾、文物保护、社会福利、市政公用等公共事业的需要;④ 由政府组织实施的保障性安居工程建设的需要;⑤ 由政府依照城乡规划法有关规定组织实施的对危房集中、基础设施落后等地段进行旧城区改建的需要;⑥法律、行政法规规定的其他公共利益的需要,应当进一步通过立法形式确定其相应的原则和标准。在房屋征收决定的合法性审查未通过前,应当严厉禁止征收决定的实施和执行。①

根据《最高人民法院关于办理申请人民法院强制执行国有土地上房屋征收补偿决定案件若干问题的规定》的相关规定,申请机关提出强制执行申请,人民法院裁定准予执行的,一般由作出征收补偿决定的市、县级人民政府组织实施,也可以由人民法院执行。在实践中一般由作出征收补偿决定的市、县级人民政府组织实施,行政机关在组织实施强制拆迁时,应严格按照《行政强制法》及相关的法律法规规定的程序实施。严格依法组织强制执行,在具体操作上可从以下几个方面完善执行措施:①建立专项检查和考核制度,促进征地拆迁领域执法的规范化,对重大违法行政行为应及时处理;②规范房屋征收过程中的强制拆除程序,通过执行严格的司法程序规范房屋征迁工作、保护当事人合法权益;③下达强制执行通知书后,给予被征迁人一定的自行履行期限,以充分地保护公民的财产权利;④执行强制拆除时应妥善保管被征迁人的财物。在强制执行时,应通知被征迁人到场,如果拒不到场,被执行财物应由执行机关派人送到指定的处所,交给被征迁人;②⑤实时实地做好证据保全工作,从而为将来可能产生纠纷时提供证据支持;⑥建立不动产征收补偿工作统筹机制,加强对征收补偿工作的指导,避免在推进重点项目建设中因赶进度而违法实施拆迁。

参考文献:

1. 王静.房屋拆迁纠纷解决机制存在的问题及完善[J].行政法学研究,2010(1).
2. 王达.拆迁纠纷诉讼中的职权法定和正当程序[J].人民司法,2008(2).
3. 王克稳.论房屋拆迁行政争议的司法审查[J].中国法学,2004(4).
4. 邹效顺.城市房屋拆迁强制执行问题研究[D].苏州大学硕士学位论文,2006.
5. 张娟.政府在城市房屋拆迁中的角色问题研究[D].西南政法大学硕士学位论文,2007.

---

① 王克稳.论房屋拆迁行政争议的司法审查[J].中国法学,2004(4).
② 张娟.政府在城市房屋拆迁中的角色问题研究[D].西南政法大学硕士学位论文,2007.

案例 4
政府如何征收自管用房？[①]

王志燕

一、案情简介

因老城区改造，被告某市某区人民政府（以下简称区政府）于 2013 年 11 月 25 日作出《某市某区人民政府房屋征收决定》（第 34 号）（以下简称《征收决定》），决定对某市某区某街道东门 1 号地块范围内的房屋实施征收，征收部门为某市某区拆迁管理中心（以下简称《区拆管中心》），登记在原告马某名下的某区油坊巷 18 号 203 室房屋位于征收范围内。

征收补偿开始后，区拆管中心与原告就房屋征收补偿事宜未能在确定的签约期内达成补偿协议。签约期到期后，区拆管中心报请被告某市某区人民政府作出征收补偿决定。被告某市某区人民政府据此作出《某市某区人民政府房屋征收补偿决定书》（第 27 号）（以下简称《27 号决定书》），确定了货币和房屋产权调换两种补偿方式供原告选择，其中，货币补偿方案依据区拆管中心通过公开抽签方式选定的某土地房地产评估有限公司（以下简称《评估公司》）作为本次项目的评估机构，经某评估公司评估认定，登记在原告名下的房屋建筑面积为 12.46 平方米，评估价格为人民币 110 133 元整，加上其他各项费用，合计为人民币 144 701 元。房屋调换方案是将坐落于某市某区某街道东门 1 号地块产权调换房 2 栋 2 单元 2105 室、建筑面积为 58.26 平方米的房屋作为房产调换房，并由区拆管中心依法与原告结清被征收房屋价值与产权调换房屋价值的差价。

原告不服某市某区人民政府作出 27 号决定书的具体行政行为，于 2014 年 3 月 20 日向某市人民政府申请行政复议，请求依法撤销被申请人作出的 27 号决定书。经审理，某市人民政府于 2014 年 5 月 18 日作出了《某市人民政府行政复议决定书》（第 102 号），维持了某市某区人民政府作出 27 号决定书的具体行

[①] 案例来源：江苏博事达律师事务所代理案件。

政行为。原告不服该复议决定,于是以某市某区人民政府为被告,向某市某区人民法院提起行政诉讼。

二、争议处理

(一)原告主张

第一,被告作出征收补偿决定对当事人的权益产生影响,在决定作出前应与原告调解,事先告知原告作出决定的内容、证据及法律依据,听取原告的陈述意见。但是被告并未遵循当事人参与原则,剥夺了原告参与及陈述的权利,应予以撤销。

第二,依据《国有土地上房屋征收与补偿条例》(以下简称《条例》)第十九条规定,法律赋予了征收相对方即被征收人、房屋承租人对评估报告的知情权和异议权。只有在征收相对方的知情权得到充分保障、异议权得到充分行使的情况下,被拆除房屋的评估报告才能作为认定被拆除房屋价值的依据。而在被告作出27号决定书之前,评估报告并未向原告送达,侵犯了原告享有的知情权、异议权,故该评估报告不能作为认定被拆迁房屋价值的依据。

第三,依据《条例》第二十条规定,评估公司的选定应当先由被征收人协商选定,而本案中区拆管中心直接通过摇号的方式选定评估公司,剥夺了原告在内的被征收人协商的权利,故评估公司的选定违反法定程序。

第四,被告在行政复议中提交的《某市经济贸易学校自管公房承租面积确认表》中,原告一栏,产权人公房面积应为55.295平方米,却注明原告承租面积为12.46平方米,该公房承租面积确认表不合事实,27号决定书依据该表得出承租面积是12.46平方米是错误的,应当依据55.295平方米计算原告承租的房屋面积。

第五,27号决定书第二种房屋产权调换补偿方案中,没有对产权调换房屋价格予以明确表述,导致原告将来无法与被告就调换房屋价值的差价达成一致意见,该决定此部分内容无法执行。

综上所述,原告认为被告作出的27号决定,程序违法、认定事实不清,适用法律错误,部分内容无法执行,依法应当予以撤销。

(二)被告主张

被告某市某区人民政府辩称:

第一,区政府作出《征收决定》后,区拆管中心依法将征收决定、征收补偿安置方案等进行张贴公示,并通知被征收人协商选定评估公司。因被征收人在限期内未能协商一致,区拆管中心通过公开抽签方式选定评估公司。评估公司依法评估制作《分户评估表》,区拆管中心将评估结果公布并送达给原告,原告在法定期限内未向房地产价格评估机构申请复核评估。

征收开始后,原告与区拆管中心未能在确定的签约期内达成补偿协议,遂由区拆管中心报请区政府作出房屋征收补偿决定,区政府依据《条例》第十七条、第二十一条第一款、第二十二条、第二十六条的规定,以及《某市国有土地上房屋征收与补偿办法》(以下简称《办法》)第二十条的规定,依法作出27号决定,并送达给原告。

区政府作出的27号决定书合理合法,未违反法定程序,不应撤销。原告所主张的违反当事人参与原则没有事实和法律依据。

第二,在选定评估机构之前,区拆管中心公告要求被征收人协商选定评估机构,因被征收人在法定期限内未能协商一致,区拆管中心遂通过公开抽签方式选定评估机构,评估机构的选定符合相关法律法规的规定。评估机构作出分户评估表后,区拆管中心将分户评估表进行公示并送达给原告,原告于法定期限内未申请复核评估,故区政府依据分户评估表作出27号决定书符合实体和程序规定。

第三,被征收房屋系原告承租房屋,该房屋产权归某市经济贸易学校所有,经产权人确认,该房屋面积为12.46平方米,区政府认定面积并无不当,原告主张按照55.295平方米计算承租房屋面积没有事实和法律依据。

第四,区政府为原告提供货币补偿和产权调换两种补偿安置方式,充分保障了原告的合法权益,不存在无法执行的内容。

综上所述,区政府作出27号决定书依据合法,程序正当,而原告的诉讼请求没有事实和法律依据,故请求法院依法驳回。

三、顾问点评

随着我国城市化进程的加快推进,新城建设与旧城改造正如火如荼地展开,房屋征收涉及的利益纠葛复杂多样,其间引发的矛盾与纠纷更是不胜枚举。此案双方的争议焦点有以下几个方面:其一,征收补偿决定作出过程中的被征收人参与问题;其二,房产评估机构的选择问题;其三,被征收房屋面积认定问题;其四,补偿方式的可选择性问题;其五,房产价值评估报告的送达问题。

(一)房屋征收补偿决定的作出与被征收人的参与

在房屋征收过程中,房屋征收部门是代表市、县级人民政府具体负责征收事务的行政主体,其与被征收人之间不构成法律意义上的房屋征收法律关系。房屋征收部门与被征收人之间不能达成补偿协议，实质上是作为法定征收主体的市、县级人民政府与被征收人之间存在补偿争议。在此情况下，市、县级人民政府作出房屋征收补偿决定，并不是对房屋征收双方当事人之间由于补偿争议而居中作出的行政裁决。

征收补偿决定是为被征收人因在规定期限内未与房屋征收部门签订补偿协议或被征收房屋所有权人不明确而设定的具体规则，表现为要求被征收人在特定时间内按照补偿决定的规定履行义务，其最突出的特征就在于强制性。补偿决定一经作出，被征收人就得按照补偿决定的规定如期搬迁，虽然被征收人对于补偿决定不服可以依法申请行政复议或者提起行政诉讼，但如果被征收人在法定期限内既不申请行政复议也不提起行政诉讼，又不按照补偿决定规定的搬迁期限搬迁，按照《条例》第二十八条的规定，作出征收决定的市、县级人民政府可以依法申请人民法院强制执行。

鉴于征收补偿决定的作出对于被征收人利益影响巨大，房屋征收补偿决定的作出须遵循公平、公开、参与的原则。行政参与是行政程序法的基本原则之一，指行政相对人基于对自身利益的维护，能够参与到行政主体相关行政行为作出的整个过程之中，向行政主体表达自己的要求和不同的意见，行政主体也应当认真对待行政相对人所提出的意见，对于行政相对人合法、合理的参与意见予以采纳。在房屋征收补偿决定中贯彻参与原则，体现在决定程序上是指行政相对人享有陈述和申辩、申请复议和提起诉讼等权利。具体到实际中就是市、县级人民政府在作出征收补偿决定前，应当充分听取当事人尤其是被征收人的意见，对其诉求应当作出审慎考虑。

（二）房产评估机构的选定

房地产价格评估机构的选定关系着征收补偿、也关系着征收活动的开展，是被征收人、房屋征收部门和房地产价格评估机构都关注的一个问题。

依据《条例》第二十条、《国有土地上房屋征收评估办法》(以下简称《办法》)第四条、《办法》第二十六条的规定，对于房地产价格评估机构的选定应遵循以下原则：

第一，由被征收人协商选定。被征收人应当在规定的时间内先行协商，如果能够达成一致意见，且选择的房地产价格评估机构符合《条例》第十九条规定的房地产价格评估机构资质要求的，应当由被征收人选定的评估机构实施评估。

第二，如果被征收人在规定时间内没有就房地产价格评估机构选定进行协商或者虽经协商但未达成一致意见,应当通过多数决定、随机选定等方式确定,确定房地产价格评估机构的过程应当公开、公平、公正。具体可由房屋征收部门组织进行。采用随机选定的方式,应当有被征收人代表到场,还可以邀请有公信力的见证人或机构到场监督。

房地产价格评估机构的确定对于评估结果有较大的影响,为了能够充分体现房地产价格评估机构评估行为的独立、客观和公正,要求房地产价格评估机构确定的客观性,即在确定评估机构的过程中,作为被征收人应该有权共同决定评估机构。被征收人介入确定评估机构,可以有效地保证评估机构的公正性。

(三)被征收房屋面积认定

房屋的建筑面积是指外围水平面积与水平投影面积的计算,包括独立家住面积和共有建筑面积。在确定房屋征收补偿数额的时候,建筑面积对于房屋评估作价有着决定性的意义,所以确定建筑面积就成为房屋调查中不可缺少的一环。

按照住建部 2011 年 6 月 3 日发布的《评估办法》第九条的规定,对于已经登记的房屋,其性质、用途和建筑面积,一般以房屋权属证书和房屋登记簿的记载为准;房屋权属证书与房屋登记簿的记载不一致的,除有证据证明房屋登记簿确有错误外,以房屋登记簿为准。对于未经登记的建筑,应当按照市、县级人民政府的认定、处理结果进行评估。

结合本案情况,对于双方争议之一的房屋面积认定,应当在调查核实权属证书的基础上进行判定。

(四)补偿方式的可选择性

依据《条例》第二十一条的规定,被征收人可以选择货币补偿,也可以选择房屋产权调换。被征收人选择房屋产权调换的,市、县级人民政府应当提供用于产权调换的房屋,并与被征收人计算、结清被征收房屋价值与用于产权调换房屋价值的差价。

房屋征收补偿方式有两种,即货币补偿与房屋产权调换。房屋是居民赖以生存的重要生活资料,房屋被拆除,势必会给居民的生活带来不便。允许被征收人根据自己的实际需要选择补偿形式,有利于保护被征收人的合法权益,减少矛盾纠纷的发生。

所谓货币补偿是指在房屋征收补偿中,以市场评估价为标准,对被征收房屋的所有权人进行货币形式的补偿。所谓房屋产权调换是指房屋征收部门提供用于产权调换的房屋与被征收房屋进行调换,计算价值后,结清差价。

政府在征收补偿方案中一般会明确用于产权调换房屋的地点、户型、面积等,以及选择不同地点产权调换房屋所享受的不同政策。被征收人根据各自实际需要,可以选择产权调换形式。被征收人选择房屋产权调换的,对被征收房屋价值和用于产权调换房屋价值分别计算,再结清被征收房屋和用于产权调换房屋的差价。

(五)评估报告送达

依据《条例》第十九条的规定,被征收房屋的价值,由房地产价格评估机构按照房屋征收评估办法评估确定。对评估确定的被征收房屋价值有异议的,可以向房地产价格评估机构申请复核评估。对复核结果有异议的,可以向房地产价格评估专家委员会申请鉴定。根据《评估办法》第十六条、第十七条、第二十条、第二十二条的规定,房屋征收部门应当将房屋分户初步评估结果在征收范围内向被征收人公示。公示期满后,房屋征收部门应当向被征收人转交分户评估报告。被征收人对评估结果有异议的,自收到评估报告十日内,向房地产价格评估机构申请复核评估。对复核结果有异议的,自收到复核结果十日内,向房地产价格评估专家委员会申请鉴定。

房屋价值评估报告是行政机关作出补偿决定最重要的依据之一,如果评估报告未及时送达,会导致被征收人申请复核评估和申请鉴定的法定权利无法行使,进而使得补偿决定本身失去合法性基础。

征收关系到国家、集体和个人的利益冲突和利益平衡,对社会影响深远,极易引发重大社会事件。以往一些行政机关的征收行为中存在着很多瑕疵,随着行政法律法规的修订完善,行政机关的行政行为的规范性面临着更高要求。行政机关应严格依照法律法规的规定实施征收行为,建立健全防范和化解征收矛盾纠纷工作机制,加强一线工作人员专业法律知识培训。司法实践中人民法院在行政相对人诉征收决定违法的行政诉讼案件审理过程中,将依照《条例》对征收主体、征收目的、征收程序等进行严格的实体及程序审查。行政机关需加强事前风险防控意识,构建健全纠纷处置机制,高度重视行政程序的正当合法性,维护行政行为的权威性。

参考文献:

1. 谭庆勇,姜玲.国有土地上房屋征收公共利益界定[J].山东农业工程学院学报,2014(2).

2. 孔祥秀.浅谈城市房屋征收的问题和对策[J].理论观察,2013(6).
3. 张俊丽.对我国房屋征收法律制度若干问题的分析[J].经营管理者,2010(22).
4. 凌学东,吴宁.论集体土地上房屋征收补偿认定的利益平衡[J].经济问题,2014(1).

案例5
政府如何解决土地权属争议？[①]

周连勇

一、案情简介

本案争议土地位于原李庄居民点北界沟，原果园村中心路南侧，面积约190亩。1958年，某县某人民公社的李庄大队和丁大队响应上级号召，相继栽了几百亩果树。1962年李庄大队初次调整土地，把本案争议的190亩果园地调归李庄大队第二生产队130多口人耕种管理，李庄大队成立林业组经营管理190亩果园地，同时李庄大队的其他六个生产队调整出部分土地补偿李庄大队第二生产队，190亩果园就归李庄大队七个生产队共有。

1969年由李庄大队拿出该190亩果园地和果树，丁大队出100亩果园地和果树合并成立果园大队，两大队均派出人员共同经营该片果园，参与共同经营的人员并未从原大队迁出。果园大队成立后，原李庄的190亩果地称南果园，原丁大队的100亩地称北果园，南果园和北果园都分别由果园大队独立核算。

1978年，地委工作队在某县某镇召开全乡大会时李庄大队和丁大队均向乡政府要求返还在果园大队的土地，未得到同意。

2001年，某镇政府根据文件精神，将果园、丁大队、农科三村合并为丁村，将李庄、官庄、林庄三村合并为丙村。将原果园大队的全部果树和果地划归丁村。原李庄和丁大队在果园村承包果地的农户仍然维持承包关系，只是发包人由原来的果园村变更为丁村。丙村认为，应将原李庄的190亩果树返还给丙村。后来，某县政府作出处理决定，决定将争议的土地确权归丁村所有，丙村对此不服，申请复议。市人民政府维持了某县政府的处理决定。故丙村向区人民法院提起行政诉讼。

---

① 案例来源：江苏博事达律师事务所代理案件。

二、争议处理

（一）原告主张

该宗土地作为历史遗留问题，在成立果园大队之前土地为原李庄村所有，且果园大队成立后，原李庄村村民从 1969 年至 2001 年村级区域调整时一直管理和耕种本案争议的该宗土地，事实上是经过 1969 年和 2001 年两次区划调整把原李庄村集体所有的 190 亩土地非法无偿地划给了丁村。

原告认为果园大队的成立，是当时乡政府无条件平调农民集体所有的土地，由李庄大队和丁大队共同出地、出资、出人予以成立，果园大队是一种合作经营的形式，经过并村调整后果园大队作为一个主体已不存在，应当视为果园大队主体的解散，应对果园的土地和资产进行分割，原来属于李庄大队的土地应当归还。且即使原李庄大队的土地所有权已变更为果园大队全体村民集体所有，原果园村部分村民被分离到李庄村，依据"人地不能分"原则，对果园村的土地和资产亦应进行分割并将相应土地划给李庄村，即归丙村农民集体所有。

而被告对本案主要事实认定不清，作出处理决定将争议的土地确权归丁村所有，严重侵害了原李庄村全体村民的合法利益，故向法院提起行政诉讼，要求法院依法撤销某县人民政府作出的处理决定的具体行政行为，并依法重新确认本案争议土地的权属。

（二）被告主张

被告某县人民政府于 2003 年 11 月 19 日向区人民法院提交了答辩状，辩称，本政府作出的处理决定认定事实清楚，证据充分，有法律依据，要求法院维持其作出的处理决定。

（三）第三人主张

第三人丁村认为，原果园村自 1969 年经上级批准，划拨土地成立了乙镇人民公社果园大队，管理和使用争议的土地，2001 年 7 月村级区域调整时，将果园大队等三个大队划归丁村所有，该争议土地自然就归丁村所有，与丙村无任何牵连。某县人民政府作出的处理决定是正确的，要求法院予以维持。

（四）审理结果

根据《中华人民共和国土地管理法》（以下简称《土地管理法》）第十六条第一款、第二款的规定，单位之间的土地所有权争议，当事人协商不成的，由县级以上人民政府处理。故某县人民政府对其行政管理区域内的丙村与丁村间的土地所有权和使用权争议依法有权作出处理决定。

根据庭审查明情况，因历史原因，原李庄村的 190 亩土地早在 20 世纪 60 年代末70年代初就归新成立的果园大队所有和使用,尽管原李庄村的部分村民也参与经营该190亩土地,但并未改变土地的权属。且在1978年时,原李庄大队曾要求返还该争议土地,被拒绝。原告认为果园大队成立之后该争议的土地自己一直参与经营,现行政区划调整,根据"人地相随原则",该争议土地仍应归还原李庄的主张,无法律依据。故法院对原告的起诉理由不予采信,被告作出的处理决定,是在充分调查取证认定事实的基础上,依据以上法律法规将争议土地确归第三人所有。

综上,被告某县人民政府作出的确权处理决定,认定事实清楚,程序合法,适用法律正确,应予维持。依照《中华人民共和国行政诉讼法》第五十四条第(一)项的规定,判决:

维持某县人民政府作出的处理决定。

三、顾问点评

(一)本案争议焦点

本案涉及农地权属的确权问题,双方争议的焦点是原李庄村190亩土地的归属问题,解决问题的关键是对果园大队法律地位的认识。

果园大队原来并不存在,是在1969年由李庄大队和丁大队各调整出相应土地和人口所新成立的大队,其中包括了该案争议的原李庄大队190亩土地。对于后成立的果园大队的法律地位,原告认为其是一种"双方出地、出资、出人的合作经营组织",不承认具有和李庄大队、丁大队相同的"农村集体经济组织"法律地位,果园大队也就不享有对双方土地的所有权,在2001年果园大队并入丁村后要求归还原来的"出资"——190亩土地。对于原告的主张,从法院作出的判决来看,显然是将果园大队作为有独立主体资格的新成立的集体经济组织来对待,将其视为与李庄大队、丁大队具有相同的法律地位,从而果园大队对原来两个村庄所分割出的土地具有所有权,属于村庄区划的调整。

根据《确定土地所有权和使用权的若干规定》中第二十条的规定:"由于村、队、社、场合并或分割等管理体制的变化引起土地所有权变更的,按变更后的现状确定集体土地所有权。"果园大队作为原来李庄大队和丁大队分割合并所成立的组织,且从成立后一直存续到2001年区划调整,长期作为独立的集体经济组织存在;另根据《确定土地所有权和使用权的若干规定》第二十条的规定:"农民集体连续使用其他农民集体所有的土地已满二十年的,应视为现使用者所有;连续使用不满二十年,或者虽满二十年但在二十年期满之前所有者曾向现使用者或有关部门提出归还的,由县级以上人民政府根据具体情况确定土地所有权。"

果园大队使用李庄大队的土地已满二十年,因此,视为现使用者即果园大队所有。后来果园大队因行政区划变动被并入丁村,果园大队名下的集体土地所有权也并归丁村。

(二)土地权属争议的处理方式梳理

根据《土地管理法》第十六条规定:"处理土地权属争议应当先由当事人协商解决;协商解决不成的,由当事人向土地管理部门申请处理,土地管理部门应当先进行调解;调解无效的,由人民政府作出处理决定;当事人对有关人民政府的处理决定不服的,可以在接到决定通知之日起三十日内,向人民法院起诉。"有鉴于此,关于土地权属争议处理的基本方式有以下三种:

1. 当事人协商解决

所谓协商,就是指土地所有者或者使用者间在权属发生争议后,各方在自愿基础上依照法律规定,直接进行磋商,自行解决争议。如果争议各方达成一致意见则协商成功。如果协商不成或者协商达成了协议而另一方又反悔,不履行协议,他方可以依照法律规定提请政府处理。

2. 政府处理

根据《土地管理法》第十六条第二款规定:"单位之间的争议,由县级以上人民政府处理。个人之间、个人与单位之间的争议,由乡级人民政府或者县级以上人民政府处理。"人民政府收到争议案件后,首先依据相关事实和法律依据对当事人进行调停,促使争议各方当事人进行和解。如果调解不成或者当事人不愿意进行调解,人民政府则依法进行裁决。根据《土地权属争议调查处理办法》第四条第一款规定:"县级以上国土资源行政主管部门负责土地权属争议案件的调查和调解工作;对需要依法作出处理决定的,拟定处理意见,报同级人民政府作出处理决定。"一般来讲,具体工作由国土资源行政主管部门承办,但作出处理决定须以人民政府的名义并出具处理决定书。

3. 提起诉讼

根据《土地管理法》第十六条第三款规定:"当事人对有关人民政府的处理决定不服的,可以自接到处理决定通知之日起三十日内,向人民法院起诉。"这里需注意两点:

一是当事人对有关人民政府的处理决定不服的,必须在本条所规定的法定时间即自接到处理决定通知之日起三十日内提起诉讼,如果超过本条所规定的时间,该决定即产生法律效力,是土地登记的依据,当事人必须履行处理决定。根据修订后的《中华人民共和国行政诉讼法》(以下简称《行政诉讼法》)第九十七条规定:"公民、法人或者其他组织对行政行为在法定期限内不提起诉讼又不履行的,行政机关可以申请人民法院强制执行,或者依法强制执行。"

二是不服人民政府关于土地权属争议作出的确权决定,是否必经行政复议程序的问题。行政复议和行政诉讼是解决行政争议的主要救济途径和两种不同的法律制度。根据《土地管理法》第十六条、《中华人民共和国行政复议法》(以下简称《行政复议法》)第六条第(四)项、第十六条,修订后《行政诉讼法》第四十四条,以及《土地权属争议调查处理办法》第三十一条的规定,我国相关法律法规规定当事人可以申请行政复议,也可以直接提起行政诉讼,以当事人自由选择为原则。

但也有例外,《行政复议法》第三十条第一款规定了复议程序前置的法定情形。① 最高人民法院对此作了专门的解释,只有当政府的确权决定侵犯"已经依法取得"的"自然资源"权属时,复议才是诉讼的必经程序。②

(三)处理土地权属纠纷应遵循的原则③

1. 行政处理在先原则

行政处理在先原则指土地权属争议应依法先经县级以上人民政府处理(土地管理部门具体承办),当事人对政府及其有关工作部门不予受理决定不服,或对于土地权属争议处理决定不服的,才可依法申请行政复议或提起行政诉讼。我国《土地管理法》第十三条明确规定:"当事人对有关人民政府的处理决定不服的,可以在接到处理决定通知之日起十五日内,向人民法院起诉。"我国《土地管理法》第十三条还规定:"土地所有权和使用权争议,由当事人协商解决;协商不成的由人民政府处理。"《土地权属争议处理暂行办法》第二十四条规定:"土地管理部门对受理的土地权属争议案件,应当在查清事实,分清责任的基础上先行调

---

① 《行政复议法》第三十条第一款规定:"公民、法人或其他组织认为行政机关的具体行政行为侵犯其已经依法取得的土地、矿藏、水流、森林、山岭、草原、荒地、滩涂、海域等自然资源的所有权或者使用权的,应当先申请行政复议;对行政复议决定不服的,可以依法向人民法院提起行政诉讼。"

② 2003年2月25日法释〔2003〕5号批复,"根据《行政复议法》第三十条第一款的规定,公民、法人或其他组织认为行政机关确认土地、矿藏、水流、森林、山岭、草原、荒地、滩涂、海域等自然资源的所有权或使用权的具体行政行为,侵犯其已经依法取得的自然资源所有权或者使用权的,经行政复议后,才可以向人民法院提起行政诉讼,但法律另有规定的除外;对涉及自然资源所有权或者使用权的行政处罚、行政强制措施等其他具体行政行为提起行政诉讼的,不适用《行政复议法》第三十条第一款的规定"。应当理解为,第一,此类"具体行政行为"所指向的客体,不是单纯的土地,而是强调土地等所附属的自然资源,即对自然资源的所有权或者使用权权属的确认和颁发权属证书。第二,该款"已经依法取得",应是当事人认为"已经依法取得"即可,而不应单纯地理解为依法获颁土地权属凭证;只有当确权决定侵犯"已经依法取得"的权利时,复议才是诉讼的前置程序,至于当事人是否实际"已经依法取得"土地权属,则属于实体审理中需要确认的问题。第三,法律另有规定的除外。

③ 刘芳.处理土地权属争议的对策[J].内蒙古科技与经济,2009(S2).

解。"人民政府土地管理部门在查清事实的基础上,通过协商解决纠纷。

2. 依法处理原则

土地权属争议处理必须正确适用法律,严格遵守法定程序。以法律和行政法规、地方性法规为依据(地方性法规适用于本行政区域内发生的土地权属争议),涉及民族自治地方的以该民族自治地方的自治条例和单行条例为依据,参照国务院部、委根据法律和国务院的行政法规、决定、命令制定、发布的规章以及省、自治区、直辖市和省、自治区的人民政府所在地的市和经国务院批准的较大的市的人民政府根据法律和国务院的行政法规制定、发布的规章。

3. 尊重历史原则

对历史遗留的土地权属争议,只要符合当时规定的历史事实,不能轻易地改动和否定;对现在实际存在的客观情况,要合情合理合法地对待。历史上已依政策法律确权的,要坚决维护,因各种原因土地权属已实际发生变更,只要过去不是强占,在处理时要从实际出发,原则性和灵活性相结合,予以确认。

4. 方便生产、生活原则

土地权属争议涉及当事人的切身利益,处理不好会影响当事人的生产和生活。有的纠纷由于得不到很好的解决,给社会带来不稳定的因素。因此,土地权属争议处理一定要从有利于生产和生活,有利于社会的稳定和安定团结的大局出发,要有利于维护社会主义土地公有制,有利于保护土地所有者和使用者的合法权益,不引起新的矛盾,不带来新的纠纷,不留后遗症。

参考文献:

1. 张延军,刘彦彤. 土地整理过程中土地权属调整问题探讨[J]. 农村经济,2007(6).
2. 阚凤芹. 浅析我国土地权属争议及处理[J]. 中国土地科学,1994(4).
3. 李军. 农村土地权属管理中存在的问题及解决对策[J]. 学理论,2009(4).
4. 汪庆红. 简论农村土地权属制度的完善[J]. 周口师范学院学报,2010(3).
5. 贺剑虹,黄维纲. 解决农村土地权属纠纷的对策[J]. 人民调解,2007(4).
6. 李桂梅. 关于我国农村土地权属制度的若干思考[J]. 西华大学学报:哲学社会科学版,2004(4).
7. 刘芳. 处理土地权属争议的对策[J]. 内蒙古科技与经济,2009(S2).

案例 6
镇政府强制拆除程序正当吗？①

周连勇　钟　丽

一、案情简介

原告杜某、李某二人共同出资设立某市平安牧业有限公司，经营养殖业。2013 年 6 月 1 日，杜某以某市平安牧业养殖场的名义与某市某镇窝张村村委签订了土地租赁协议一份，约定占用该村土地 35 亩发展养殖业。2013 年 6 月，杜某、李某二人在租赁的土地上建设了围墙及活动板房。2013 年 7 月 22 日，被告镇政府向杜某、李某送达《责令限期拆除通知书》一份，要求其于次日前自行拆除其建筑物，二人未按通知履行。2013 年 9 月 29 日，镇政府为解决二人设立公司的手续等问题，出具证明一份，证明二人筹建企业所租赁的土地不在新农村建设规划区内，允许从事养殖业建设。之后，二人到当地工商部门进行了企业名称预先核准登记，又到当地畜牧局、发改委、国土资源局等部门办理了开办企业的部分相关手续。2013 年 11 月，当地市政府开展违法建设综合整治活动，镇政府于 2013 年 12 月 17 日将二人在所租赁的土地上建成的活动板房及围墙，强制拆除。二人对镇政府的强制拆除行为及相关信访事项的处理意见有异议，遂提起诉讼，要求确认被告在本案中的具体行政行为违法。

二、争议处理

（一）一审审理结果

根据《中华人民共和国城乡规划法》（以下简称《城乡规划法》）第六十五条规定："在乡、村庄规划区内未依法取得乡村建设规划许可证或者未按照乡村建设规划许可证的规定进行建设的，由乡、镇人民政府责令停止建设，限期改正；逾期不改正的，可以拆除。"依据该规定，镇政府作为乡级人民政府有权对本辖区内未

---

① 案例来源：河南省郑州市中级人民法院〔2014〕郑行终字第 281 号。

取得乡村建设规划许可而进行建设的行为进行查处。

镇政府认为二人存在相应的违法行为,应先责令其停止建设,限期改正。镇政府所作《责令限期拆除通知书》指认违法事实不清,未正确适用法律,限定期限不合理。在本案中,镇政府实施行政强制行为,未依法全面调查取证,未作出相应强制执行决定和强制拆除公告,未告知当事人依法享有的陈述权和申辩权。镇政府在本案中的具体行政行为,违反了行政正当程序的要求,原告杜某、李某二人要求确认其行为违法的诉讼请求,理由正当,予以支持。依照《最高人民法院关于执行〈中华人民共和国行政诉讼法〉若干问题的解释》(法释〔2000〕8号)第五十七条第二款第(二)项之规定,判决确认镇政府于2013年12月17日强制拆除原告杜某、李某在某市某镇某村所租赁土地上建设的活动板房及围墙的行为违法。

(二) 上诉人(原审被告)主张

镇政府认为一审法院认定事实不清。① 被上诉人在没有任何部门许可情况下,采取先违法建设行为,被上诉人向法院提交的证据均显示是在上诉人下发《责令限期拆除通知书》后才向有关部门申请的有关手续,被上诉人自证存在违法建设行为,一审未查清此事实。② 上诉人发现被上诉人在没有规划许可、建设许可、用地许可、工商登记的情况下,指出被上诉人"在未取得合法手续的情况下,擅自进行圈地建设行为,违反《城乡规划法》、《中华人民共和国土地管理法》(以下简称《土地管理法》)的规定",这些属于明确指认了被上诉人的违法占地、违法建设行为,一审法院认定上诉人"指认违法事实不清"错误。③ 上诉人发现违法事实存在情况下有效制止违法行为是政府的行政职责。

(三) 二审审理结果

根据《中华人民共和国行政强制法》(以下简称《行政强制法》)第三十四条、第三十五条、第三十六条、第三十七条、第四十四条的规定:行政机关强制执行要经过催告、陈述和申辩、制作执行决定书、采取具体行政强制执行措施等程序,对于违法的建筑物、构筑物、设施等需要强制拆除的,还需要以公告形式限期当事人自行拆除。本案中被上诉人某市某镇人民政府仅作出了《责令限期拆除通知书》,未依法全面调查取证,未作出强制执行决定和强制拆除公告,未告知当事人依法享有的陈述和申辩权,且《责令限期拆除通知书》查明的违法情形笼统,事实不清,也未适用具体法律条款,被上诉人的强制拆除行为违反了法定正当程序,一审确认该强制拆除行为违法,事实清楚,证据确凿,并无不当之处。依照《中华人民共和国行政诉讼法》(以下简称《行政诉讼法》)第六十一条第(一)项的规定,判决驳回上诉,维持原判。

三、顾问点评

(一) 关于行政行为合法的构成要件[①]

行政行为合法的要件包括:行为主体合法、行为权限合法、行为内容合法、行为程序合法、行为形式合法。行为主体合法要求:行政行为的作出者必须是行政机关或法律、法规、规章授权的组织。行为权限合法要求:行政主体必须在自己的事务管辖权、地域管辖权和级别管辖权的范围内作出行政行为,被授权组织必须在授权范围内,被委托组织必须在委托范围内作出行政行为,并且行政行为的实施没有滥用职权的情形。行为内容合法要求:行政行为的内容必须符合法律规范、法律原则或法律精神的要求,不得违背或超越法定的职权,行政行为具有事实根据,意思表示真实、完整和确定;抽象行政行为具有法律依据,具体行政行为适用法律、法规正确;行政行为的目的符合立法本意。行为程序合法要求:行政主体必须依照法定程序实施行政行为,行政行为符合行政程序的基本原则(如先取证后裁决)和行政程序的制度(如告知制度、听证制度、时限制度),还要符合法定的具体程序要求。行为形式合法要求:行为的表现形式必须合法,行政行为必须具备法律所要求的形式。

(二) 关于本案强制拆除行为的理解

行政机关强制拆除违法建筑是一种典型的行政强制执行行为。镇政府依据《城乡规划法》依法对违规建筑进行强制拆除,本属于履行法定职责行为,但是在实施强制拆除行为时忽略了应当遵循的正当程序,以致行政行为程序违法,导致行政行为被确认违法,依法被法院撤销的法律后果。由此,行政机关应当警醒,在履行行政职责时应当严格遵循正当法律程序要求,一方面保障行政相对人的程序利益,另一方面也是对行政机关自身行政行为的法律保障。

对于强制拆除违法建筑的程序,《行政强制法》第八条[②]、第三十五条[③]、第三

[①] 姜明安.行政法与行政诉讼法[M].北京:北京大学出版社,2001:153-154.

[②] 第八条规定:"公民、法人或者其他组织对行政机关实施行政强制,享有陈述权、申辩权;有权依法申请行政复议或者提起行政诉讼;因行政机关违法实施行政强制受到损害的,有权依法要求赔偿。公民、法人或者其他组织因人民法院在强制执行中有违法行为或者扩大强制执行范围受到损害的,有权依法要求赔偿。"

[③] 第三十五条规定:"行政机关作出强制执行决定前,应当事先催告当事人履行义务。催告应当以书面形式作出,并载明下列事项:(一)履行义务的期限;(二)履行义务的方式;(三)涉及金钱给付的,应当有明确的金额和给付方式;(四)当事人依法享有的陈述权和申辩权。"

十六条①、第三十七条②、第四十四条③均作了严格规定。本案中上诉人某市某镇人民政府仅作出了《责令限期拆除通知书》,未依法全面调查取证,未作出强制执行决定和强制拆除公告,未告知当事人依法享有的陈述和申辩权,被上诉人的强制拆除行为违反了法定正当程序,该强制拆除行为程序违法。

(三)关于行政程序的一般内容

1. 事先说明理由

事先说明理由是指行政机关在作出针对行政相对人的具体行政行为时,应当告知行政相对人其作出行政决定的理由,以便听取行政相对人为自己辩护的意见。

2. 事中听取意见

事中听取意见是说行政机关在作出影响他人合法权益的决定前,行政相对人有权表达意见、提供证据,同时行政机关应当听取意见、接收证据。

3. 事后告知权利

事后告知权利是指行政机关在作出决定后,应当告知受决定不利影响的行政相对人通过何种方式、在何时何地申请救济的权利。

(四)行政机关与司法机关强制执行的权限划分

根据《行政强制法》第十三条规定:"行政强制执行由法律设定。法律没有规定行政机关强制执行的,作出行政决定的行政机关应当申请人民法院强制执行。"第五十三条规定:"当事人在法定期限内不申请行政复议或者提起行政诉讼,又不履行行政决定的,没有行政强制执行权的行政机关可以自期限届满之日起三个月内,依照本章规定申请人民法院强制执行。"

《行政强制法》理清了行政机关与司法机关行政强制执行的权限划分:凡是法律规定行政机关没有强制执行权的,由行政机关申请人民法院强制执行;而将

---

① 第三十六条规定:"当事人收到催告书后有权进行陈述和申辩。行政机关应当充分听取当事人的意见,对当事人提出的事实、理由和证据,应当进行记录、复核。当事人提出的事实、理由或者证据成立的,行政机关应当采纳。"

② 第三十七条规定:"经催告,当事人逾期仍不履行行政决定,且无正当理由的,行政机关可以作出强制执行决定。强制执行决定应当以书面形式作出,并载明下列事项:(一)当事人的姓名或者名称、地址;(二)强制执行的理由和依据;(三)强制执行的方式和时间;(四)申请行政复议或者提起行政诉讼的途径和期限;(五)行政机关的名称、印章和日期。在催告期间,对有证据证明有转移或者隐匿财物迹象的,行政机关可以作出立即强制执行决定。"

③ 第四十四条规定:"对违法的建筑物、构筑物、设施等需要强制拆除的,应当由行政机关予以公告,限期当事人自行拆除。当事人在法定期限内不申请行政复议或者提起行政诉讼,又不拆除的,行政机关可以依法强制拆除。"

法律规定的既可以由行政机关依法强制执行,也可以申请人民法院强制执行的行政案件,一般由行政机关执行。

(五) 行政机关强制执行应遵守的程序

1. 调查与审查

若发现原行政行为有违法或者不当之处,不得实施强制执行;若还有其他更为缓和的手段同样可以达到义务履行的目的,则应采用更为缓和的手段,而不应实施行政强制执行。

2. 通知与告诫

在正式实施强制执行前,为给义务人主动履行义务的机会,应该发出通知和告诫,限定适当的义务履行期限。

3. 当事人的陈述和申辩

当事人在接到告诫书后所作的陈述和申辩,行政机关应当充分、认真听取,做好笔录,给予答复;必要时,行政机关可以对当事人提出的事实、证据进行调查核实;核实成立的,行政机关应当采纳。

4. 制作执行决定书

在行政机关向当事人发出告诫书后,在合理期限内当事人仍不履行行政决定的,行政机关应当作出行政强制执行决定并制作行政强制执行决定书。行政强制执行决定书通常应包括下列内容:第一,当事人的姓名或名称、地址;第二,违法事实和行政强制执行的依据;第三,行政强制执行的方式和期限;第四,申请行政复议或提起行政诉讼的途径和期限;第五,行政机关的名称和日期。

5. 强制执行决定书的送达

行政强制执行决定书必须送达当事人,原则上应在执行时当场交付当事人,但当事人是否接受决定书并不影响决定书的执行。

6. 强制执行

义务人在行政强制执行决定书送达之前没有自行履行义务,行政机关将依据决定实施强制执行。行政强制执行应当制作现场笔录。属于代执行的,执行费用由义务人承担。

(六) 非诉行政强制执行应遵循的程序

1. 申请法院执行前的催告

催告是申请前的第一道程序,催告书送达十日后仍不履行的,方可申请执行。注意,此催告是申请法院执行前的催告,有期限规定。

2. 递交申请强制执行书

申请书应由机关负责人签名,并加盖机关印章。申请执行书应载明的事项主要包括:申请执行的行政机关的名称(名称用全称,与单位执照或者行政章一致,不能用简称);法定代表人;被执行人的姓名或名称,住址或地址;具体行政行为的主要内容、理由与根据,以及义务人拒不履行义务的事实等。

3. 递交据以执行的行政法律文书、证明具体行政行为合法的材料

这些材料主要包括:行政决定书;行政机关作出某具体行政行为享有职权的依据;行政机关作出某具体行政行为依据的事实以及相关的证据;作出某具体行政行为的法律依据;作出处罚决定时的必要材料,包括询问调查笔录,权利义务告知书等。委托代理人的还要提交授权委托书,委托书应经委托人签字并盖章,写明委托事项和代理权限。

4. 人民法院受理与形式审查

人民法院主要审查管辖权问题,法院对属于本院管辖的应当受理,否则应该裁定不予受理。人民法院作出不予受理的裁定后,行政机关可以申请复议。

5. 人民法院书面审查

人民法院主要审查行政机关提交的书面材料是否齐全。经书面审查后,认为行政决定书具备法定执行效力的应当作出执行裁定;对明显缺乏事实依据和法律法规依据或者存在违法事由并损害被执行人合法权益的,应当裁定不予执行。

(七)违反法定程序之"法"的外延问题

修订后的《行政诉讼法》第七十条规定,具体行政行为违反法定程序的,应予以撤销。但是对于法定行政程序中"法"的外延应如何界定,法定程序的范围有多大,在学术界尚有不同的认识。有学者将"法定程序"中的"法"限定为法律、法规,法律法规未规定即意味着立法机关赋予行政执法机关自由裁量权。[①] 有学者则认为违反规章及规章以下的规范性文件,也应属于违反法定程序。[②] 笔者认为这需要从法律、法规、规章和规章以下的规范性文件两个层面分析。

首先,法律、法规、规章作为我国现阶段主要的法律渊源形式,自然应当属于"法"的范畴,对于因违反法律、法规、规章的程序规定,自然构成违法;其次,规章以下的规范性文件虽然不属于正式的法律渊源,但是从信赖保护原则的要求出发,行政机关自己作出了程序承诺规定了行政行为应当遵守的程序规则,从有效保护行政相对人利益角度出发,也应当属于"法"的范畴。

(八)我国现行法律对行政程序违法责任的相关规定

法律责任是对法律关系主体违反法定义务的否定性评价,它要通过多种责

---

① 王锡锌.行政过程中相对人程序性权利研究[J].中国法学,2001(4).
② 罗传贤.行政程序法基础理论[M].台湾:五南图书出版股份有限公司,1990:261.

任形式表现出来。我国目前尚未制定统一的行政程序法，有关行政程序违法的法律责任与法律后果的规定主要散见于诸单行行政法律规范中。

《行政处罚法》第三条明确规定，不遵守法定程序的，行政处罚无效；第五十五条规定，违反法定的行政处罚程序的，由上级行政机关或者有关部门责令改正，可以对直接负责的主管人员和其他直接责任人员依法给予行政处分。

《行政复议法》第二十八条规定，具体行政行为违反法定程序的，复议机关可决定撤销、变更或确认该具体行政行为违法，并可责令被申请人在一定期限内重新作出具体行政行为。

《行政许可法》第六十九条规定，违反法定程序作出准予行政许可决定的，可以撤销行政许可。被许可人的合法权益受到损害的，行政机关应当依法予以赔偿。该法同时规定，在行政机关及其工作人员违反相关行政程序规定情况下，由其上级行政机关或者监察机关责令改正，直接负责的主管人员和其他直接责任人员可能面临行政处分甚至刑事责任。

《行政诉讼法》第七十条规定了具体行政行为"违反法定程序"将被判决撤销或部分撤销，并可以判决重新作出具体行政行为。违反法定程序可以单独作为人民法院撤销具体行政行为的理由。但行政机关的具体行政行为因为程序违法被撤销后，仍可以基于同样的事实和理由，作出与原具体行政行为实体内容相同的行政行为。

《行政诉讼法》第六十九条至第七十八条明确规定了确认具体行政行为违法或无效、责令采取相应的补救措施、承担赔偿责任、判决变更等判决形式和处理方式，对于行政程序违法责任承担作出了有效规制。

参考文献：

1. 姜明安. 行政法与行政讼法[M]. 北京：北京大学出版社，2001.
2. 罗传贤. 行政程序法基础理论[M]. 台湾：王南图书出版股份有限公司，1990.
3. 章文英，杨晓慧. 行政强拆案件的司法角色定位[J]. 法律适用，2014(4).
4. 李龙海，魏颜阳. 试析行政强拆与司法强拆存在的问题[J]. 燕山大学学报：哲学社会科学版，2013(2).
5. 姜明安. "司法强拆"需要制度保障[J]. 中国报道，2011(1).
6. 杜贵波. 论行政程序违法的认定[J]. 理论界，2007(7).
7. 马雪涛. 简论行政程序违法及其法律责任类型[J]. 法制与社会，2011(22).
8. 王锡锌. 行政过程中相对人程序性权利研究[J]. 中国法学，2001(4).

案例 7
政府如何签订征收补偿协议?[①]

王志燕

一、案情简介

1953年,原告朱某的父亲获得某市某区某街16号房屋并办理了房契(该房屋门牌号后变更为某区某街18号)。1959年社会主义改造时,原告朱某的父亲以其财产作价1 042.4元入股某切面店,某区某街18号房屋作为切面店经营使用。原告的父亲及母亲先后于1960年、1965年去世,原告系父母的唯一继承人。20世纪80年代初,某区粮食部门将上述股金退还给原告,某区某街18号房屋一直由粮食部门使用并登记在其固定资产账簿中。2002年5月21日,某区粮食部门与第三人董某签订房屋转让协议,将某区某街18号房屋转让给第三人,转让费为15 000元,第三人付清款项后,在涉案房屋经营小百货,并领取了营业执照。2013年12月6日,被告某市某区拆迁管理中心发布公告,要求某地块环境综合整治项目所涉房屋的相关权利人,在公告发出之日起至2014年1月13日,持有效继承权证明文件到被告处就征收补偿事宜进行协商。2014年1月15日,被告与第三人签订《某区城市房屋征收补偿协议》,双方约定:房屋面积为22.95平方米,征收补偿款总额为470 611元。2014年3月7日,第三人将上述房屋交给被告拆除。2014年3月19日,原告办理了房屋所有权登记,登记权利人为原告朱某,房屋地点为某区某街18号,面积为24.26平方米。随后,原告将被告及第三人诉至某区人民法院。

二、争议处理

(一)原告主张

原告诉称:某区某街18号房屋原为其父亲所有,面积为7.15平方丈(约合

[①] 案例来源:江苏博事达律师事务所代理案件。

79.29平方米)。父母去世后,原告依法继承该房屋,并取得房屋所有权证(仅原房屋前面两间24.26平方米取得所有权证,后面两间约28平方米由于历史原因导致结构变更没有改建手续而未予办证)。被告发出公告后,原告委托律师向被告发出律师函,明确表明上述房屋的权属,并提醒被告履行应有的谨慎义务,防止他人冒领拆迁款。但被告单方面认定案涉房屋系第三人所有,并与第三人签订了拆迁补偿协议并发放了补偿款,次日,被告拆毁了涉案房屋。原告是某区某街18号房屋的所有权人,被告与第三人签订拆迁补偿协议的行为系无权处分,应属无效。被告既没有与原告签订拆迁补偿协议,也没有其他合法理由拆毁原告的房屋,其行为严重侵犯了原告的财产权利。原告请求法院判令:① 被告与第三人签订的《某区城市房屋征收补偿协议》无效;② 被告拆毁原告的房屋构成侵权,并赔偿损失60万元。

(二) 被告主张

被告辩称:原告提供的房契为复印件,无法确认其真实性;即便该复印件所载明的内容属实,也只能反映1953年时该房屋为原告父亲所有。1959年,涉案房屋的产权已通过合资入股的方式转让给某区粮食部门,且股金也已返还给原告,涉案房屋一直作为某区粮食部门的固定资产登记在册。后某区粮食部门通过改制将涉案房屋转让给第三人,第三人一直占有、使用房屋,并提供了《房屋使用权转让协议书》、《证明》、《个体工商户营业执照》等文件证明其产权;而原告虽提出异议,但一直未提供房屋的有效权证。为保障征收项目的进程及被征收人的合法权益,被告与第三人签订房屋征收补偿协议并发放了补偿款。第三人腾空房屋后交付被告拆除。由此可见,第三人才是涉案房屋的合法产权人,有权处分涉案房屋,其作为被征收人与被告签订房屋征收补偿协议符合法律规定,协议合法有效。被告的征收行为符合法律规定,不存在侵权,原告要求赔偿60万元损失没有事实和法律依据。

(三) 审理结果

2014年12月30日,某区人民法院裁定:拆迁人与被拆迁人达不成拆迁补偿安置协议,就补偿安置争议向人民法院提出民事诉讼的,人民法院不予受理。本案所涉房屋已被拆除,原告主张被告侵害其权利,在其未与被告签订拆迁补偿安置协议的情况下,其主张不属于人民法院民事案件受理范围。据此,依照《中华人民共和国民事诉讼法》第一百一十九条第(四)项、第一百五十四条第一款第(三)项的规定,裁定:驳回原告朱某的起诉。

三、顾问点评

（一）本案争议焦点

本案原、被告双方的争议焦点在于被告与第三人签订的征收补偿协议是否有效；被告拆除涉案房屋的行为是否构成侵权。

（二）房屋征收补偿协议的相关问题

1. 房屋征收补偿协议的性质

《国有土地上房屋征收与补偿条例》（以下简称《条例》）第二十五条规定："房屋征收部门与被征收人依照本条例的规定，就补偿方式、补偿金额和支付期限、用于产权调换房屋的地点和面积、搬迁费、临时安置费或者周转用房、停产停业损失、搬迁期限、过渡方式和过渡期限等事项，订立补偿协议。补偿协议订立后，一方当事人不履行补偿协议约定的义务的，另一方当事人可以依法提起诉讼。"那么问题是：另一方提起诉讼时，应该提起民事诉讼还是行政诉讼？换言之，"房屋征收补偿协议"的法律性质是民事协议还是行政合同？

这其实并不是一个新问题。《条例》出台前，就"房屋拆迁补偿协议"的性质也曾发生过类似的疑问。当时学术界存在两派意见：民法学者一般认为，房屋拆迁补偿协议是民事协议；而行政法学者则普遍认为是行政合同。对此，最高人民法院《关于受理房屋拆迁、补偿、安置等案件问题的批复》（1996）作出了认定："拆迁人与被拆迁人因房屋补偿、安置等问题发生争议，或者双方当事人达成协议后，一方或者双方当事人反悔，未经行政机关裁决，仅就房屋补偿、安置等问题，依法向人民法院提起诉讼的，人民法院应当作为民事案件受理。"民事审判案由里就有一项"房屋拆迁安置补偿合同纠纷"。虽然最高法院作出认定后，仍有一些行政法学者不赞同，但总体来说已无争议。这主要是因为，根据当时的《城市房屋拆迁管理条例》（以下简称《拆迁管理条例》），拆迁人是取得房屋拆迁许可证的建设单位或者个人，其与被拆迁人都是平等的民事主体，双方签订的协议自然是民事协议。而《条例》出台后，政府是征收人，是房屋征收补偿协议的一方当事人，其与协议相对方之间还是平等的民事法律关系吗？房屋征收补偿协议的性质之争又再次浮现出来。2013 年，在中国行政法学研究会举办的《条例》研讨会上，来自法院系统的人士表示，《条例》第二十五条第二款规定的房屋征收部门与被征收人签订的补偿协议的性质及其执行问题，是目前审判实践中遇到的疑难法律问题。在可预见的将来,该类案件将会出现"井喷",故而亟待求解。①

那么,房屋征收补偿协议究竟是什么性质的合同?理论界多认为是行政合同。中国行政法学研究会会长、中国政法大学副校长马怀德教授认为,补偿协议的性质属于行政合同,法院应按照行政诉讼案件受理此类争议。北京大学法学院湛中乐教授也表示,补偿协议毫无疑问是行政合同,"政府作出征收决定,在征收过程中为了实现和平、有序的过渡,通过签订协议的形式弱化了政府的强制性。但是签订合同并不简单排除有权力的特性"。《条例》出台后,在司法审判中,对于补偿协议提起的诉讼,仍以"房屋拆迁安置补偿合同纠纷"为案由归民事审判庭审理。2014年11月1日,中华人民共和国第十二届全国人民代表大会常务委员会第十一次会议通过了《全国人民代表大会常务委员会关于修改〈中华人民共和国行政诉讼法〉的决定》,自2015年5月1日起施行。新修订的《中华人民共和国行政诉讼法》(以下简称《行政诉讼法》)第十二条第一款第(十一)项规定:公民、法人或者其他组织认为行政机关不依法履行、未按照约定履行或者违法变更、解除政府特许经营协议、土地房屋征收补偿协议等协议的,可以提起行政诉讼。从这条可以看出,房屋征收补偿协议属于行政行为,相对人可以就补偿协议纠纷提起行政诉讼。这似乎是肯定了补偿协议就是行政合同。但根据《条例》第二十五条第二款规定,当补偿协议一方不履行补偿协议时,另一方可以提起诉讼,该条既允许"民告官",也允许"官告民"。但《行政诉讼法》并没有"官告民"的规定,当征收部门起诉被征收人履行补偿协议时,只能提起民事诉讼。新修订的《行政诉讼法》仍未解决这个矛盾。

2. 房屋征收补偿协议的效力

房屋征收补偿协议是征收部门与被征收人依照《条例》的规定,就补偿方式、补偿金额和支付期限、用于产权调换房屋的地点和面积、搬迁费、临时安置费或者周转用房、停产停业损失、搬迁期限、过渡方式和过渡期限等事项订立的协议。虽然相关补偿标准由政府制定,但被征收人仍然可以提出自己的意见,与征收人协商,并有权决定签或不签。只有在双方协商一致的基础上才能签订协议,而一旦协议签字生效后,对于协议双方均产生约束力。任何一方不履行协议,另一方都可以提起诉讼。

在有关房屋征收补偿协议的纠纷中,除因协议履行产生的纠纷外,还有一类纠纷是协议相对方以外的人对协议效力提出的异议。一般表现为被征收房屋利

---

① 张维.房屋征收补偿协议性质及履行困扰审批 专家建议"官告民"纳入行政诉讼法[OL].法制网,2013-02-25[2015-04-23]. http://www.legaldaily.com.cn/bm/content/2013-02/25/content_4221203.htm? node=20734.

害关系人对补偿协议提起的确认无效之诉。这类纠纷如何确定管辖？2005年，《最高人民法院关于当事人达不成拆迁补偿安置协议就补偿安置争议提起民事诉讼人民法院应否受理问题的批复》（以下简称《批复》）指出："拆迁人与被拆迁人或者拆迁人、被拆迁人与房屋承租人达不成拆迁补偿安置协议，就补偿安置争议向人民法院提起民事诉讼的，人民法院不予受理，并告知当事人可以按照《拆迁管理条例》第十六条的规定向有关部门申请裁决。"《批复》表明，法院只受理已达成拆迁补偿协议并仅就协议的履行而提起的民事诉讼；而未达成协议的，不属于民事诉讼受案范围。因此，第三人对补偿协议的效力提起民事诉讼的，法院应当不予受理。

（三）**关于本案审理评析**

本案中，原告的诉讼请求包含两种法律关系：一种是确认合同无效之诉；一种是侵权责任之诉。对于确认合同无效之诉，因原告并未与被告签订征收补偿协议，并非就协议履行纠纷提起的诉讼，根据《批复》规定，原告之诉不属于民事诉讼受案范围。而对于侵权责任之诉，被告拆除涉案房屋是履行政府职能，是行政行为。原告认为被告的行政行为侵犯其合法权益，应当提起行政诉讼。因此，无论基于哪种法律关系，原告之诉均不属于民事诉讼审理范围。某区法院裁定驳回原告的起诉符合法律规定。

（四）**总结与建议**

自2015年5月1日起，新修订的《行政诉讼法》正式施行。房屋征收补偿协议作为可诉的行政行为，无疑会引起行政诉讼案件激增。根据《行政诉讼法》规定，被告对于行政行为的合法性应承担举证责任。因此，政府在签订和履行征收补偿协议时应注意以下几个问题：

1. 征收补偿协议的性质

征收补偿协议的性质决定了此类纠纷由民事审判庭还是行政审判庭管辖，当政府作为被告时，这一区分就具有重要意义，民事诉讼和行政诉讼对于被告举证责任的分配截然不同。民事诉讼遵循"谁主张，谁举证"的原则，法院审查的是协议是否合法有效、是否全面履行、是否存在违约责任等；政府可以是原告，也可以是被告。而行政诉讼遵循"被告举证"原则，法院在审理案件时，要全面审查行政行为的合法性。

新修订的《行政诉讼法》第十二条第（十一）项规定了相对人对于行政机关不依法履行、未按照约定履行或者违法变更、解除房屋征收补偿协议的，可以提起行政诉讼。笔者认为，房屋征收补偿协议是具有民事权益内容的行政合同，既是政府行政职能的需要，也是协议双方意思自治的体现。我国目前还没有出台有关行政合同方面的法律法规，也没有单独对征收补偿协议制定规范，应当允许被征收人自由选择提起民事诉讼还是行政诉讼。

2. 征收补偿协议的签订和履行

一般来说，征收补偿协议自协议各方签字盖章之日起生效，但在征收实践中，还存在一种附解除条件的协议。由于继承、转让等原因，常常出现登记权利人与实际居住人不一致的情况。征收部门因征收进度的需要，往往会和实际居住人签订征收补偿协议，由实际居住人将房屋交付拆除。为了防范风险，征收部门往往会在补充协议中注明，若日后发生权属争议，本协议不发生法律效力；乙方（被征收人）应根据法院生效法律文书的内容履行还款义务，甲方（征收部门）不承担任何责任。这样的征收补偿协议，对征收部门来说是有风险的。该协议只能约束协议双方，对协议之外的人是不产生法律效力的。房屋真正的权利人可以起诉征收部门违反"先补偿、后拆迁"的原则，要求法院确认行政行为违法并赔偿损失。根据《条例》规定，被征收人是被征收房屋的所有权人。在签订征收补偿协议时，征收部门应当与登记产权人签订征收补偿协议。存在权属争议的，可以要求争议当事人通过司法途径确权。产权人不明或无法达成协议的，征收部门可以报请市、县级人民政府作出征收补偿决定。

征收补偿协议一经生效，协议各方都应按约定履行义务。任何一方不履行或不完全履行协议的，另一方可以提起诉讼。被征收人不按约定履行协议的，征收部门可以提起诉讼，要求法院强制被征收人履行。为了明确权利义务的先后关系，行使先履行抗辩等权利，制订协议时应当就付款、房屋交付等条款的履行期限作出明确约定。

3. 征收补偿协议的争议解决

征收部门签订房屋征收补偿协议是为了开展征收工作，具有公益性，协议的签订必须符合法律、法规的规定。协议双方虽然以协商一致为前提，但对于协议内容都没有完全的自由处分权。这就决定了征收补偿协议争议解决途径的特殊性。首先，可以进行自力救济。征收补偿协议以意思自治为前提，蕴含民事权益内容，协议的签订和履行依然遵循民事合同的规定。对于此类纠纷，可以由协议双方协商解决。其次，可以进行司法救济。《条例》第二十五条赋予了"民告官"的权利，也赋予了"官告民"的权利。如被征收人签订协议后反悔，拒绝将房屋交付拆除的，征收部门可以向法院提起民事诉讼，要求被征收人履行约定的搬迁义务。

参考文献

张维. 房屋征收补偿协议性质及履行困扰审判 专家建议"官告民"纳入行政诉讼法[OL]. 法制网, 2013 - 02 - 25.

案例 8
如何判断行政裁决的对错?[1]

周连勇　姚朝华

一、案情简介

2012年11月6日,某省人民政府作出某县建设用地的批复,同意某县农用地转用方案和征收土地方案,征收范围包括原告孔某位于某县某镇某村7号的房屋。2012年12月30日,原某县人民政府发布了《征收土地方案公告》。2013年2月5日,预案某区[2]国土资源局发布了《征地补偿安置方案公告》(以下简称《安置公告》),公布了征地拆迁的具体数量、征地补偿安置标准及费用等内容。2013年6月1日,某镇人民政府(以下简称拆迁人)依法领取《某区征地房屋拆迁方案批准通知书》,对原告孔某的房屋实施拆迁。拆迁人委托测绘队对原告房屋面积进行了测量,委托评估公司对原告房屋结构等级和装饰装修物及附属物补偿进行了评估,根据上述测量和评估结果确认原告房屋拆迁补偿补助金额为238 914.54元。原告可以选择货币补偿或者房屋置换。拆迁期限内,因原告与拆迁人一直未就拆迁补偿安置达成协议,拆迁人于2013年7月16日向被告某市国土资源局某分局(以下简称某分局)申请行政裁决。被告受理后,先后两次组织双方进行调解,于2013年8月2日作出《征地房屋拆迁裁决决定书》,对拆迁人确认的补偿补助金额予以确认,原告可以依据有关规定申购拆迁安置房屋,并责令其于收到裁决书之日起15日内腾空涉案房屋,交由拆迁人实施拆除。原告对该裁决决定不服,向某市国土资源局申请行政复议,某市国土资源局于2013年10月10日作出行政复议决定,维持了被告作出的行政裁决决定,原告对此不服,于2013年10月18日向某市某区人民法院提起诉讼,要求撤销某分局作出的行政裁决,并责令其重新作出具体行政行为。在庭审过程中,原告变更

---

[1] 案例来源:江苏博事达律师事务所代理案件。
[2] 2013年2月,经国务院、省政府批复同意:撤销某县,设立某市某区。

诉讼请求,放弃了要求被告重新作出具体行政行为的诉讼请求。现本案已审理终结。

二、争议处理

(一)原告主张

原告不同意被告所作裁决决定的理由主要有四:首先,被告就同一事由作出两次裁决,违反法定程序;其次,拆迁人提供的财产评估报告不能作为裁决依据;再次,裁决未确定给原告实行产权调换方式及具体的回迁房屋地点,剥夺了原告关于补偿方式的选择权;最后,裁决决定未足额计算拆迁款,没有考虑原告有一子正在服役的实际情况。

(二)被告主张

被告认为其作出的裁决认定事实清楚,程序合法,适用法律、法规、规章正确,应予支持,驳回原告的诉讼请求。首先,被告对原告的申请虽经多次调解,但仅作出一次裁决,没有违反同一事由提起两次裁决的法定程序;其次,拆迁人提供的评估表并非被告作出裁决结果的直接依据和必要条件;再次,原告既符合货币补偿的条件,又符合申购安置房的条件,可以自由选择,被告并未剥夺原告关于补偿方式的选择权;最后,原告之子并不符合法律规定的可享受同原户籍所在地公民同等待遇的情形,且此拆迁补偿安置标准是以房屋面积而非一户人口数为计算依据的。

(三)审理结果

法院经审理支持了被告的答辩主张,驳回了原告的诉讼请求,理由如下:① 被告在作出裁决决定之前的调解,由于征地拆迁尚未进入实质程序,不应视为行政裁决行为;② 被告的裁决是依据原某县人民政府制定的《安置办法》的相关规定,对照《安置标准》的相关规定,根据委托单位实际测量的面积和认定的房屋结构等级,再参照评估公司对原告房屋装饰装修物及附属物评估报告表等综合进行测算,从而对原告房屋拆迁补偿金额作出的认定,该认定客观真实,合法有效;③ 被告的裁决书中明确原告可以依据相关政策规定申购拆迁安置房,并未剥夺原告关于补偿方式的选择权;④ 根据《安置标准》的相关规定,拆迁补偿安置是按房屋及附属物面积来计算的,并不是以一户人口数为计算标准,因此被告没有对原告之子发放补偿份额是符合法律规定的。

三、顾问点评

（一）本案争议焦点

本案双方当事人对行政机关就房屋拆迁事项所作的行政裁决的争议问题主要有三：一是是否可以认定被告就同一事由作出两次裁决，导致违反法定程序？二是被告裁决所认定的事实是否合法？三是裁决是否剥夺了原告关于补偿方式的选择权？

1. 行政机关是否作出两次裁决的判断

根据2003年《城市房屋拆迁行政裁决工作规程》（以下简称《工作规程》）第八条的规定，房屋拆迁管理部门对于同一事由不能作出两次行政裁决。① 本案中，虽然拆迁人曾向被告（原县国土资源局）提交拆迁裁决申请书，被告也向原告送达了《征地房屋拆迁裁决调解通知书》，通知原告到被告处召开调解会，但由于当时征地拆迁尚未进入实质程序，事后被告也并未就拆迁人该次拆迁裁决申请作出过任何具体行政行为，且组织当事人进行调解也是《工作规程》明确要求裁决机关履行的职责之一，因而不能认定组织双方调解构成行政裁决行为。

2. 裁决所认定的事实是否合法的法律辨析

拆迁当事人应当就补偿方式和补偿金额、安置用房面积和安置地点、搬迁期限、搬迁过渡方式和过渡期限等事项进行协商，订立拆迁补偿安置协议。如果双方未达成安置协议，裁决部门就应当按照《国有土地上房屋征收与补偿条例》（以下简称《条例》）、《工作规程》的规定进行裁决。《条例》第十九条规定："被征收房屋的价值，由具有相应资质的房地产价格评估机构按照房屋征收评估办法评估确定。对评估确定的被征收房屋价值有异议的，可以向房地产价格评估机构申请复核评估。对复核结果有异议的，可以向房地产价格评估专家委员会申请鉴定。"《工作规程》第十条对裁决机关核实补偿安置标准的要求是："当事人对评估结果有异议，且未经房屋所在地房地产专家评估委员会鉴定的，房屋拆迁管理部门应当委托专家评估委员会进行鉴定，并以鉴定后的估价结果作为裁决依据。鉴定时间不计入裁决时限。"本案中，拆迁当事人虽未达成安置协议，但拆迁人已根据法律规定委托具有评估资格的单位对被拆迁人的房屋及其附属物的价值进行评估，并将评估结果进行了公告。裁决机关在核实安置协议时，重新核实了拆迁人提交的测量数据和评估结果，并依据相关法律法规，作出了最终裁决，是符合法律规定的。

---

① 该条中规定，行政裁决作出后，当事人就同一事由再次申请裁决的，房屋拆迁管理部门不予受理。

3. 裁决是否剥夺原告关于补偿方式的选择权的判断

《条例》第二十一条第一款、第二款规定:"被征收人可以选择货币补偿,也可以选择房屋产权调换。被征收人选择房屋产权调换的,市、县级人民政府应当提供用于产权调换的房屋,并与被征收人计算、结清被征收房屋价值与用于产权调换房屋价值的差价。"本案中,被告所作的行政裁决书中既对原告房屋拆迁的货币补偿金额作出裁决,也明确告知原告可以依据有关规定申购拆迁安置房。而有关规定体现在已公告的该地《关于征地房屋拆迁补偿安置标准的通知》中,"如选择房屋置换,可以在与拆迁人签订协议后在政策规定的范围内置换安置区的房屋,计算后结清相应的差价"。可见,裁决符合法律规定,并未剥夺原告关于补偿方式的选择权。

(二) 房屋拆迁安置协议

房屋征收是政府运用公权力强制取得被征收人的私有房屋财产的制度,被征收人一般无权参与政府作出房屋征收决定的决策过程。在这种背景下,征收行为启动后直到征收补偿工作的完成过程中,被征收人的知情权和参与权更应该得到最大限度的保障。其中,最重要也是最容易引发官民冲突的就是拆迁补偿安置协议的达成。

1. 补偿的原则和范围

《中华人民共和国宪法》第十三条,《中华人民共和国物权法》第四十二条第一款、第三款和《中华人民共和国城市房地产管理法》第十九条关于征收补偿均有规定,但仅对公益拆迁的补偿作了"给予补偿"、"依法给予拆迁补偿"、"给予相应的补偿"的模糊规定,由此造成的纠纷十分突出。这一情况随着2011年1月21日《条例》的出台而有所改善,该法第二条明确了对房屋拆迁应给予"公平补偿",明确规定作出房屋征收决定的市、县级人民政府对被征收人给予的补偿包括:被征收房屋价值的补偿、因征收房屋造成的停产停业损失的补偿及因征收房屋造成的搬迁、临时安置的补偿。对被征收房屋价值的补偿,不得低于房屋征收决定公告之日被征收房屋类似房地产的市场价格。

2. 补偿方式

拆迁补偿安置的方式可以实行货币补偿或房屋产权调换,被拆迁人有权自主选择补偿方式。如果被拆迁人选择产权调换方式,被拆迁人与拆迁人应该计算被拆迁房屋的补偿金额和所调换房屋的价格,双方结清产权调换的差价,按规定办理相关调换手续。

3. 房屋价格评估

其一,评估单位的选定。《条例》第二十条第一款规定:"房地产价格评估机构由被征收人协商选定;协商不成,通过多数决定、随机选定等方式确定,具体办法由省、自治区、直辖市制定。"

其二,科学合理评估房屋价格。《国有土地上房屋征收评估办法》虽然对国有土地上房屋征收的价格如何评估作了技术性的规范要求,也对不同类别房屋的评估方法、技术路线作了硬性规定,强调了评估过程中应注意的一些事项,一定程度上抑制了虚假评估的可能。但是,房屋评估价值的确定仍有相当大的弹性空间,评估人员的自由裁量权依然相对较高。因为房屋所在的区位、室内装修价值、新旧程度等由评估人员独立判断,对于被征收房屋价值确定的影响是巨大的,估价人员实践经验的丰富程度以及其个人职业修养的高低都会对评估结果产生影响。

其三,评估结果的公开与异议。由于估价报告在补偿安置中具有决定性的作用,它对拆迁当事人特别是被拆迁人的权益具有重大影响,因而评估结果必须向被拆迁人公开并赋予其提出异议的权利。《国有土地上房屋征收评估办法》第十九条规定:"被征收人或者房屋征收部门对评估报告有疑问的,出具评估报告的房地产价格评估机构应当向其作出解释和说明。"第二十条规定:"被征收人或者房屋征收部门对评估结果有异议的,应当自收到评估报告之日起十日内,向房地产价格评估机构申请复核评估。"

(三) 房屋拆迁行政裁决

1. 房屋拆迁纠纷的解决机制

从有关房屋拆迁的规范性文件来看,在实践中,我国房屋拆迁纠纷的解决要遵循以下程序:首先是协商程序。在拆迁纠纷发生后,拆迁纠纷当事人就争议的内容进行自愿、合法的协商和谈判,谈判的结果有三种:一是当事人之间达成和解协议并自觉履行,拆迁纠纷就此解决。二是当事人在达成协议后不履行协议或者反悔,在这种情形下,法律规定当事人可以依法提起民事诉讼或申请仲裁。三是和解失败。当事人在和解失败时,必须首先依法申请行政裁决,对裁决不服的,可以向人民法院提起行政诉讼或向有关部门申请行政复议。[①]

从内容来看,拆迁纠纷的非诉讼解决机制包括和解、民间调解、仲裁和行政调解、行政裁决、行政复议机制;诉讼解决机制包括民事诉讼和行政诉讼两种。从机制选择的顺序上看,非诉讼纠纷解决机制具有法定的优先性,具体而言,在达成和解协议之前不能进行拆迁纠纷民事诉讼,在行政机关进行行政裁决之前

---

① 周小明,孙海涛.论民事权利的行政裁决救济:以我国的征地及城市房屋拆迁行政裁决为例[J].广西社会科学,2010(1).

不能进行行政诉讼。

2. 房屋拆迁行政裁决机制

（1）裁决的事由

房屋拆迁的行政裁决在房屋拆迁行政纠纷中具有优先性。《中华人民共和国土地管理法》对行政机关行使拆迁纠纷的行政裁决权进行了法律上的授权规定，《城市房屋拆迁工作规程》和《工作规程》也明确了这一制度。根据《工作规程》第二条的规定，房屋拆迁行政裁决主要解决拆迁人与被拆迁人因就搬迁期限、补偿方式、补偿标准以及搬迁过渡方式、过渡期限等原因达不成安置协议而产生的纠纷。

在实践中，比较常见的纠纷主要有：① 评估争议，即拆迁当事人一方在房屋拆迁估价过程中，因不能接受评估机构、评估程序或评估结论等事项而形成纠纷。② 价格争议。③ 面积争议，如实际面积与产权面积不一致、历史形成的房屋搭建问题等。④ 安置地点争议。

（2）裁决的程序

拆迁纠纷裁决机关缺乏程序观念将直接导致其中立性的不足和公正性的降低，因而必须加强裁决机关的程序意识。《工作规程》通过立法规定的形式明确了房屋拆迁纠纷行政裁决机制的具体程序和有关原则、制度，极大增强了拆迁纠纷行政裁决机制的实用性和可操作性。该法为裁决确立了如下几个主要程序：申请程序、立案和通知程序、答辩程序、审查程序、中止裁决、终结裁决程序、裁决程序、执行程序。

其中，最为关键的当属审查程序，具体要求包括：行政裁决机构在受理申请之后，应当指定1~3名工作人员对拆迁纠纷进行审理，审理的内容为对争议的事实、证据材料进行审查，需补充调查或鉴定的，通知当事人补充；组织当事人调解，进行调查、勘验或鉴定；对所有的事实、证据材料进行综合分析研究，如果尚有疑问或经当事人请求，可举行公开听证，由当事人双方当面陈述案情，相互辩论、举证、质证，以查明案情。

在上述程序中，裁决机关还需严格遵守有关告知制度、回避制度、听证制度和时效制度的规定。

（3）裁决的争议

行政裁决是具体行政行为，根据《中华人民共和国行政复议法》和《中华人民共和国行政诉讼法》的规定，对不服行政裁决的可提起行政诉讼，当然也可以先申请复议，对复议不服再提起行政诉讼。

（四）总结与建议

城市房屋的拆迁不仅直接关乎公民的切身利益、关系政府的依法行政，从某种程度上说，也与城市的发展密切相关。面对频发的房屋拆迁纠纷以及由此产生的恶性事件，我们应当认识到我国城市房屋拆迁纠纷将在相当长的时期内客观存在。因而，如何妥善地解决这一纠纷将成为立法者、行政者和司法实务者需要共同思考的问题。

对于行政机关来说，拆迁行为合法性包括实体和程序两个方面。依法拆迁要求拆迁许可、行政裁决以及补偿安置协议的签订做到事实清楚、适用法律正确、体现公平公正精神；要求拆迁管理及实施拆迁的程序符合法律规范的规定。在实践中，尤其需要注意以下几个问题：

1. 保障相对人对补偿安置方式的选择权

在与相对人协商达成补偿安置协议的过程中，不仅要告知相对人所享有的选择权，并要求其明确所选择的补偿方式。如果被拆迁人拒绝表态，要告知其视为放弃选择权的法律后果。且所有告知工作都应做好记录，便于查考。在完成告知工作后，被拆迁人仍拒绝选择的，房屋拆迁管理部门应及时径行确定。①

2. 注重房屋价格评估程序的合法性

在实践中，多有因评估结果的异议而产生行政纠纷，因而评估结果是行政机关合法行政、司法机关依法审查的重点和核心。因而，拆迁部门必须重视对估价报告合法性的审查问题。

（1）估价机构的选择

拆迁估价必须由具有房地产价格估价资格的估价机构估价，非法定的估价机构作出的估价报告不能作为行政行为的依据。我国房地产评估机构在改制后不再受原政府主管部门的管辖，但实际上仍或多或少地受到政府相关部门的控制，不免存在评估机构倾向于维护政府利益、不能代表公众意志的认识。为保证评估结果的客观性、易于接受性和行政效率，严格落实房地产价格评估机构的协商选定制度，由被征收人协商选定；协商不成的，通过多数决定、随机选定等方式确定。

（2）评估结果的考察

首先，估价程序必须合法。估价机构应当在其估价报告中详细说明拆迁估价的依据、原则、程序、方法、参数选取和估价结果产生的过程，估价未说明估价程序的，其估价不具有合法性。

---

① 史笔. 城市房屋拆迁行政案件有关程序问题的审查判断[J]. 法律适用，2005(5).

其次,保证对被拆迁房屋面积和性质认定的正确性。房屋的面积和性质一般以房屋权属证书及权属档案的记载为准,但当被拆迁人对权证或档案的记载有异议时或权证、档案的记载不清楚时,应当进行查勘和确认,未经重新查勘和依法确认的,对房屋面积和性质的认定不具有合法性。

再次,采用正确的拆迁估价价值标准。房屋拆迁估价的价值标准应为房屋所在地公开的市场价值,凡抛开公开的市场价值标准而适用其他的价值标准的,就不具有合法性。

最后,避免估价报告、估价的复核结果以及估价的技术鉴定结果出现其他的违法情形,如估价专家委员会成员、估价机构、估价人员应当回避而未回避的,与拆迁当事人一方串通,损害对方的合法权益的等。①

3. 裁决机关的角色定位

从司法实践来看,房屋拆迁行政裁决行为引发的纠纷主要是由于裁决机关违法行使行政权力或违反法定裁决程序。对此,首先,裁决机关应加强自律,树立正确的利益观念和行政理念,从而从根本上减少拆迁纠纷发生的可能性。其次,在行政裁决的过程中,拆迁纠纷房屋管理机关应当进行正确的角色定位,树立程序观念、中立性观念和法治观念,严格依法行政,严格按照《工作规程》规定的程序居中裁决,严格执行《工作规程》中规定的告知、听证、强拆、回避和时效制度,避免错误和不当的行为。最后,应加强对裁决机关依法裁决的监督和管理,对有损害人民利益的违法裁决单位或个人,给予坚决的法律制裁和打击。

房屋拆迁行政裁决机制具有行政与司法双重属性。如果运用得当,将发挥行政与司法各自的优势功能,实现双重制度价值;如果运用不当,将吸收行政与司法各自的制度缺陷,潜藏双重制度危机。面对这种情形,裁决机关在既有的法律制度之下,应严格遵守法律规定和法律精神进行裁决,同时司法机关也应加强对裁决行为合法性的审查,促使其成为维护社会公平、正义和稳定的一道重要防线。

参考文献:

1. 周小明,孙海涛. 论民事权利的行政裁决救济:以我国的征地及城市房屋拆迁行政裁决为例[J]. 广西社会科学,2010(1).
2. 史笔. 城市房屋拆迁行政案件有关程序问题的审查判断[J]. 法律适用,2005(5).
3. 王克稳. 论房屋拆迁行政争议的司法审查[J]. 中国法学,2004(4).

---

① 王克稳. 论房屋拆迁行政争议的司法审查[J]. 中国法学,2004(4).

案例 9
如何判断规划许可的合法性?[1]

王小维　徐长明

一、案情简介

1992年3月20日,某市建设委员会作出《关于同意将某南路两侧列为开发准备项目的批复》,同意将某南路两侧剩余6个片区列为开发准备项目。1992年4月4日,某开发公司向原审被告某市规划局(以下简称市规划局)提交了《关于某南路片区定点的申请》,并于当月27日填报了《某市建设用地规划许可证申请表》,原审被告划出建设用地控制范围,于1992年5月19日向某开发公司颁发了《建设用地规划许可证》。原审原告谢某等55人认为其所居住的栅栏门41-47号所在地属于《某市城市总体规划》(1991—2010年)中规定的建设控制地带,因此原审被告在行政审批过程中,违反了事先征得文物行政管理部门同意的法定程序,因而诉至法院要求确认该《建设用地规划许可证》无效。某市某区人民法院受理后,依职权将某开发公司追加为第三人,于2003年9月5日作出一审判决,驳回了原审原告的诉讼请求。后包括谢某在内的55人不服,向某市中级人民法院提出上诉,法院经审理,于2003年12月23日作出终审判决,驳回上诉,维持原判。

二、争议处理

(一)上诉人(原审原告)主张

原审原告谢某等55人诉称:其所居住的某区栅栏门41-47号楼房位属经国务院批准的某市城市规划中的保护控制范围内。拆迁人在该地建设十余幢28层高达80米的商品住宅楼违反了该市相关管理规定中关于在某市建设控制地带进行建设,其建筑物、构筑物的高度、体量、建筑密度应当与某市城墙的环境

---

[1] 案例来源:江苏博事达律师事务所代理案件。

风貌相协调的规定。同时,根据《中华人民共和国文物保护法》(以下简称《文物保护法》)第十八条第二款的规定:"在文物保护单位的建设控制地带内进行建设工程不得破坏文物保护单位的历史风貌;工程设计方案应当根据文物保护单位的级别,经相应的文物行政部门同意后,报城乡建设规划部门批准。"某市规划局在给第三人颁发规划许可证时,未征得国家文物保护主管部门的同意,属违法审批,当属无效,请求法院依法予以撤销。

为支持其主张,原审原告向原审法院提交的证据有:某市历史文化名城保护规划图3张、某市明城墙风光规划保护控制图4张、地形图1张、规划红线图1张等。

上诉人谢某等55人在二审中诉称:一审法院对部分有关案件事实的重要证据认定错误、案件事实认定不清、适用法律错误导致错误的审判结果,请求法院予以撤销。

(二)被上诉人(原审被告)主张

原审被告某市规划局诉称:其在某南路片区的审批过程中,严格执行了当时的《某市城市规划条例》以及《某市文物保护条例》的规定,颁发规划许可证的行为事实清楚,程序合法,原告的诉讼请求缺乏法律依据,应予以驳回。

为支持其主张,原审被告向原审法院提交的证据有:第三人写给其的《关于某南路片区定点的申请》、某市建设委员会《关于同意将某南路两侧列为开发准备项目的批复》、原审被告发给第三人的《关于某南路片区定点的通知》、原审被告发出的《某南路开发区规划设计要点》、规划控制范围红线图、第三人向原审被告提供的《某市建设用地规划许可证申请表》、建设用地总平面方案设计图、原审被告发给第三人的《建设用地准备工作通知书》和《建设用地规划许可证》等。

被上诉人在其上诉答辩中主张上诉人的理由不能成立,上诉人所提供的证据无法说明其真实来源也无法支持其主张,因而一审法院的认定正确,请求驳回上诉人的诉讼请求,维持原判。

(三)第三人主张

第三人在原审中诉称:原审原告与本案所诉的具体行政行为没有利害关系,因此不具备诉讼主体资格,请求法院驳回其起诉。在二审中,第三人认为许可证的"失效"和"无效"是两个不同的法律概念,根据某市相关管理办法规定,第三人领取建设用地规划许可证并不违反文物保护的相关规定,上诉人把实际的产权交易与准备项目的法律观念混淆了,请求二审法院对上诉人的观点不予支持。

第三人在一审与二审中都未提交证据。

(四) 审理结果

原审法院认为根据被告提供的证据,认定被告审批给第三人的《建设用地规划许可证》符合 1990 年 8 月 15 日公布实施的《某市城市规划条例》第四章关于申请建设用地规划许可证的审批程序的规定。原告所述的《某市城市总体规划》(1991—2010 年)于 1995 年经国务院审批同意,被告于 1992 年颁发许可证时不可能适用。同时,《文物保护法》及其实施细则关于在建设控制地带内新建建筑物和构筑物应经同级文物行政管理部门同意的规定,是针对新建建筑物、构筑物的设计方案,被告审批建设用地规划许可证无须征得文物行政管理部门的同意。因此,判决驳回原告的诉讼请求。

二审法院经审查认为,一审法院认定事实清楚,证据充分,因而驳回了原告的上诉请求,维持原判。

三、顾问点评

(一) 本案争议焦点

本案当事人的争议焦点为被上诉人发放涉案《建设用地规划许可证》的行为是否合法。上诉人认为其所居住的三幢楼房位于保护控制地带范围内,因而被上诉人自行作出的规划许可证审批行为系程序违法。而被上诉人则认为其在审批涉案规划许可证时是依据当时的法律法规规定,事实清楚,程序合法,应为合法的具体行政行为。

由于上诉人在一审、二审中均未提供支持其主张的关键性证据,法院不能支持涉案房屋属于保护控制地带范围的主张。相反,被上诉人提供的证据足以证明其审批行为符合法定权限、程序等,因而法院最终肯定了该审批行为的合法性,驳回了上诉人的诉讼请求。该案实际上反映出,近年来,随着市场经济体制改革逐步深入,城市开发建设迅猛进行,城市规划许可制度作为城市规划行政管理中的核心制度,也正面临着前所未有的挑战,由此引发的争议不断,下文就此展开分析。

(二) 我国土地开发建设许可管制的规定

1. 建设规划许可制度

根据《中华人民共和国城乡规划法》(以下简称《城乡规划法》)第三十六条至第四十一条的规定,只有在取得规划许可证后,才能办理用地审批手续。这里规划许可包含"一书三证","书"即选址意见书,"三证"即建设用地规划许可证、建设工程规划许可证以及乡村建设规划许可证。

其一,选址意见书。按照国家规定需要有关部门批准或者核准的建设项目,以划拨方式提供国有土地使用权的,建设单位在报送有关部门批准或者核准前,应当向城乡规划主管部门申请核发选址意见书。

其二,建设用地规划许可证。在城市、镇规划区内以划拨或出让方式提供国有土地使用权的建设项目都必须向城市、县人民政府城乡规划主管部门申请取得建设用地规划许可证。

其三,建设工程规划许可证。在城市、镇规划区内进行建筑物、构筑物、道路、管线和其他工程建设的,建设单位或者个人应当向城市、县人民政府城乡规划主管部门或者省、自治区、直辖市人民政府确定的镇人民政府申请办理建设工程规划许可证。

其四,乡村建设规划许可证。在乡、村庄规划区内进行乡镇企业、乡村公共设施和公益事业建设以及农村村民住宅建设,应当由城市、县人民政府城乡规划主管部门核发乡村建设规划许可证。

2. 建设用地审批制度

《中华人民共和国土地管理法》(以下简称《土地管理法》)第五十三条规定,经批准的建设项目需要使用国有建设用地的,建设单位应当持法律、行政法规规定的有关文件,向有批准权的县级以上人民政府土地行政主管部门提出申请,经土地行政主管部门审查,报本级人民政府批准。同样,根据该法第六十一条至第六十三条的规定,农村集体经济组织使用乡(镇)土地利用总体规划确定建设用地的,乡(镇)村公共设施、公益事业建设需要使用土地的,农村村民住宅用地的,都应当经有权的土地行政主管部门或人民政府批准。

3. 建筑工程施工许可制度

按《中华人民共和国建筑法》(以下简称《建筑法》)及《建筑工程施工许可管理办法》的规定,在中华人民共和国境内从事各类房屋建筑及其附属设施的建造、装修装饰和与其配套的线路、管道、设备的安装,以及城镇市政基础设施工程的施工,建设单位在开工前应当依照本办法的规定,向工程所在地的县级以上地方人民政府住房城乡建设主管部门申请领取施工许可证。

4. 建设用途变更审批制度

我国《土地管理法》第五十六条规定,建设单位使用国有土地的,如果改变土地使用权出让等有偿使用合同约定的,或土地使用权划拨批准文件规定的用途的,应当经有关人民政府土地行政部门同意,报原批准用地的人民政府批准。其中,在城市区划内改变土地用途的,在报批前,应当先经有关城市规划行政主管部门同意。

(三) 城市规划行政许可的实施程序

城市规划许可行政案件由于涉及的具体行政行为都是市规划主管部门就某一建设工程核发的《建设工程规划许可证》，而涉案建筑本身往往价值巨大，不仅涉及周边居民建筑的相邻权益，更涉及建设单位自身巨大的经济利益，因此各方当事人对案件的关注程度都非常高。① 加上近年来，法院受理规划类行政案件呈上升趋势，因而结合司法实践，对于此类案件的研究非常必要。

1. 建设工程规划审批的程序

(1) 申请文件全面审查

建设工程规划审批应该遵循《城乡规划法》规定的程序。一般来说，建设单位应持"有关批准文件"向有权的规划行政主管部门提出申请，由其审批建设工程规划许可证。这里需要注意的是，"有关批准文件"应该理解为作为建设单位已经根据法律、法规、规章以及其他规范性文件的规定向其他行政主管部门办理的相关批准手续。作为规划行政主管部门应该严格审查这些批准文件是否齐全，手续是否完备，权限是否合法，只有在这些批准文件都符合法律、法规、规章以及其他规范性文件规定的情况下，才能批准建设工程规划许可证。否则，就属于没有履行审查职责。如果相对人未全面提交有关批准文件，也应当及时告知，否则也会造成程序上的瑕疵。

(2) 污染环境项目应具有环境影响报告书

为了保护和改善生活环境，防治污染和其他公害，保障人体健康，我国环境保护法对污染环境项目建设的审批提出了明确要求。根据《中华人民共和国环境保护法》(以下简称《环境保护法》)第十九条规定，建设污染环境的项目，应当依法进行环境影响评价，并遵守国家有关建设项目环境保护管理的规定。因此，如果建设单位没有依法制作环境影响报告书，或者虽然制作环境影响报告书，但没有被批准，那么相关部门应不予批准该建设项目设计任务书，否则就违反了法律规定的程序要求。

(3) 文物保护的特别规定

国家保护文物，因而在城市规划中必须注意规划许可事项是否涉及文物保护。《文物保护法》第十八条规定："在文物保护单位的建设控制地带内进行建设工程，不得破坏文物保护单位的历史风貌；工程设计方案应当根据文物保护单位的级别，经相应的文物行政部门同意后，报城乡建设规划部门批准。"

---

① 北京市朝阳区人民法院行政庭. 关于审理城市规划许可行政案件有关问题的调研报告[R]. 法律适用, 2010(9).

从本案来看,法院最终支持了被上诉人的主张就是因为其审批行为符合法定权限和程序。而双方争议的焦点——上诉人所居住的房屋是否位于国务院所批准的保护控制地带之内,由于法不溯及既往原则以及原告举证不能的事实,法院最终没有支持上诉人的主张。在实践中,规划许可机关需对审批文件予以高度重视。

(4) 与相邻权有关的分析材料

在审判实践中,常见的一类规划许可行政案件就是围绕涉案工程是否妨害相邻建筑物相邻权而引发的。对此,国家层面制定的《城市居住区规划设计规范》、《民用建筑设计通则》、《建筑设计防火规范》和地方政府制发的该地区特殊规定都会成为法院审判的参照依据,而且因为地方规定不仅对城市居住区建筑物间距、防火间距、采光、日照等方面提出了基本要求,也对居住区内的建筑密度、绿地率等强制性的最低值给予了明确规定,因而往往成为法院司法审查时的主要依据。① 这就要求许可机关在审批许可时,不仅仅需要审查建设项目批准文件和建设用地证件、建设申请、规划局作出的建设工程规划设计要求书、建设项目设计方案、建设工程施工图等,还需要对照该地规划法或其他规定中要求的其他文件,如日照分析材料等。

2. 规划许可行为的规范性文件适用

(1) 规章以下的规范性文件

由于《城市规划法》中关于规划许可审批程序的规定较为模糊欠缺,实践操作性不强,规划行政主管部门在进行规划许可时往往将一些规章以下的规范性文件作为审批依据。因此,法院在对规划许可案件进行司法审查时,亦应有条件地将这些规范性文件作为审查依据,这也符合"行政自我拘束"理念在规划许可领域具体应用的实际情况。

(2) 国家标准、地方标准、行业技术规范

建设工程规划许可是一项政策性、专业性、技术性非常强的工作,因此城市规划主管部门在规划管理活动中不仅要依照有关法律、法规或规章的规定,而且相关的国家标准、地方标准、行业技术规范同样具有法律约束力和强制执行力。例如,《中华人民共和国标准化法》(以下简称《标准化法》)和《中华人民共和国物权法》(以下简称《物权法》)均以法律条文的形式对相关技术标准的法律效力给予了明确规定。《标准化法》第十四条规定:"强制性标准,必须执行。"《物权法》第八十九条规定:"建造建筑物,不得违反国家有关工程建设标准,妨碍相邻建筑

---

① 姚爱国,陈发辉.关于城市规划行政许可若干问题的思考[J].规划师,2004(9).

物的通风、采光和日照。"再例如,在环境保护领域,有国家标准的,要执行国家标准;国家尚未制定标准的,执行行业标准;国家、行业均未制定标准的,执行地方标准。当然,根据环境保护法规定,地方可以制定严于国家的标准。如果地方标准严于国家标准,那么就可以适用地方标准。

3. 规划许可的公示

根据《中华人民共和国行政许可法》(以下简称《行政许可法》)第三十六条的规定,行政机关对行政许可申请进行审查时,发现行政许可事项直接关系他人重大利益的,应当告知该利害关系人。但规划许可类案件一般牵涉到的利害关系人众多、不特定。作为规划部门不可能掌握全部利害关系人的名单、联系方式来一一告知其权利。《行政许可法》并没有对规划行政许可行为规定具体的告知形式,而一般地方性规范性文件会对此进行细化规定,如原江苏省建设厅颁布实施的《江苏省城市规划公示制度》,因而行政机关在规划许可行为中要严格遵守公示公开规定,以保障相对人的知情权,保证自身行为的合法性。

(四)总结与建议

从当前因土地规划频繁引发的社会矛盾中可以看出,政府的规划行为亟待从以下几个方面规范。

首先,遵循规划职权法定原则。即依照法律规定的权限和程序作出规划行为,考虑到规划行为本身性和规划立法的特殊性,行政机关不仅应当遵循法律保留原则、上位法优先原则,不能突破宪法与组织法所规定的权限底线,还应当尊重法律的基本精神和法的一般原则,[①]更要在规划过程中严格审查相关国家标准、地方标准、行业技术规范等。

其次,践行民主参与原则。公正参与的途径和形式应该是多种多样的。就参与途径来说,既可以通过人民代表机关的参与,也可以有社会公众和利害关系人的直接参与;就参与形式来说,除了传统的座谈会、论证会、信访、走访等形式外,还应该更多地利用现代民主和现代科技的手段,创新公众参与形式。[②] 只有政府在作出规划决策和规划许可过程中加强公众参与的力度,才会避免产生一些不必要的矛盾,使得城市规划活动能够更加和谐、持续、有效地进行。

最后,正确适用利益衡量原则。对于立法机关而言,要在制定规划立法时,正确调整规划所涉关系和协调规划所涉各种利益;对于行政机关而言,要在作

---

① 尚虎平,李景平.把竞值架构理论引入地方领导干部管理能力评估[J].国家行政学院学报,2006(1).

② 姜明安.行政规划的法制化路径[J].郑州大学学报:哲学社会科学版,2006(1).

出具体规划时,既保护公共利益,也重视规划所涉行政相对人的利益;对于司法机关而言,要在判断政府规划行政合法性的过程中,尤其是当被诉行政行为违法的情况下,对"撤销被诉具体行政行为将会给国家利益和公共利益造成重大损失"进行判断,对其中的各种利益进行衡量,最大限度地满足各种相关利益的要求。根据修订后的《行政诉讼法》第七十四条规定,行政行为依法应当撤销,但撤销会给国家利益、社会公共利益造成重大损害的,人民法院判决确认违法,但不撤销行政行为。人民法院判决确认违法或者无效的,可以同时判决责令被告采取补救措施;给原告造成损失的,依法判决被告承担赔偿责任。在适用确认违法判决时,在规划许可行政案件中,被诉具体行政行为虽然违法,但往往因为关涉重大公共利益,比如被诉行为符合城市发展的要求或有利于改善城市居民居住条件和城市总体面貌,如果一味判决撤销,可能给社会公共利益带来不利影响,同时造成社会财富的浪费。因此,这种情况下法院一般是在责令被告采取补救措施的前提下,仅判决确认违法,以保留该行政行为的法律效力,此时其法律效力并不受违法性的影响。这样既避免了国家利益遭受重大损失,也维护了行政相对人的合法利益,使各方利益和谐共存。

目前,因国家利益、公共利益及重大损失在学理上、立法上均未明确界定,在利益衡量的过程中是否涉及国家利益、公共利益,是否构成重大损失,轻重取舍俱由法官自由裁量。一份真正合理、有说服力的利益衡量的判决,不应只看其所罗列的理由,应当能看到理由之依据,根本原则是要看是否做到维持各方利益的均衡。

参考文献:

1. 姚爱国,陈发辉.关于城市规划行政许可若干问题的思考[J].规划师,2004(9).
2. 尚虎平,李景平.把竞值架构理论引入地方领导干部管理能力评估[J].国家行政学院学报,2006(1).
3. 姜明安.行政规划的法制化路径[J].郑州大学学报:哲学社会科学版,2006(1).
4. 北京市朝阳区人民法院行政庭.关于审理城市规划许可行政案件有关问题的调研报告[R].法律适用,2010(9).

案例 10
正在刑事追诉的案件可以行政处罚吗?[1]

周连勇

一、案情简介

原审原告赖某因非法出售发票涉嫌犯罪,于 2003 年 4 月 11 日被某市公安局取保候审,2003 年 12 月,某市某区人民法院以非法出售发票罪判处原告管制 6 个月,并处罚金 20 000 元。原审被告某市地方国税局就赖某的同一违法事实于 2003 年 6 月 17 日立案调查,其间申请延长期限 150 天,于 2003 年 12 月 2 日作出税务行政处罚决定书,认定赖某在 2002 年 5 月至 2003 年 3 月间非法购入假发票 54 份分别出售,获取非法收入,根据《中华人民共和国发票管理办法》(以下简称《发票管理办法》)第三十八条规定,对原告作出罚款 30 000 元的处罚决定,非法所得随案移送司法部门处理。原告不服,向某省地方国税局申请复议,某省地方国税局维持被告作出的上述处罚决定。原告诉至某市某区人民法院,法院于 2004 年 3 月 18 日作出判决,以被告程序违法、适用法律法规错误为由撤销了某市地方国税局的处罚决定。被告不服,向某市中级人民法院提出上诉,二审法院于 2005 年 10 月 9 日作出终审判决,肯定了一审法院认定的案件事实和采纳的定案证据,部分维持了一审判决认定的结果。

二、争议处理

(一)上诉人(原审被告)主张

被告认为实体上,原告倒买倒卖发票的行为,不仅违反了《中华人民共和国刑法》(以下简称《刑法》)第二百零九条的规定,触犯了刑律,也违反了《发票管理办法》第三十八条的规定,具有双重处罚性。被告对原告实施行政处罚是其应当

---

[1] 案例来源:北大法宝精选案例。

履行的法定职责,并无不当。对原告作出的行政处罚和刑事处罚,也不属于《中华人民共和国行政处罚法》(以下简称《行政处罚法》)所禁止的"一事不再罚"。程序上,被告办案程序合法,并未超过法定期限,稽查局于2003年7月15日向被告申请延期,被告作为稽查局的上级机关,有权审批延长办案期限。综上,被告作出的税务行政处罚决定认定事实清楚,证据确凿,程序合法,适用法律正确,请求驳回原告的诉请,维持被告作出的行政处罚。

(二)被上诉人(原审原告)主张

原告认为,首先,被告在司法机关审理原告的案件尚无结论前无权对原告进行行政处罚。即使被告先行立案调查,但发现已构成犯罪的,也应中止审理,移送司法机关审理后再根据实际情况处理。其次,被告将其下属的内部职能部门稽查局作为对外行使职权的行政机关来报批延长期限,违反法定程序。综上,应当依法撤销被告的具体行政行为。

(三)审理结果

该案经一审、二审,现已审理终结,二审法院维持了一审法院关于撤销原具体行政行为的判决结果,但在裁判理由上有所变更。首先,在实体问题上,两个法院的认定一致,即行政机关作出具体行政行为必须符合法律规定,根据《行政处罚法》第二十二条和国务院《行政执法机关移送涉嫌犯罪案件的规定》(以下简称《移送规定》)第十二条、第十三条的规定,违法行为构成犯罪的,行政机关必须将案件移送司法机关,依法追究刑事责任。只有待司法机关认定当事人的违法行为不构成犯罪,不需要追究刑事责任后,行政执法机关才依法作出处理。因而上诉人的具体行政行为存在适用法律、法规错误。其次,在程序问题上,原审法院认为根据《福建省行政执法程序规定》第二十八条规定:"行政执法机关处理违法案件应在立案之日起三十日内作出处理决定;重大、复杂的案件,经本机关领导批准,可以延长十五天,需要继续延长的,报上一级行政执法机关批准。"本案中,被告于2003年6月17日立案,至2003年12月2日作出行政处罚决定后次日送达原告,被告分管领导批准延长办案期限一百五十天,显然违反上述办案期限的规定,属程序违法。而二审法院则认为根据《税收征收管理法实施细则》第九条"按照国务院规定设立的并向社会公告的税务机构是省以下国税局的稽查局"的规定,认定稽查局作为国税局的直属机构,不同于国税局的内设机构,在执法办案上具有相对独立性,其遇到难以在审理期限内结案的,报其上级即国税局审批延长期限并不违反《福建省行政执法程序规定》第二十八条的规定。综上,上诉人作出的行政处罚决定违反行政处罚法的规定,并导致被上诉人的同一违法事实被二次处理,上诉人的上诉理由除有关延期审批的理由外均不成立,不予采纳。原审判决结论正确,应予维持,驳回上诉。

三、顾问点评

(一) 本案争议焦点

本案双方的争议焦点在于:行政机关将可能构成犯罪的案件移送司法机关,而司法机关尚在查处过程中时,该行政机关能否就同一案件作出行政处罚?一审、二审法院依据《行政处罚法》第二十二条和国务院《移送规定》第十二条、第十三条的规定,对此都作出了否定的回答。

(二) 行政处罚与刑事处罚竞合

1. 处罚竞合的产生根源

行政处罚,是指对违反行政法规定的义务,根据一般统治权给予的制裁,①即是作为行政不法的法律后果而存在的。刑罚处罚,则是指对犯罪行为,作为法律上的效果给予行为者的制裁。② 二者都是行为人对其违法行为造成的法律后果所承担的责任,都是国家剥夺违法行为人某些权利的强制手段。在通常情况下,法律所追求的自由、秩序、效率以及公平等价值要求它们严格限制在各自的范围内发挥作用,各司其职,各尽其能。但由于制裁主体、依据、目的和手段等方面存在差异而形成的多元化的国家制裁机制,又可能造成行为人的同一行为,受到多种国家制裁,并由此产生竞合问题。具体到行政处罚和刑事处罚也不例外——当同一违法行为不仅严重违反行政法规范,而且"情节严重",触犯刑律又构成了犯罪行为时,违法行为的这种双重性就决定了其责任和处罚的双重性,即既要追究其刑事责任,给予刑事处罚,又要追究其行政法律责任,进行行政处罚,这就产生了行政处罚与刑罚竞合的问题。③

2. 处罚竞合的法律界分

(1) 实体上的界分

在我国现有法律体系中,一方面,《刑法》中有诸多条款规定了以违反行政法规范为前提的犯罪,如走私罪、交通肇事罪、重大责任事故罪、偷税罪等。另一方面,又有相当多的行政法规范规定了犯罪,被刑法学界定为"附属刑法",如《中华人民共和国道路交通安全法》(以下简称《道路交通安全法》)第九十六条、第一百

---

① [日]我妻荣,等. 新法律学辞典[M]. 北京:中国政法大学出版社,1991:81.
② [日]我妻荣,等. 新法律学辞典[M]. 北京:中国政法大学出版社,1991:232.
③ 叶群声. 行政处罚与刑罚的适用衔接[J]. 江西社会科学,2004(3).

零三条,《中华人民共和国环境保护法》(以下简称《环境保护法》)第六十九条,等等。①

上述规定清晰表明行政处罚与刑事处罚存在交叉、竞合的关系,划定二者的界限关键在于依据何种标准去判断一个违反行政法义务的行为所产生的社会危害性是构成行政不法还是刑事不法。刑法学界对这一问题的讨论产生了三种学说:第一,质的差异理论,认为行政不法与刑事不法之间存在质的差别。第二,量的差异理论,认为行政不法与刑事不法之间只有量的区别。第三,质量的差异理论,认为行政不法与刑事不法二者不但在行为的量上,而且在行为的质上均有所不同。第三种观点由于综合了量的差异理论与质的差异理论两个方面,因而较为全面完整。运用这种理论,"量"是指违法性达到了一定程度的严重性,"质"是指阻却给予刑罚的违法性情形。前者可以从被侵害的"法益"和"行为方式"两个方面判断,后者从是否必要给予刑罚方面判断。结合到具体案例,则可以从情节、后果、条件、数量、主体等若干方面理清两者之间的界分。

(2) 程序上的界分

在程序法上,行政处罚与刑事处罚竞合问题存在"并罚"、"刑事先行"和"行政先行"三种不同的路径。

并罚,是指对同一个违反行政法的行为由行政机关和司法机关分别给予行政处罚和刑罚,两种处罚的法效果不重叠。如《道路交通安全法》第一百零一条第一款规定:"违反道路交通安全法律、法规的规定,发生重大交通事故,构成犯罪的,依法追究刑事责任,并由公安机关交通管理部门吊销机动车驾驶证。"再如《移送规定》第十一条第二款规定:"行政执法机关向公安机关移送涉嫌犯罪案件前已经作出的警告,责令停产停业,暂扣或者吊销许可证,暂扣或者吊销执照的行政处罚决定,不停止执行。"但值得注意的是,并罚往往发生在功能不同的刑罚与行政处罚之间。

刑事先行,存在吸收与补罚两种情形。前者是指违反行政法规定的行为因涉嫌犯罪,在法院最终判处的刑罚中吸收了行政处罚,行政机关在刑事程序终结

---

① 《道路交通安全法》第九十六条第一款、第二款规定:"伪造、变造或者使用伪造、变造的机动车登记证书、号牌、行驶证、驾驶证的,由公安机关交通管理部门予以收缴,扣留该机动车,处十五日以下拘留,并处二千元以上五千元以下罚款;构成犯罪的,依法追究刑事责任。伪造、变造或者使用伪造、变造的检验合格标志、保险标志的,由公安机关交通管理部门予以收缴,扣留该机动车,处十日以下拘留,并处一千元以上三千元以下罚款;构成犯罪的,依法追究刑事责任。"第一百零三条最后一款规定:"有本条第二款、第三款、第四款所列违法行为,生产或者销售不符合机动车国家安全技术标准的机动车,构成犯罪的,依法追究刑事责任。"《环境保护法》第六十九条规定:"违反本法规定,构成犯罪的,依法追究刑事责任。"

之后不再给予行政处罚。本案即属于这种情况。其法律依据主要是《行政处罚法》和《移送规定》的相关规定。① 后者是指违反行政法规定的行为虽涉嫌犯罪，但由于犯罪情节轻微不需要判处刑罚的，司法机关免于刑事处罚，但是根据案件的情况由主管部门予以行政处罚。其法律依据是《刑法》第三十七条的规定。②

行政先行，主要涉及折抵原则，指如果违反行政法规定的行为已被行政机关处以罚款或行政拘留的，又因涉嫌犯罪被刑事追诉的，人民法院在判决时应当依法折抵。其法律依据是《行政处罚法》第二十八条和《移送规定》第十一条第三款的规定。③

（三）对本案的分析

本案中，上诉人某市地方国税局认定赖某非法购入假发票54份并出售，依据《发票管理办法》第三十八条规定对其作出罚款30 000元的行政处罚决定。某区人民法院生效的刑事判决认定赖某非法出售假普通发票61份，根据《刑法》第二百零九条的规定，以非法出售发票罪判处管制六个月，并处罚金20 000元。

上述行政处罚和刑事处罚都是针对赖某非法出售假发票的同一违法行为作出的处罚。根据《发票管理办法》第三十八条的规定："私自印制、伪造变造、倒买倒卖发票，私自制作发票监制章、发票防伪专用品的，由税务机关依法予以查封、扣押或者销毁，没收非法所得和作案工具，可以并处一万元以上五万元以下的罚款；构成犯罪的，依法追究刑事责任。"该条款在同一条文中同时规定了对行为人的行政处罚和刑事处罚，从而构成了两种处罚的竞合，但在该条款中行政处罚和刑事处罚是相互独立的，行为人受到行政处罚不是其构成犯罪须依法追究刑事责任的前提条件，也不存在必须适用行政处罚以弥补刑罚不足的问题，该条款不属可同时适用行政处罚和刑罚双重处罚的规定。因此，对于赖某倒买倒卖假发

---

① 《行政处罚法》第二十二条规定："违法行为构成犯罪的，行政机关必须将案件移送司法机关，依法追究刑事责任。"

② 《刑法》第三十七条规定："对于犯罪情节轻微不需要判处刑罚的，可以免于刑事处罚，但是可以根据案件的不同情况，予以训诫或者责令具结悔过、赔礼道歉、赔偿损失，或者由主管部门予以行政处罚或者行政处分。"

③ 《行政处罚法》第二十八条规定："违法行为构成犯罪，人民法院判处拘役或者有期徒刑时，行政机关已经给予当事人行政拘留的，应当依法折抵相应刑期。违法行为构成犯罪，人民法院判处罚金时，行政机关已经给予当事人罚款的，应当折抵相应罚金。"《移送规定》第十一条第三款规定："依照行政处罚法的规定，行政执法机关向公安机关移送涉嫌犯罪案件前，已经依法给予当事人罚款的，人民法院判处罚金时，依法折抵相应罚金。"

票的行为,上诉人明知已被公安机关立案侦查,进入刑事诉讼程序,就应依法待司法机关作出处理后,再确定是否应对赖某追究行政责任,可上诉人却仍先行追究其行政责任,作出罚款 30 000 元的行政处罚,明显违反了《行政处罚法》的规定,所以其处罚决定适用法律错误。

(四) 总结与建议

在司法实践中,针对行政机关事实上已将案件移送司法机关追究责任后又对同一违法行为作出行政处罚的问题,中国行政审判指导第 14 号案例"枣庄永帮橡胶有限公司诉山东省枣庄市国家国税局税务行政处罚案"①时就已有涉及,最高人民法院在该案中明确和重申了法律适用上"刑事先行"原则:其一,在实体上,有关人身权和财产权的刑事处罚优于行政处罚,相关的行政处罚必须和刑事处罚进行折抵;其二,在程序上,有关人身权和财产权处罚的刑事程序优于行政程序。本案的审判也遵循了这一原则。但不可忽略的是,最高人民法院在该指导案例中还指出:"对应当向公安机关移送的涉嫌犯罪案件,如行政执法机关在移送前依照行政处罚法的规定先行给予当事人行政处罚,并不违反有关移送的法律规定。"这两种思路会导致现实中的一种困境:同一当事人的同一违法行为,因为"先行政后刑事"而得到与"先刑事后行政"不同的制裁结果,这显然违反法治国家法律确定性的基本要求。因此,我们不仅需要从立法上对此问题予以重视,还需要法院在处理此类问题时保持清晰的思路。

1. 正确认识行政处罚的性质

在我国现行行政处罚法律体系中,虽然作为一般法的《行政处罚法》并未明确给出行政处罚的定义,但从《中华人民共和国治安管理处罚法》(以下简称《治安管理处罚法》)第二条规定的"扰乱公共秩序,妨害公共安全,侵犯人身权利、财产权利,妨害社会管理,具有社会危害性,依照《刑法》的规定构成犯罪的,依法追究刑事责任;尚不够刑事处罚的,由公安机关依照本法给予治安管理处罚"。由此可见,立法将"尚不够刑事处罚"作为给予治安管理处罚的前提条件,是符合前述学理上的概念的。此外,《中华人民共和国土地管理法》(以下简称《土地管理法》)第七十一条,《道路交通安全法》第九十九条第(三)项、第(五)项、第(七)项

---

① 最高人民法院行政审判庭.中国行政审判指导案例(第 1 卷)[M].北京:中国法制出版社,2010:69-74.

等法律规定亦将"尚不构成犯罪的"作为行政处罚的前提。① 但需要明确,行政违法和刑事犯罪具有相同的构成要件,"尚未构成犯罪"并不是犯罪构成要件的缺失,而是违法行为的社会危害性尚未达到必须给予刑事制裁的程度。②

2. 行政违法与刑事犯罪的立法界定

在司法实践中,社会危害性往往成为判断一项行为是构成行政不法还是刑事不法的最主要标准。但这一标准却因为需要依赖一般社会道德观念、价值标准等而失之过于主观。为限制这种宽泛的裁量权,有必要从立法上予以限制。立法限制可以从刑法谦抑原则、正当程序原则和比例原则三大原则出发。具体说来,刑法谦抑原则要求假如采用行政制裁手段即可有效率地解决问题,即不必动用刑事处罚;正当程序原则要求无论是通过司法程序处理刑事犯罪问题还是通过行政程序处理行政违法行为都必须具备正当程序的保障;比例原则要求在行政违法行为的制裁方式选择上,应当以行政处罚为主、刑事处罚为补充和最后手段。③

3. 竞合管辖的正确处理

即使立法者在立法时充分遵循上述原则,但社会生活的复杂性仍不免存在行政处罚与刑事处罚的竞合问题,这种情况下行政机关与司法机关谁具有优先、排他处理权就需要谨慎分析。

(1) 刑事处罚优先

刑事处罚优先,首先是因为同作为对行政违法行为的制裁手段,刑罚相对于一般的行政处罚是一种特殊规定,按照特别法优于一般法的法理,应优先适用。其次是《行政处罚法》第三十八条规定行政处罚调查程序终结,行政机关负责人应当对调查结果进行审查,并分四种情况分别采取"作出行政处罚决定"、"不予行政处罚"、"不得给予行政处罚"和"移送司法机关"的做法。可见,"移送司法机关"是与"作出行政处罚决定"并列的终结调查程序的情形,两者不应并处。

---

① 《土地管理法》第七十一条规定:"县级以上人民政府土地行政主管部门在监督检查工作中发现土地违法行为构成犯罪的,应当将案件移送有关机关,依法追究刑事责任;尚不构成犯罪的,应当依法给予行政处罚。"《道路交通安全法》第九十九条规定有下列行为之一的,由公安机关交通管理部门处二百元以上二千元以下罚款:"……(三)造成交通事故后逃逸,尚不构成犯罪的……(五)强迫机动车驾驶人违反道路交通安全法律、法规和机动车安全驾驶要求驾驶机动车,造成交通事故,尚不构成犯罪的……(七)故意损毁、移动、涂改交通设施,造成危害后果,尚不构成犯罪的……"

② 章剑生. 现代行政法基本理论[M]. 北京:法律出版社,2008:224.

③ 吴振宇. 行政处罚与刑罚交错适用之困境与出路:从"永帮公司诉枣庄国税局税务行政处罚案"展开[J]. 当代法学,2013(5).

(2) 行政处罚有条件的补充

行政处罚有条件的补充，首先表现在对于那些虽构成犯罪但因情节轻微免予刑事处罚的行政违法行为，这种情况应认为违法行为实质上并未受到刑事处罚，行政机关的补罚自然没有违反"一事不再罚"的原则。其次表现在刑事处罚与行政处罚并不完全重叠的特殊个案中，如上文提到的《道路交通安全法》第一百零一条之规定。这种情况下应认识到行政处罚与刑事处罚虽本质上属轻重不同的制裁方式，但二者在处罚目的上并不完全一致，最为明显地体现在行政处罚中的资格罚上，因而为实现特定的行政目的，并不能完全排除二者并用的可能。

明确行政处罚可以有条件地与刑事处罚并存后，就需要对行政先行抑或刑事先行作出判断，否则可能导致同一违法行为因为先行程序的差别得到相异的结果。基于此种情形下行政处罚具有补充刑事处罚的性质，其在时间上应待刑事程序终结后方能启动；基于"法无授权即禁止"的公法原则，刑事程序终结后的行政补罚必须具有法律的特别规定。

(3) 特殊情况下的行政处罚先行

从最高人民法院在第14号指导案例的说明到立法上对行政机关移送案件的条件、先行的行政处罚进行折抵的规定都可以看出，在实践中行政处罚先行不仅存在，而且也是合理的、不可避免的存在。如行政违法行为被行政机关依法处罚后，危害后果始显现而构成犯罪，再如行政机关已经谨慎调查，仍不能发现涉嫌犯罪的证据，不得不以行政处罚终结调查程序，等等。这些情况下，行政处罚本身具备合法性，并不能恪守刑事优先原则而予以撤销，此时应适用立法上的折抵规定，以期实现社会正义。

参考文献：

1. 章剑生. 现代行政法基本理论[M]. 北京：法律出版社, 2008.
2. 最高人民法院行政审判庭. 中国行政审判指导案例（第1卷）[M]. 北京：中国法制出版社, 2010.
3. [日]我妻荣, 等. 新法律学辞典[M]. 北京：中国政法大学出版社, 1991.
4. 吴振宇. 行政处罚与刑罚交错适用之困境与出路：从"永帮公司诉枣庄国税局税务行政处罚案"展开[J]. 当代法学, 2013(5).
5. 叶群声. 行政处罚与刑罚的适用衔接[J]. 江西社会科学, 2004(3).

案例 11
行政处罚明显不当如何分析？[①]

周连勇

一、案情简介

上诉人（原审原告）某市鼎盛食品有限公司（以下简称某食品公司）系一家专业从事生产、加工烘烤(焙)制品并销售公司自产产品等的外商独资企业。2009年6月23日，某食品公司与浙江某包装有限公司签订订购合同，约定由浙江某包装有限公司为某食品公司制作涉案标有标识（以下简称涉案标识）的礼盒等包装产品。2009年9月，某食品公司将其当年年度所生产的月饼划分为"秋爽"、"美满"以及涉案的"乐活"等总计23个类别投放市场，主要通过某食品公司的直营店、加盟店等方式进行销售。但被上诉人（原审第三人）某纺织集团有限公司（以下简称某纺织公司）经国家商标局核准于2009年7月14日取得第5345911号"乐活LOHAS"注册商标，核定使用商品为第30类"糕点；方便米饭；麦片；冰淇淋"，目前尚未在产品上使用该商标。2009年9月8日，被上诉人（原审被告）某市工商行政管理局（以下简称某市工商局）接到举报，对某食品公司展开调查。查明其在当年生产销售的一款月饼使用"乐活LOHAS"商标，认定该行为构成侵犯注册商标专用权，对其作出责令停止侵权行为并罚款人民币50万元的行政处罚决定。该具体行政行为作出后，某食品公司不服，向某市人民政府申请行政复议，某市人民政府维持了某市工商局作出的工商处罚决定。某食品公司对此仍不服，向某市中级人民法院提起行政诉讼，一审法院于2011年7月20日作出判决，驳回原告的诉讼请求。某食品公司遂将某市工商局和原审第三人某纺织公司共同列为被上诉人，向某省高级人民法院提出上诉，最终二审法院撤销了一审判决，变更了原行政处罚决定。

---

① 案例来源：中华人民共和国最高人民法院公布2012年中国法院知识产权司法保护十大案件之九。

二、争议处理

(一)上诉人(原审原告)主张

某食品公司在一审中诉称:① 行政处罚决定书认定事实错误。某食品公司并未将"乐活LOHAS"作为商标使用在其产品包装上,而仅将其作为商品的名称以及对该词汇本意的使用。② "乐活LOHAS"是社会通用词汇,某食品公司合理使用他人注册商标的行为不会产生误导公众的后果,不应属于商标法规定的侵权行为。故请求法院依法撤销行政处罚决定。上诉人在二审中重申了一审主张,并补充:① 某食品公司早在某纺织公司取得商标专用权前即开始设计和印刷含有"乐活LOHAS"的包装物。② 商标权人至今没有在任何商品上使用"乐活LOHAS"注册商标,没有任何社会公众表明其基于涉嫌侵权标记的使用混淆了商品的来源。③ "乐活LOHAS"注册商标来源于社会流行词语,其显著性较弱,他人有合理使用的权利。④《中华人民共和国行政处罚法》(以下简称《行政处罚法》)没有规定可以再次听证,被上诉人某市工商局对同一案件多次听证,违反相关规定。故请求二审法院依法改判,撤销对被上诉人的行政处罚决定。

(二)被上诉人(原审被告)主张

某市工商局在一审中辩称:① 其对某食品公司的行为认定事实清楚、正确。② 其认定某食品公司的行为属于商标侵权行为,符合法律规定。故请求法院驳回某食品公司的诉讼请求。在二审中补充:① "乐活LOHAS"不是商品名称,上诉人某食品公司将"乐活LOHAS"与"I will 爱维尔"连用,该标识客观上起到了表示商品来源的作用,具有商标标识的功能,属于商标使用行为。② 某食品公司使用标识的显著部分是"乐活LOHAS",与涉案注册商标相比,整体组合相似构成近似商标。③ 某食品公司使用"乐活LOHAS"不属于合理使用,其使用方式会导致消费者的误认。④ 给予当事人再次听证的权利,符合《行政处罚法》的规定。故请求法院驳回上诉人的诉讼请求。

(三)被上诉人(原审第三人)主张

第三人某纺织公司在一审中诉称:涉案行政处罚决定书认定事实清楚,证据确凿,适用法律正确,处罚得当,请求法院驳回某食品公司的诉讼请求。在二审中诉称:一审判决认定事实清楚,证据确凿,适用法律正确,程序合法,请求二审法院依法驳回上诉,维持原判。

(四)审理结果

一审、二审法院均认为,某食品公司对涉案标识的使用构成商标意义上的使用,与"乐活LOHAS"注册商标相比,两者构成近似,侵犯了某纺织公司的注册商标专用权。一审判决维持原处罚决定,而二审法院则认为该处罚决定适用法律错误,显失公平,应予改判。最终撤销了一审判决和某市工商局的行政处罚决定,将"责令停止侵权行为并罚款人民币50万元"变更为"责令停止侵权行为"。

三、顾问点评

(一) 本案争议焦点

本案诉辩双方的争议焦点在于某食品公司在其食品上使用印刷有"乐活LOHAS"的包装物是否构成对第三人注册商标权的侵犯。对此,一审、二审法院的意见一致,支持了被上诉人的主张,认为上诉人对涉案标识的使用构成商标意义上的使用,客观上削弱甚至割裂了某纺织公司与其注册的"乐活LOHAS"商标的联系,因而侵害了其注册商标专用权。

本案一审判决与终审判决的分歧在于被上诉人的行政处罚决定是否适当。一审法院认为该处罚决定认定事实基本清楚,适用法律正确,应予维持,但二审法院则认为该处罚决定显失公正,应当予以变更。

(二) 商标侵权行为的分析

1. 商标侵权行为的法律认定

何谓商标法意义上的商标使用行为?新修订的《中华人民共和国商标法》(以下简称《商标法》)第四十八条规定:"本法所称商标的使用,是指将商标用于商品、商品包装或者容器以及商品交易文书上,或者将商标用于广告宣传、展览以及其他商业活动中,用于识别商品来源的行为。"何谓侵犯注册商标专用权的行为?新修订的《商标法实施条例》第七十六条规定:"在同一种商品或者类似商品上将与他人注册商标相同或者近似的标志作为商品名称或者商品装潢使用,误导公众的,属于《商标法》第五十七条第(二)项规定的侵犯注册商标专用权的行为。"这两条规定为司法、行政实践中判断是否构成商标侵权行为提供了重要参考依据,但判断行为是否构成商标侵权的关键往往在于一方所使用的诉争标识与另一方的注册商标是否构成近似。对此,我国相关法律法规并未作出具体规定,《最高人民法院关于审理商标民事纠纷案件适用法律若干问题的解释》第九条作出了规定:"……商标近似,是指被控侵权的商标与原告的注册商标相比较,其文字的字形、读音、含义或者图形的构图及颜色,或者其各要素组合后的整体结构相似,或者其立体形状、颜色组合近似,易使相关公众对商品的来源产生误认或者认为其来源与原告注册商标的商品有特定的联系。"具体判断商标是否近似时,应掌握的原则:一是以相关公众的一般注意力为标准;二是既要对商标进行整体比对,又要对商标的主要部分进行比对,且比对应当在比对对象隔离的状态下分别进行;三是应当考虑请求保护注册商标的显著性和知名度。

2. 现实的混淆与混淆的可能性

侵犯注册商标专用权意义上的商标近似应当是混淆性近似,是否造成市场混淆是判断商标近似的重要因素之一。其中,是否造成市场混淆,通常情况下,不仅包括现实的混淆,也包括混淆的可能性。这也是本案上诉人提出的另一个重要理由:某食品公司早在某纺织公司取得商标专用权前即开始设计和印刷含有"乐活 LOHAS"的包装物,且某纺织公司至今并没有在任何商品上使用"乐活 LOHAS"注册商标,因而不会在公众中产生混淆,也就不应构成商标侵权。

在最初的意义上,"混淆"是指由于被诉商标的存在,具有一般谨慎程度的普通消费者,误认为其所附着之商品源于原告即商标所有人。但是,商标混淆的概念不再局限于对商业性来源或产地的混淆,还包括可表明业务联系的任何事物,比如在同一商标或类似商标的两个使用者之间的这种联系(对附属关系造成混淆)。混淆的时间也不局限于实际购买之时,而是延伸到购买前后;混淆的主体也不局限于购买者,而是扩大到包括旁观者在内的一般社会公众。① "混淆可能性"是一个建立在"混淆"基础之上但又独立存在的概念,从某种程度上来说,它才是商标侵权认定和商标审查(评审)的主要基准。具体说来,只要在后商标极有可能导致具有一般谨慎程度的普通消费者乃至社会公众误认为其所附着之商品来源于在先商标所有人或与之有关,商标审查和评审机构就可以认定在后商标与在先商标相冲突而驳回注册申请,法院则可判定在后商标使用者侵犯了在先商标权。② 在我国的商标审查实践中,以下这两种混淆也已被认定:其一,两个商标虽有区别,但形式上类似,消费者虽不会将两个商标误认为同一商标,但有可能误认为两个商标同源。其二,即便消费者不会认为二者同源,但鉴于在先商标的知名度,对在后商标的消极联想会损及在先商标的利益,并淡化商标的形象。③

司法实践中,近似商标侵权判定如果以实际混淆作为判断标准的,通常需要有被控侵权商标经长期善意使用,两个商标已形成善意共存状态等特殊历史因素存在。而有大量案例会与本案一样,并不存在这种历史因素,那么此时如果一

---

① 彭学龙. 商标混淆类型分析与我国商标侵权制度的完善[J]. 法学,2008(5).
② 彭学龙. 论"混淆可能性"——兼评《中华人民共和国商标法修改草稿》(征求意见稿)[J]. 法律科学(西北政法学院学报),2008(1).
③ 张乔. 商标混淆辩析(上)[J]. 中华商标,2004(11).

味以涉案注册商标未实际使用,不会造成实际混淆作为侵权判断标准,则有可能对商标注册制度造成不应有的冲击,不利于注册商标专用权的保护。

3. 对本案的分析

本案上诉人的行为构成侵犯注册商标专用权,理由如下:① "乐活LOHAS"商标已经为第三人某纺织公司依法注册取得,其享有商标专用权是没有异议的。② 某食品公司使用诉争标识的商品月饼与某纺织公司注册商标核定使用的糕点等商品属于类似商品。③ 从整体对比来看,"乐活LOHAS"在某食品公司所使用的连用标识整体结构中较为突出,占主要部分,且该部分的中英文字的字形、读音及含义与某纺织公司"乐活LOHAS"注册商标完全相同,其构成要素非常接近,易使相关公众对商品的来源产生误认。④ 虽然某纺织公司在上诉人使用涉案标识、受到行政处罚时尚未实际使用"乐活LOHAS"注册商标,也不存在市场知名度,但在没有证据证明某纺织公司注册"乐活LOHAS"商标的行为存在恶意抢注的主观故意时,需要为尚未使用注册商标的商标权人预留一定的保护空间。此时关于混淆的判断,应当更多地考虑混淆的可能性,而非是否产生了实际混淆。显然,从"乐活LOHAS"注册商标的显著性和知名度考虑,两个商标易造成市场相关公众的混淆和误认。

综上,两个法院均认定某食品公司在其商品上使用"乐活LOHAS"标识与某纺织公司"乐活LOHAS"注册商标构成近似,其行为侵害了某纺织公司注册商标专用权,被上诉人某市工商局对其并作出责令停止侵权行为的行政处罚是正确的。

(三) 行政处罚明显不当的分析

修订后的《中华人民共和国行政诉讼法》(以下简称《行政诉讼法》)第七十七条规定:"行政处罚明显不当,或者其他行政行为涉及对款额的确定、认定确有错误的,人民法院可以判决变更。人民法院判决变更,不得加重原告的义务或者减损原告的权益。但利害关系人同为原告,且诉讼请求相反的除外。"这项规定确认了明显不当是一个独立的司法审查标准,同时也赋予人民法院在行政审判中的司法变更权。"明显不当"的内涵到底是什么?在审判实践中怎样去把握其尺度?然而,这么重要的问题,在《行政诉讼法》和相关司法解释中却没有进一步的说明。但这正是一个司法实践中的审判人员、行政执法中的行政机关及其工作人员和行政管理中的相对人都需要明确的问题。

1. 明显不当的内涵分析

行政处罚明显不当,是指行政主体在自由裁量权限范围内作出的行政处罚的幅度明显地不适当、不合理,存在畸轻或畸重,违背《行政处罚法》第四条第二款规定的"过罚相当原则"。

但实践中,对"明显不当"更重要的是从其内涵角度来理解:首先,明显不当仅发生在行政处罚范围内,这是立法的明确规定;其次,《行政诉讼法》中的"明显不当"仅限于行政自由裁量权领域内;再次,明显不当不仅包括行政处罚结果的明显不当,也包括行政处罚行为程序中的明显不当;最后,要正确区分明显不当与滥用职权,二者的关键区别在于角度认识差异——滥用职权是从主观方面进行判断的行政违法行为,它必须是行政主体及其行政行为人故意或重大过失地违背立法目的和精神而为的自由裁量范围内的行政行为,而明显不当则从客观结果上推出该行政处罚行为是否为失当。①

2. 判断标准

如何判断一项行政处罚决定是否明显不当呢?学界提出了比例原则、程序公正、形式公正和实质公正四种路径,归纳出了如下标准:第一,违反了实质意义上的公正,表现为行政行为的结果明显地不公正,不符合常理,甚至达到荒谬的程度;第二,违反了形式公正,不能做到"本质相同的案件,同其处理,本质相异的案件,异其处理";第三,在比例原则还没有被立法正式确立成为行政审判的一项原则与标准之前,明显不当还应当包括不符合比例的要求。②

在行政执法和司法审判实践中,也总结出了五种常见的行政处罚明显不当的情况:第一,给予违法行为人的行政处罚与其应承担的行政责任极其不相称;第二,同责不同罚;第三,同一案件中,重者轻罚或轻者重罚;第四,未考虑法定从重、从轻情节,致处罚过轻或过重;第五,未考虑被处罚者的实际承受能力。针对上述五种表现形式,还有六种常见的比较方法,以识别某种行政处罚决定是否明显不当:第一,同案比较法,即一个特定的行政案件受处罚的对象为两人以上,具体情节,如在案件中的地位、违法事实、主观过错、初犯或累犯、经济承受能力等法定因素大体相同,但行政处罚的结果悬殊且没有正当理由;或情节重的反而处罚轻,情节轻的却处罚重,则该行政处罚可以认定为明显不当。第二,异案比较法。第三,情节比较法。第四,罚种比较法。第五,平等比较法。第六,可行性比较法。③

3. 对本案的分析

本案二审法院就是依据行政处罚显失公正撤销了一审判决,变更了原行政

---

① 朱新力. 行政处罚显失公正确认标准研究[J]. 行政法学研究,1993(1).
② 余凌云. 行政诉讼上的显失公正与变更判决——对《中华人民共和国行政诉讼法》第 54 条第(4)项的批判性思考[J]. 法商研究,2005(5).
③ 周清平,何国雄. 论行政处罚显失公正[J]. 法律适用,1996(6).

处罚决定。首先，在"乐活 LOHAS"注册商标核准之前，上诉人某食品公司就进行了相应的包装设计并委托生产，故不存在攀附被上诉人某纺织公司注册商标声誉的主观恶意。其次，"乐活 LOHAS"商标于 2009 年 7 月核准注册，被上诉人某市工商局于 2009 年 9 月查处上诉人某食品公司的侵权行为，2010 年 6 月作出行政处罚决定。因某食品公司的侵权时间非常短暂，且涉案注册商标尚未实际使用，故某食品公司的侵权行为对商标权人某纺织公司并未造成实际损害后果。最后，从"I will 爱维尔"与"乐活 LOHAS"连用的标识使用情况来看，上诉人某食品公司仅是在 2009 年中秋月饼的促销活动中使用该标识，且作为该年度中秋 23 款系列月饼中的一款，某食品公司并未对使用该标识的月饼进行专门、广泛、大量的宣传，商品的销售模式也仅限于在其专卖店销售或直接推销。加之"乐活 LOHAS"注册商标因未被使用从而不存在市场知名度，也尚未造成市场中相关公众实际的混淆和误认，故其侵权行为和情节显著轻微。

综上，被上诉人某市工商局在对上诉人某食品公司进行行政处罚时，责令其停止侵权行为即足以达到保护注册商标专用权以及保障消费者和相关公众利益的行政执法目的，但其未考虑某食品公司上述主观上无过错、侵权性质、行为和情节显著轻微，尚未造成实际危害后果等因素，同时对某食品公司并处 50 万元罚款，使行政处罚的结果与违法行为的社会危害程度之间明显不适当，其行政处罚缺乏妥当性和必要性，应当认定属于明显不当的行政处罚。

（四）总结与建议

本案被列入"中华人民共和国最高人民法院公布 2012 年中国法院知识产权司法保护十大案件"，是江苏法院在知识产权"三合一"框架下，首例以司法判决方式对显失公正的行政处罚予以变更的知识产权行政案件。

本案向知识产权行政执法机关作出如下指引：工商行政机关依法对行政相对人的商标侵权行为实施行政处罚时，应遵循过罚相当原则行使自由裁量权，即在保证行政管理目标实现的同时，兼顾保护行政相对人的合法权益，行政处罚以达到行政执法目的和目标为限。如果行政机关在作出行政处罚时，未考虑行为人主观上无过错、侵权性质、行为和情节显著轻微，尚未造成实际危害后果等因素，导致行政处罚的结果与违法行为的社会危害程度之间明显不当，其行政处罚缺乏妥当性和必要性，应当认定属于显失公正的行政处罚。

参考文献：

1. 彭学龙.商标混淆类型分析与我国商标侵权制度的完善[J].法学,2008(5).
2. 彭学龙.论"混淆可能性"——兼评《中华人民共和国商标法修改草稿》(征求

意见稿)[J].法律科学(西北政法学院学报),2008(1).
3. 张乔.商标混淆辩析(上)[J].中华商标,2004(11).
4. 朱新力.行政处罚显失公正确认标准研究[J].行政法学研究,1993(1).
5. 余凌云.行政诉讼上的显失公正与变更判决——对《中华人民共和国行政诉讼法》第54条第(4)项的批判性思考[J].法商研究,2005(5).
6. 周清平,何国雄.论行政处罚显失公正[J].法律适用,1996(6).

案例 12
行政处罚如何听证?[①]

周连勇　钟　丽

一、案情简介

郑某与原告某市某运输有限公司(以下简称某运输公司)于 2010 年 10 月 8 日签订了《车辆挂靠协议》,将其所有的柴油槽罐车挂靠于某运输公司,双方约定挂靠期限为三年(截至 2013 年 10 月 8 日),同时约定车辆安全运行、运输车辆货物安全、货运货源、车辆收入、各项费用支出等均由郑某本人自行负责;车辆维修由某运输公司出具委托书到交通局颁发的具有资质的维修企业维修,如车辆私自维修由此而产生的一切后果由郑某承担,某运输公司不承担任何责任。2011 年 7 月 24 日中午,郑某未告知某运输公司,也未经某运输公司同意或批准,私自和押运员刘某驾驶挂靠的柴油槽罐车到某区某街道村的孙某维修点对车辆进行维修,同日 16 时左右,孙某在维修罐顶时罐体爆炸,发生了孙某当场死亡、郑某和刘某受伤的安全事故。事故发生后,某区成立了由被告某市某区安全生产监督管理局(以下简称某区安监局)及某区交通局、某街道办事处等单位组成的事故调查组,事故调查组作出了《关于提交某运输公司"7·24"爆炸事故调查报告的请示》,某区人民政府于 2011 年 9 月 22 日批复同意了该请示。某区安监局于 2011 年 10 月 10 日立案查处,于 2011 年 10 月 28 日向原告某运输公司送达了《行政处罚告知书》和《听证告知书》,并告知了给予行政处罚的事实、理由和依据。同年 11 月 18 日,某区安监局组织了集体讨论,于次年 3 月 26 日作出了行政处罚决定,决定对原告某运输公司处以 19 万元的罚款。原告某运输公司不服,于 2012 年 6 月 25 日提起行政诉讼。本案现已审理终结。

[①] 案例来源:北大法宝评析案例。

二、争议处理

（一）原告主张

原告某运输公司诉称：被告某区安监局对其作出的涉案行政处罚决定认定事实不清；被告在组织听证时违反了相关规定，未对证据进行质证，也未出示证据便作出了处罚，程序违法；被告某区安监局作出处罚，适用法律错误。综上，请求依法撤销该行政处罚决定。

（二）被告主张

被告某区安监局辩称：其作出的行政处罚，事实清楚，程序合法，适用法律正确，请求驳回原告的诉讼请求。

（三）审理结果

法院经审理查明，被告某区安监局在作出行政处罚决定的过程中，虽组织了听证，但未对所采用的证据进行出示和质证，其所采用的证据不能作为认定其行政处罚行为合法的依据，该行政处罚决定不合法，应当予以撤销。宣判后，当事人双方均未提出上诉，判决已发生法律效力。

三、顾问点评

（一）本案争议焦点

法院将本案原、被告双方的争议焦点归纳为以下三个方面：

1. 该行政处罚决定认定事实是否清楚

本案中，原告认可事故发生的客观情况，且已有生效的刑事判决书为证，但被告某区安监局作出处罚所依据的材料因听证时未质证，故不能作为本案的定案依据。原告某运输公司以其公司有严格的培训制度、安全监管和车辆维修制度，公司及其法定代表人、相关人员对驾驶员和车辆已尽到了管理责任，从而不应对事故的发生承担责任的辩解，只能说明原告某运输公司主观上无过错，客观上却否认不了事故已发生的事实，郑某能私自将车开出到无证的维修点修车的事实本身就已经说明原告某运输公司对车辆的管理客观上有不到位的地方，但被告某区安监局作出处罚所依据的材料是立案前所收集并形成的，且听证时未质证，故不能作为认定和确定责任的证据。

2. 该行政处罚程序是否合法

被告某区安监局组织听证时，未将勘验、笔录及收集的证据材料进行质证，违反了《某省安全生产行政处罚程序规定》第二十四条对收集的证据，须经查证属实并经质证后方可作为认定事实依据的规定，程序存在违规。

3. 该行政处罚适用法律是否正确

被告某区安监局作出处罚所依据的国务院《生产安全事故报告和调查处理条例》第三十七条第(一)项的规定,是在确定事故单位对事故发生负有何种法律责任的前提下所适用的处罚幅度的规定,应以确认了事故单位负有何种法律责任为前提,本案中,被告某区安监局认定原告某运输公司负有未落实安全生产主体责任、安全管理不到位的责任,却没有提供未落实安全生产主体责任、安全管理不到位所应负的法律责任,便依据处罚幅度的规定作出处罚,属适用法律错误。

综上,法院认定,被告某区安监局所作出的行政处罚决定书,虽然认定的事故客观存在,但作出处罚决定时的听证程序不符合规定,且适用法律有误,依法应予撤销。

(二)挂靠企业在行政诉讼中的责任主体问题

个人将业务挂靠企业的情况多发生在特殊领域,由于特殊领域的法律在资质、生产条件等方面的明确规定需要较高要求,而个人无法满足此要求,故司法实践中通过签订内部协议,挂靠于有资质的企业或者有资质的单位发包给未取得资质的单位,一旦发生事故,双方以内部协议互相推诿的现象频发。

根据《中华人民共和国安全生产法》(以下简称《安全生产法》)第九十六条、第三十二条、第八十六条的规定可以得知,运输柴油应获得相关部门的批准,未获批准,任何人或单位不得从事该活动,也不允许生产经营单位将生产经营项目、场所、设备发包或者出租给不具备安全生产条件或者相应资质的单位或者个人。本案中,某运输公司同意未取得运输资质的郑某挂靠其公司名下运输柴油,虽然其表面上是挂靠,实质类似于发包或出租,将某运输公司列为行政主体责任并无不当。且从立法目的上看,如此追责机制不仅可以减少此类事故的发生,而且也符合保障人民群众生命安全,严格规范特殊行业的立法目的。同时,行政处罚和刑事惩罚属于不同的部门法,同一行为可能引起刑事、民事、行政责任,承担了刑事责任,不意味着其他责任的免除。因此,本案中原告某运输公司以其公司有严格的培训制度、安全监管和车辆维修制度,公司及其法定代表人、相关人员对驾驶员和车辆已尽到了管理责任,且某市某区人民法院对郑某作了刑事判决,将不应该对原告进行行政处罚作为辩解理由是不能成立的。

(三)行政听证程序

1. 听证程序的概念及意义

听证程序是行政机关在作出有关行政处罚之前,听取有关当事人的陈述、申辩和质证的程序。它源自以英国和美国为代表的普通法系,"当事人非经听证不受人身或财产之罚"是普通法中最早确立的法律原则之一,是"自然正义规则"的重要组成部分。① 这一带有司法性质的制度引入行政程序是为了制约日益膨胀的行政权力,以程序公正保证行政权力的公平行使。

听证程序设立的目的主要在于"赋予相对一方以了解权、要求回避权、辩论权、申请补救权等一系列重要的程序性权利。公民正是以这些程序上的权利,抗衡行政机关的执法权力,调和其与行政机关法律地位不对等造成的巨大反差"②。因此,听证权作为我国公民的一项重要而新型的程序性权利,它的存在使公民在人身权、财产权受到行政机关违法行为的威胁时有抗拒的机会,它对公民实体权利获得有效保障,特别是事前保护,起到了相当重要的作用。③

2. 我国听证程序规定及其缺陷

1996年3月全国人民代表大会通过的《中华人民共和国行政处罚法》(以下简称《行政处罚法》)在我国首次建立了听证程序,该法第四十二条规定,当事人对责令停产停业、吊销许可证或者执照、较大数额的罚款等行政处罚的,可以要求举行听证,行政机关也有义务告知当事人有要求举行听证的权利。这是我国民主法制建设和政治体制改革的一个重大进步,对于保障公民合法权利,保证行政权力的公正运作有着十分重要的意义。④

(1) 听证适用范围

从现有法律规定来看,立法者对于引入听证制度的态度十分审慎,明文列举可听证事项仅包括责令停产停业、吊销许可证或者执照、较大数额的罚款等三项,虽然后面的"等"字为将来发展扩大听证范围保留了一定空间,但在既无单行法律增加听证程序适用范围,又无有权机关对该条款作出立法解释的前提下,行政处罚领域的听证适用范围仍是相当狭窄的。

(2) 听证公开进行

听证公开进行意味着,首先,不仅行政机关和利害关系人参加,而且社会各界都可以参加,记者媒体可以采访、跟踪报道,普通公民可以旁听甚至发表

---

① [美]伯纳德·施瓦茨. 行政法[M]. 徐炳,译. 北京:群众出版社,1986:173. 转引自:周云帆. 略论我国行政处罚听证制度及其立法完善[J]. 暨南学报:人文科学与社会科学版,1998(3).

② 罗豪才,袁曙宏,李文栋. 现代行政法的理论基础——论行政机关与相对一方的权利义务平衡[J]. 中国法学,1993(1).

③ 张庆侠. 论行政处罚听证程序基本原则制度的完善[J]. 河北法学,2001(6).

④ 周云帆. 略论我国行政处罚听证制度及其立法完善[J]. 暨南学报:人文科学与社会科学版,1998(3).

意见。其次,行政机关作出惩处决定依据的事实和双方证据都必须公开进行质证。

(3) 回避制度

《行政处罚法》规定听证由行政机关指定的非本案调查人员主持,当事人认为与本案有直接利害关系的,有权申请回避。但在实践中听证主持人虽然非案件调查人员,但往往与案件调查人员同处一个行政机关,即使不是同一部门,但还是脱不了亲近关系,这就不能保证听证主持人不存在偏袒一方的可能性。这与要求公正、中立为本的听证程序是不相融的。① 且关于回避理由、回避方式、权利救济等的规定过于原则化。

(4) 告知和通知制度

在启动行政听证程序之前,行政机关告知相对人实体性内容,比如违法事实、证据、拟作出的行政处罚以及相对人有提出听证申请的权利。听证通知是行政机关决定受理听证请求,进入听证程序后告知行政相对人举行听证会的时间、地点、当事人应该准备参加听证会的证据材料。

关于告知,最高人民法院于 2004 年 9 月对新疆维吾尔自治区高级人民法院作出的《关于没收财产是否应当进行听证及没收经营药品行为等有关法律问题的答复》中规定:"人民法院经审理认定,行政机关作出的没收较大数额财产的行政处罚决定前,未告知当事人有权要求举行听证或未按规定举行听证的,应根据行政处罚法的有关规定,确认该行政处罚决定违反法定程序。"

(5) 举证制度

《行政处罚法》第四十二条规定:"举行听证时,调查人员提出当事人违法的事实、证据和行政处罚建议;当事人进行申辩和质证。"可见,由行政机关承担主要举证责任。这一条也明确赋予了当事人(及其代理人)对行政机关作出行政处罚决定所依据的证据进行申辩和质证的权利。

(6) 听证笔录

听证笔录是对听证过程中调查人员和行政相对人的陈述、举证责任、处罚理由和依据的申辩、处罚内容的申辩等的全面、客观的记载。② 听证笔录在听证程序乃至整个行政程序中都具有重要的意义,听证制度的价值能否实现,相当程度上取决于对听证笔录的效力认定。③

---

① 王鹏祥.我国行政处罚听证制度的缺陷及完善[J].重庆行政,2006(3).
② 史峰.浅析行政听证——兼论我国行政处罚听证程序之完善[J].行政与法,2004(8).
③ 姜明安.行政法与行政诉讼法[M].北京:北京大学出版社;北京:高等教育出版社,1999:13-15.

但我国《行政处罚法》对听证笔录的法律效力未作规定,听证笔录的法律地位没有得到真正的确立,在实践中,行政机关应当从形式及实质上重视听证笔录的制作,规范行政处罚程序的同时也以应对可能产生的诉讼。①

3. 学界对进一步完善我国行政处罚听证制度的建议

(1) 扩大适用范围

逐步将涉及公民人身自由(如行政拘留)、没收等行政处罚纳入听证范围,同时,"等"应理解为除了《行政处罚法》规定之外的其他的同等程度的行政处罚也可以举行听证,以更好地保护公民的人身权、财产权,这也符合现代行政法治的基本理念。

(2) 完善听证主持人制度

建议从规范听证主持人的资格、明确其职权、确立主持人职能分离制度以及细化听证主持人回避制度规定等方面着手,逐步细化完善听证主持人制度。

(3) 赋予第三人要求举行听证的权利

由于行政机关的处罚决定往往影响到第三人的合法权益,那么就有必要允许他们申请或经行政机关通知而参加听证。② 对此,我国《中华人民共和国行政许可法》(以下简称《行政许可法》)已有先例,该法第四十七条规定:"行政许可直接涉及申请人与他人之间重大利益关系的,行政机关在做出行政许可决定前,应当告知申请人、利害关系人享有要求听证的权利。"

(4) 确立案卷排他制度

明确将听证笔录作为行政处罚机关作出行政处罚决定的唯一依据,以保证相对人的陈述和辩护权利,也有利于规范、制约行政机关的行政行为,减少行政恣意。③

(四) 总结与建议

听证制度自《行政处罚法》创造性地在我国的法律上第一次引进后,在《中华人民共和国价格法》(以下简称《价格法》)、《中华人民共和国立法法》(以下简称《立法法》)、《行政许可法》等法律上也不断得到应用与发展。《行政处罚法》中关于听证程序的规定较为概括,在实践中也引发了不少争议,因而更需要行政机关结合相关法律的规定和立法目的来加强对听证制度的理解,做到依法听证,自觉维护相对人的合法权益,具体说来,应注意以下几个方面:

---

① 胡敏. 完善行政处罚听证制度的法律对策[J]. 黑龙江省政法管理干部学院学报,2009(1).
② 黄维. 我国行政处罚听证程序的立法缺陷及完善[J]. 云南行政学院学报,2007(5).
③ 周静. 我国行政处罚听证程序研究[D]. 南京师范大学硕士学位论文,2012.

1. 听证程序前期

① 按照法律规定,在作出责令停产停业、吊销许可证或者执照、较大数额罚款等行政处罚决定之前,告知当事人有要求听证的权利;对当事人提出的听证要求,经审查主体适格、未超过法定期限、符合法律规定的其他条件的,决定受理;② 指定听证程序的主持人,并由主持人代表行政机关在适当的期限内通知当事人举行听证的时间、地点,并告知听证程序主持人的姓名、身份以及当事人有依法申请主持人回避的权利。

2. 听证举行阶段

① 主持人宣布听证程序开始,并说明案由、调查人员与当事人双方的权利义务、安排双方陈述辩论的先后次序;② 调查人员提出当事人违法的事实、证据和行政处罚建议;当事人及其代理人有权对此进行申辩和质证;③ 双方就主要证据、事实进行辩论;④ 当事人最后陈述;⑤ 主持人宣布听证结束并将听证过程中制作的笔录交当事人审核无误后签字或盖章。

3. 听证程序后期

举行听证后,主持人根据听证过程中认定的事实和证据制作出听证意见书,意见书应包括以下内容:① 听证的案由;② 听证主持人和听证参加人的基本情况;③ 听证的时间、地点;④ 听证的简单经过;⑤ 案件调查人员提出当事人违法的事实、证据和行政处罚建议、当事人质证情况、申辩理由以及当事人最后简要陈述的具体内容;⑥ 处理意见或建议及理由。并连同听证时制作的笔录送交行政机关负责人作为作出行政处罚决定的重要依据。①

参考文献:

1. 姜明安.行政法与行政诉讼法[M].北京:北京大学出版社,北京:高等教育出版社,1999.
2. 周云帆.略论我国行政处罚听证制度及其立法完善[J].暨南学报:人文科学与社会科学版,1998(3).
3. 罗豪才,袁曙宏,李文栋.现代行政法的理论基础——论行政机关与相对一方的权利义务平衡[J].中国法学,1993(1).
4. 张庆侠.论行政处罚听证程序基本原则制度的完善[J].河北法学,2001(6).
5. 王鹏祥.我国行政处罚听证制度的缺陷及完善[J].重庆行政,2006(3).

① 谢生华.论行政处罚中当事人的申辩权——对行政处罚听证程序的几点思考[J].甘肃政法学院学报,2003(5).

6. 史峰.浅析行政听证——兼论我国行政处罚听证程序之完善[J].行政与法,2004(8).
7. 胡敏.完善行政处罚听证制度的法律对策[J].黑龙江省政法管理干部学院学报,2009(1).
8. 黄维.我国行政处罚听证程序的立法缺陷及完善[J].云南行政学院学报,2007(5).
9. 谢生华.论行政处罚中当事人的申辩权——对行政处罚听证程序的几点思考[J].甘肃政法学院学报,2003(5).
10. 周静.我国行政处罚听证程序研究[D].南京师范大学硕士学位论文,2012.

案例 13
林业主管部门行政处罚合法吗？[①]

许 岚

一、案情介绍

原告田某在未取得《国家重点保护野生动物驯养繁殖许可证》的情况下,于2012年5月起,将黄金蟒驯养于某市某区新天地广场一带。2012年7月25日,被告某区农业局接到举报并对该案立案,同日作出证据登记保存,将黄金蟒寄养于某市野生动物救护站点内。2012年8月2日,某区农业局被告与某市野生动物救护点签订寄养协议,同年8月4日,被告又作出证据登记保存清单一份,载明延长证据保存时间。被告先后于2013年1月30日、6月8日两次委托国家林业局森林公安局野生动植物刑事物证鉴定中心对涉案蟒蛇进行鉴定,两次鉴定结论一致认定涉案蟒蛇为国家一级重点保护动物,并将鉴定结论于2013年6月17日送达原告田某。2012年10月15日,被告作出01号行政处罚决定事先告知书并邮寄送达原告,因该告知书非原告本人签收,被告又于2013年4月3日作出01号行政处罚决定事先告知书,并于2013年6月21日作出04号行政处罚决定书,决定对原告处1 000元罚款并没收其无证驯养的蟒蛇,并依法送达原告,原告不服,向某市某区人民法院提起行政诉讼。

二、争议处理

(一)原告主张

原告诉称:被告于2012年7月25日首次对原告的黄金蟒采取证据登记保存,并于2012年8月4日再次作出证据保存清单,延长证据保存时间。被告于2012年10月15日向原告送达行政处罚事先告知书,但直到2013年6月21日才对原告下达行政处罚决定书,根据《中华人民共和国行政处罚法》(以下简称

[①] 案例来源:江苏博事达律师事务所代理案件。

《行政处罚法》)的规定,对证据可以先行登记保存,并应当在七日内及时作出处理决定。而被告针对原告采取的两次证据登记保存措施未在法定的七日期限内作出行政处罚决定,且证据登记保存已超出法定期限。原告认为被告作出的行政处罚决定超出了应当在证据登记保存七日内作出处理决定的法定期限,且违反了行政处罚的一般程序规定,在证据不全的情况下先行下达行政处罚事先告知书,然后再取证,要求法院撤销被告作出的04号林业行政处罚决定书。

(二)被告主张

被告辩称,根据《行政处罚法》第三十七条第二款规定:"行政机关在收集证据时,可以采取抽样取证的方法;在证据可能灭失或者以后难以取得的情况下,经行政机关负责人批准,可以先行登记保存,并应当在七日内及时作出处理决定,在此期间,当事人或者有关人员不得销毁或者转移证据。"被告在证据登记保存的当天即作出立案决定,并将证据(蟒蛇)寄养于某市野生动物救护点,以便权威机构进行鉴定。次日,被告与收养机构签订了《寄养协议》,确保蟒蛇的安全。被告依法在证据登记保存七日内作出了立案、寄养、委托鉴定的处理决定,符合法定程序。另根据《行政处罚法》第三十一条规定:"行政机关在作出行政处罚决定之前,应当告知当事人作出行政处罚决定的事实、理由及依据,并告知当事人依法享有的权利。"被告向原告田某送达的《林业行政处罚决定事前告知书》系作出行政处罚之前,依法告知其享有陈述、申辩和要求听证等权利,并非正式的行政处罚行为。故被告作出的行政处罚程序符合法定程序,违法事实确凿,处罚并无不当,请求法院依法维持涉案行政处罚决定。

(三)审理结果

某区人民法院根据《中华人民共和国野生动物保护法》(以下简称《野生动物保护法》)、《某省野生动物保护条例》、《关于印发某市某区农业局职能配置、内设机构和人员编制规定的通知》认定被告具有作出本案具体行政行为的法定职权,根据《林业行政处罚程序规定》、《行政处罚法》认定被告作出处罚决定符合法定程序,事实清楚,适用法律正确,程序基本合法,经人民法院审判委员会讨论决定,依照《最高人民法院关于执行〈中华人民共和国行政诉讼法〉若干问题的解释》(法释〔2000〕8号)第五十六条第(四)项的规定,判决驳回原告田某要求撤销被告作出的04号林业行政处罚决定书的诉讼请求。

三、顾问点评

(一)被告的职权界定

根据《野生动物保护法》第七条第二款的规定:"自治州、县和市政府陆生野

生动物管理工作行政主管部门,由省、自治区、直辖市政府确定。"根据《某省野生动物保护条例》第六条规定:"县级以上地方政府林业、渔业行政主管部门分别主管本行政区域内陆生、水生野生动物保护管理工作。"另根据某市某区人民政府办公室《关于印发某市某区农业局职能配置、内设机构和人员编制规定的通知》(120号)规定,由某市某区农业局承担本区林业违法案件的查处工作。因此,被告某市某区农业局作为县级地方人民政府林业行政主管部门,有权对辖区范围内的陆生野生动物案件进行调查处理,具有作出本案具体行政行为的法定职权。

（二）对"七日内作出处理决定"的理解

根据《林业行政处罚程序规定》第三十四条规定:"林业行政处罚案件自立案之日起,应当在一个月内办理完毕,经行政机关负责人批准可以延长,但不得超过三个月;特殊情况下三个月内不能办理完毕的,报经上级林业行政主管部门批准,可以延长",被告立案后经行政机关负责人以及上级林业行政主管部门批准后延长办案时间符合要求。根据《行政处罚法》第三十七条第二款的规定:"在证据可能灭失或者以后难以取得的情况下,经行政机关负责人批准,可以先行登记保存,并应当在七日内及时作出处理决定",法院认为在证据登记保存后七日内作出处理决定,该决定针对的是登记保存的证据,而非行政处罚决定本身,被告于2012年7月25日对涉案蟒蛇进行了证据登记保存,并于同年7月31日作出寄养决定及鉴定决定,并在8月2日同某市野生动物救护点签订寄养协议,符合该规定要求。

（三）行政处罚事先告知程序

1. 关于行政处罚事先告知程序的相关规定

1990年国家税务总局制定的《税务机关查处税务案件办法(试行)》第十五条规定:"调查机关和调查人员应将认定的事实同被查处对象见面,认真听取其申辩,然后写出调查报告。"这个规定可以看作是行政处罚事先告知程序的萌芽和雏形。1996年3月17日,第八届全国人大四次会议通过的《行政处罚法》第一次以法律形式确立了我国行政处罚中的事先告知程序。该法第三十一条明确规定:"行政机关在作出行政处罚决定之前,应当告知当事人作出行政处罚的事实、理由及依据,并告知当事人依法享有的权利。"第三十二条规定:"当事人有权进行陈述和申辩。行政机关必须充分听取当事人的意见,对当事人提出的事实、理由和证据,应当进行复核;当事人提出的事实、理由或者证据成立的,行政机关应当采纳。行政机关不得因当事人申辩而加重处罚。"行政机关在作出行政处罚之前告知上述法律规定的事项和听取当事人的陈述和申辩,依照法律规定是"应当告知",这是行政机关的法定义务,是法律对行政机关行政处罚决定的要求。

《行政处罚法》第四十一条进一步规定:"行政机关及其执法人员在作出行政处罚决定之前,不依照本法第三十一条、第三十二条的规定向当事人告知给予行政处罚的事实、理由和依据,或者拒绝听取当事人的陈述、申辩,行政处罚决定不能成立;当事人放弃陈述或者申辩权利的除外。"在行政诉讼中,行政机关对是否给予了告知应负举证责任。

2. 事先告知的一般内容

《行政处罚法》规定,行政机关在作出行政处罚决定之前,应当告知当事人以下内容:一是作出行政处罚决定的事实。即行政机关通过调查、检查发现的关于被处罚人实施的应受处罚的行为的发生时间、地点、状况、性质以及证明上述事实的相应的证据等。二是作出行政处罚决定的理由。主要包括被处罚人的行为违反的法律、法规、规章的具体条款,及其对我国行政法所保护的社会关系所造成的侵害。三是作出行政处罚决定的依据。即依据什么样的法律规范来对相对人作出处罚。实践中应当注意的是,引用具体的法律条文要准确、具体,相应法条如有若干款、项,应写明具体的款、项,不能笼统地称某法,或者某条。四是行政处罚决定的具体内容。即处罚的种类以及具体的幅度。《行政处罚法》在"事实、理由及依据"前,用了"作出行政处罚决定"做定语。显然"事实、理由及依据"是受"作出行政处罚决定"约束的。既然已经拟作出行政处罚决定,则必须要告知被处罚人处罚决定的内容,也只有这样才使当事人行使陈述、申辩等权利具有真正意义。五是当事人依法享有的权利。总之,告知的内容必须具体、全面,包括与被告知者利益有关的充分信息。

3. 实现告知程序的种类

行政处罚告知的种类可以依据不同的标准划分为两类:口头方式和书面方式。口头告知方式顾名思义就是指行政主体借助于口头语言的方式来实现其行为意思。书面告知方式是指行政主体借助于书面文字来实现其行为意思的方式。两种方式的优缺点在于:口头告知方式优点在于简便易行,直接迅速;缺点是缺乏文字依据,发生争议时不易处理。所以,它仅适用于比较简单的行政处罚案件,案情复杂、处罚较重的适用一般程序的行政处罚案件则不适用。书面告知方式不仅能清楚、完整地表述行政主体的行为意思,使当事人了解到其包含的有价值的信息,且书面形式解决了发生争议时的证据问题。在实际执法中书面告知方式应是主要的告知方式。

4. 举证责任

举证责任倒置是我国《中华人民共和国行政诉讼法》(以下简称《行政诉讼法》)确立的一项基本的行政诉讼规则,修订后的《行政诉讼法》第三十四条规定:

"被告对作出的行政行为负有举证责任,应当提供作出该行政行为的证据和所依据的规范性文件。被告不提供或者无正当理由逾期提供证据,视为没有相应证据。但是,被诉行政行为涉及第三人合法权益,第三人提供证据的除外。"《最高人民法院关于执行〈中华人民共和国行政诉讼法〉若干问题的解释》(法释〔2000〕8号)第二十六条规定:"在行政诉讼中,被告对其作出的具体行政行为承担举证责任。被告应当在收到起诉状副本之日起10日内提交答辩状,并提供作出具体行政行为的证据、依据;被告不提供或无正当理由逾期提供的,应当认定该具体行政行为没有证据、依据。"在行政诉讼中,行政机关如果不能提供证据证明其履行了告知义务,就要为此承担不利的法律后果,履行告知程序是行政机关的法定义务,在行政诉讼中,行政机关对是否履行告知义务应负举证责任。

(四)总结与建议

1. 完善行政处罚事先告知程序的告知期限

告知期限对行政处罚事先告知程序价值目标的实现具有特别重要的意义,当事人和利害关系人为维护自己的合法权益,对行政机关告知的内容进行充分准备,进而有针对性地开展辩护,应当是当事人和利害关系人基于现代行政权理论所享有的基本权利。给予充分的准备时间是享有被告知权的自然延伸,如果不能给予充分的准备时间,这样的被告知权将是不完整的。但是行政实践是复杂的,何谓充分的准备时间需视具体案件的实际情况而决定,同时告知期限与告知方式具有密切的联系。

2. 完善利害关系人的被告知权

所谓"有利害关系",是指法律上的利害关系,利害关系人负有行政法上的权利和义务。行政处罚可能涉及的利害关系人,一般是受违法行为侵害的人。

根据修订后《行政诉讼法》第二条规定:"公民、法人或者其他组织认为行政机关和行政机关工作人员的行政行为侵犯其合法权益,有权依照本法向人民法院提起诉讼。"《行政诉讼法》第二十五条规定:"行政行为的相对人以及其他与行政行为有利害关系的公民、法人或者其他组织,有权提起诉讼。"可见在行政诉讼法律关系中,利害关系人可以作为诉讼主体参与行政诉讼,享有救济权,因此为保护利害关系人的合法权益,减少行政诉讼,提高行政效率,应明确规定利害关系人享有被告知权。

3. 明确事先告知瑕疵的法律责任

法律责任规范着行政机关行使权力的界限,以否定的法律后果防止权力行使不当或滥用权力,促使行政机关及其工作人员自觉做到依法办事,公正行使权力,因而明确规定告知瑕疵的法律责任对于保障行政机关及其工作人员认真履行告知义务具有重要意义。

告知瑕疵主要包括没有告知、告知错误、告知缺失、送达瑕疵等情况,笔者认为应依照告知瑕疵的程度不同和对当事人及利害关系人造成损害的大小分别承担不同的法律责任。在承担责任的主体上应区分行政主体的责任和执法人员的责任,如行政机关及其执法人员在作出行政处罚决定之前,不依照《行政处罚法》第三十一条、第三十二条的规定向当事人告知给予行政处罚的事实、理由和依据,或者拒绝听取当事人的陈述、申辩,行政处罚决定不能成立。"行政处罚决定不能成立"就是行政主体承担的法律责任,如果造成损害的还必须承担行政赔偿责任,但行政机关在履行赔偿义务后应依法向承办人员进行追偿,即由在行政处罚事先告知程序中犯有故意或重大过失的执法人员承担全部或部分损失,同时应对行政执法人员进行行政处分。

参考文献:

1. 关保英.行政处罚并用研究[J].北方法学,2011(4).
2. 金国坤.论行政处罚的程序法适用[J].行政法学研究,1996(3).
3. 于立深.违反行政程序司法审查中的争点问题[J].中国法学,2010(5).

案例 14
海关警告并处罚款的处罚对吗?[①]

周连勇　张　骏

一、案情简介

被告中华人民共和国某海关于 2013 年 8 月 1 日对原告周某作出行政处罚决定,认定原告于 2013 年 7 月 31 日持《港澳居民来往内地通行证》从某口岸入境,携带护肤品共 13 件、保健品共 51 件未向海关申报被查获的事实,依照《中华人民共和国海关行政处罚实施条例》(以下简称《实施条例》)第十五条第(四)项及第五条的规定,决定对周某予以警告并处罚款人民币 4 000 元。

二、争议处理

(一)原告主张

原告周某诉称,原告系香港从事自然疗法医师,担任理财服务主任的正当工作,从未有过类似行为,亦无不良行为或犯罪记录。因原告父母 6 月来深圳居住,所以往返香港次数增多,但不存在频繁出入香港的情况。所带产品为自购健康产品,发票亦是原告的资料,产品以自用为主,部分产品与刚到深圳的亲戚朋友分享,所以探望时顺便带了些。在经过被告设立的检查点时,原告主动将行李过机检查并积极配合被告,根本不存在被告所谓的藏匿伪装或有意识地隐瞒逃避被告检查的情形。被告工作人员在开箱检测时,从未提醒原告自购产品与走私行为的区别及有所不同的处理方式,直接扣押并多次限制原告人身自由于一间独立房间内,并从外把门反锁,从 2013 年 7 月 31 日 13 点至 17 点左右,对原告造成了极大的精神伤害。检查后被告不分青红皂白就直接拿材料让原告签字移送缉私科,完全把原告当成走私犯处理,缉私科工作人员多次要求原告出示多种文字资料,包括提供内地亲友资料原件及户口本的原件,原告都一一提供,但

[①] 案例来源:中国裁判文书网。

最终未能从轻处理,只要求原告按指示签名,方可将所扣押的物品返港,放弃本人的所有权利。原告诉讼请求:① 撤销被告对原告作出的行政处罚决定;② 退还罚款人民币4 000元;③ 赔偿精神损失以及误工费用人民币8 000元。

(二)被告主张

被告中华人民共和国某海关辩称,被告作出的行政处罚决定认定原告从某口岸进境被抽查到未向海关申报保健品51件、护肤品13件的事实清楚,证据确凿。原告携带的物品应当申报、应当缴纳税款而没有申报、没有缴纳税款,经审定的完税价格共计人民币11 034元,应缴纳税款人民币4 131.67元。被告依据《实施条例》第十五条第(四)项的规定,在漏缴税款30%以上2倍以下幅度内,予以警告并处罚款人民币4 000元,适用法律正确、量罚合理,处罚程序合法,原告的诉讼请求不成立,请求依法予以驳回,维持被告作出的行政处罚决定。

(三)审理结果

依照《中华人民共和国行政诉讼法》第五十四条第(二)项第(二)目、《中华人民共和国国家赔偿法》第十五条第一款、《最高人民法院关于执行〈中华人民共和国行政诉讼法〉若干问题的解释》第五十六条第(四)项之规定,审理法院判决如下:

撤销被告行政处罚决定中对原告周某作出的警告处罚;驳回原告周某的其他诉讼请求。

三、顾问点评

党的十八届四中全会提出,全面推进依法治国,总目标是建设中国特色社会主义法治体系,建设社会主义法治国家。法律是治国之重器,良法是善治之前提。法律的生命力在于实施,法律的权威也在于实施。各级政府必须坚持在党的领导下,在法治轨道上开展工作,加快建设职能科学、权责法定、执法严明、公开公正、廉洁高效、守法诚信的法治政府。

中华人民共和国海关是国家的进出境监督管理机关,实行垂直管理体制。基本任务是出入境监管、征税、打击走私、统计,对外承担税收征管、通关监管、保税监管、进出口统计、海关稽查、知识产权海关保护、打击走私、口岸管理等主要职责。中华人民共和国海关在行政执法过程中应当严格依法行政。

(一)关于本案中海关对原告作出警告并处罚款行政处罚存在的问题

《实施条例》第十五条明确规定,进出口货物的品名、税则号列、数量、规格、价格、贸易方式、原产地、启运地、运抵地、最终目的地或者其他应当申报的项目未申报或者申报不实的,分别依照下列规定予以处罚,有违法所得的,没收违法

所得；影响海关统计准确性的，予以警告或者处1 000元以上1万元以下罚款；影响海关监管秩序的，予以警告或者处1 000元以上3万元以下罚款；影响国家许可证件管理的，处货物价值5％以上30％以下罚款；影响国家税款征收的，处漏缴税款30％以上2倍以下罚款；影响国家外汇、出口退税管理的，处申报价格10％以上50％以下罚款。

从本条法律规定可以看出，最后一项影响国家税款征收的，处漏缴税款30％以上2倍以下罚款，并未规定可以处以警告，同时，其他项对于警告和罚款的规定用"或者"予以连接，并未使用"并处"这样的表述，足以说明警告与罚款这两个行政处罚措施仅仅是选择适用，而不是并用。因此，中华人民共和国某海关作出的行政处罚决定明显与该条款相违背，人民法院判处撤销行政处罚决定中对原告周某的警告处罚合法合理，具备法律依据。

（二）关于本案的行政处罚程序问题

《中华人民共和国行政处罚法》(以下简称《行政处罚法》)第三十一条规定，行政机关在作出行政处罚决定之前，应当告知当事人作出行政处罚决定的事实、理由及依据，并告知当事人依法享有的权利。本条款是对告知程序的规定，作为行政处罚的必经程序，"告知"对于当事人来说，是法律赋予的权利，然而对于行政机关来说，则是其法定的义务。无论是适用简易程序还是一般程序，如果行政机关在作出行政处罚决定之前未履行告知义务，就违反了《行政处罚法》的规定。

《行政处罚法》第三十二条规定，当事人有权进行陈述和申辩。行政机关必须充分听取当事人的意见，对当事人提出的事实、理由和证据，应当进行复核；当事人提出的事实、理由或者证据成立的，行政机关应当采纳。行政机关不得因当事人申辩而加重处罚。本条是对当事人陈述权和申辩权的规定。陈述是指当事人向行政机关表明自己的意见和看法，提出自己的主张和证据。申辩是指当事人进行解释、辩解，反驳对己不利的意见和证据。从当事人的角度讲，陈述和申辩是行政处罚法赋予当事人重要的权利；从行政机关的角度讲，听取当事人的陈述和申辩，是行政处罚法规定的其必须履行的法定义务，因此，在当事人未明确表示放弃此项权利的情况下，未经当事人的陈述和申辩，行政机关不应给予当事人任何种类的行政处罚。

《行政处罚法》第四十一条规定，行政机关及其执法人员在作出行政处罚决定之前，不依照本法第三十一条、第三十二条的规定向当事人告知给予行政处罚的事实、理由和依据，或者拒绝听取当事人的陈述、申辩，行政处罚决定不能成立；当事人放弃陈述或者申辩权利的除外。根据本条规定，如果行政机关及其工作人员在作出行政处罚决定之前，没有依照本条的规定履行告知义务，或者拒绝听取当事人的陈述或者申辩,则属于违反了法定程序,因此其作出的行政处罚决定将不能成立。

在本案中,被告某海关在查明原告周某的违法事实后,向原告书面告知了拟作出行政处罚决定的事实、理由及依据,并告知原告依法享有申辩和陈述的权利,符合《行政处罚法》第三十一条和第三十二条的规定。原告周某于2013年7月31日在当事人提供情况(陈述)记录表上陈述了案件事实和意见,于2013年8月1日在行政处罚告知单送达回证上签署了"本人无异议,放弃申辩"的书面意见,被告于原告放弃申辩同日作出行政处罚决定,符合《行政处罚法》第四十一条的规定,履行了法定程序。因此,某海关对原告作出的行政处罚决定是符合程序规定的,也获得了人民法院的支持。

(三)总结与建议

中华人民共和国海关作为我国十分重要的行政机关之一,在社会主义建设中发挥着巨大的作用,因此,海关在行政执法的过程中应当严格遵循相关实体和程序法律的规定。在作出行政处罚决定之前,应当查清事实,正确适用法律,严格遵守《中华人民共和国海关办理行政处罚案件的程序规定》,遵循公正、公开、及时和便民的原则。

在立法相对完善的前提下,重要的是严格规范公正文明执法。海关特别是基层海关,直接面对人民群众,执法过程中的一举一动都关系着行政相对人的切实利益。海关的行政执法行为要规范有序,加强对"人情"执法、"运动式"执法、"情绪化"执法和"寻租"执法以及重实体轻程序、重领导指示轻法律规范等现象的预防和分析,努力营造公平和谐的海关监管环境,让诚信守法的企业和群众享受到海关为其提供的优质服务,让违法违规的企业和个人不仅受到法律法规的制裁,还要让其找不出正当理由阻却相应的制裁,这就需要海关严格按照程序进行执法。

党的十八届四中全会决定明确提出,新形势下积极推行政府法律顾问制度的建立。中华人民共和国海关作为履行特殊职能的国家行政机关,笔者认为,更应当配备具有专业法律知识的法律顾问团队为其决策、执法提供专业的第三方意见或建议,并对海关相关工作人员进行不定期的专业培训,确保海关作出的各项决定、常态的执法行为、非常态下的履职都能符合法律的规定和法治的精神。

案例 15
行政执法中如何进行证据收集?[1]

周连勇 钟 丽

一、案情简介

林某自有一辆面包车,有一天路过长江路时,发现前面一名女子很像自己认识的一个人,就将车停在女子面前,结果发现认错人了。由于当时是冬天,该女士正在打车,身边还有行李,林某提出送该女子去目的地,于是就帮女士把行李拿上车。正准备走时,突然出现一辆车挡住去路,车上下来三个人,把林某和那名女士隔开,林某在自己车上,那名女士在对方车上。三人说自己是某市客运统管办的工作人员,林某为非法营运,给林某做了调查笔录,林某当时就反驳说自己是免费送人而没有非法营运。后来林某车辆被扣留,要罚款 30 000 元人民币。林某不服提出听证。在听证会上某市客运统管办出示了林某所载女士的证人证言,但是证人没有出庭参加质证。最终某市客运统管办仍处罚了林某 30 000 元人民币,林某当时的面包车市值尚不足 30 000 元人民币。林某一纸诉状将客运统管办告上某市某区人民法院。

二、争议处理

(一) 原告主张

原告诉称:某市客运统管办处罚证据不足,事实不清,请求依法撤销该处罚。① 林某自己不认可非法营运的事实。② 证人证言无法经过质证,因为证人没有留下任何可以联系的电话、住址、邮箱、身份证号码。③ 某市客运统管办没有其他证据来印证证人证言。在这种情形下显然处罚依据不足,应当撤销该行政处罚决定。

---

[1] 案例来源:找法网成功案例。

（二）被告主张

客运统管办认为该行政处罚程序合法，证据确凿，适用法律、法规正确，符合法定程序，请求驳回原告诉讼请求。

（三）审理结果

一审法院作出了变更处罚的判决，将 30 000 元处罚降低为 5 000 元。林某不服，提起上诉，二审法院判决撤销客运统管办所作的 30 000 元行政处罚决定。

三、顾问点评

（一）本案争议焦点

本案对客运统管办行政处罚行为进行司法审查涉及的争议焦点问题主要为客运统管办作出行政处罚的证据是否确凿充分，是否依照法定职权、法定程序进行证据收集。

（二）行政执法证据收集目前存在的问题

证据是指用来证明案件事实情况的相关材料。依法、全面收集涉案证据，是行政机关实施行政处罚等行政执法活动的前提和基础，是行政执法的核心和依据，没有证据或致使实施行政处罚等执法行为面临是否成立的质疑。近年来，各地行政机关的行政处罚案件呈两多态势，即复议多、诉讼多，追究其原因，除执法程序不规范、适用法律条款不当等因素外，证据收集的欠缺也是不可回避的因素之一。在目前的执法实践中，因为部分基层执法人员证据固定意识不强及取证技巧存在欠缺，取证成为目前行政执法过程中较为薄弱的一个环节。本案及反复出现的行政机关败诉案件应当引起行政机关的反思。经过综合分析，笔者认为，目前行政执法取证中普遍存在的问题包括但不限于以下几类：

一是重当事人陈述，不注重收集客观证据及相关材料，证据收集不够全面。证据根据其与待证客观事实的证明关系不同，可以分为直接证据与间接证据。能够单独证明案件主要事实的为直接证据，不能单独证明案件主要事实的为间接证据。当事人陈述，出于趋利避害，难免受到主观因素影响，因当事人与纠纷的最终处理存在法律上的利害关系，有必要对当事人的陈述进行去伪存真，不能迷信当事人陈述；实践中，获取当事人陈述相对容易，又能直接反映案情，造成取证人员往往过于看重当事人陈述，而疏忽其他证据的收集。其实，其他证据如物证、书证、证人证言、视听资料、鉴定结论、现场笔录、勘查笔录等，对于全面证明案件的事实至关重要，也有利于就某个事实形成证据链或优势证据。调查人员在取证时需正确认识每份证据的证明效力及掌握证据规则的运用，若疏于相关证据的收集，出现简单、片面、孤立取证的情形，将必然导致行政处罚等执法行为出现瑕疵,因证据不充分而致使行政行为被撤销。全面固定证据的水平反映了行政执法工作人员的取证能力,取证时,尤其需注意对管辖证据、时效证据,违法现状固定,危害后果呈现,旁证材料,当事人从重、从轻、减轻或免除处罚的证据收集,避免出现产生争议时举证不能的情形。

二是取证行为不规范,忽视取证技术要领,致使收集的证据缺乏证明效力。如执法实践中对于书证的收集,未由书证出具人签名或盖章,未注明收集时间、地点、取证人员,书证为复印件的未由书证出具人注明"经核对与原件一致";现场制作笔录不规范,未将行政执法过程全面详尽记录,修改处未由当事人签字确认,缺少在场人佐证;抽样取证环节不规范,未依照法定程序封存、未出具清单或未经当事人签字确认,等等。

三是疏忽调查笔录的形式要求和程序要求,降低了法庭上证据的采信率。调查笔录应当由两名调查人员问答记录;要告知调查对象调查人员的真实身份,出示调查人员的身份证件;要告知被调查人员不如实陈述事实的法律风险,征询其出庭作证的意愿;不能诱导发问;调查过程中涉及客观证据的,应当及时要求提供;要正确记录调查的时间、地点,调查笔录上每页都要有被调查人本人的签名和时间记载。被调查人有阅读、审查、修改笔录的权利。

(三) 总结与建议

"违法事实确凿并有行政执法的法定依据"是行政执法机关对于行政相对人作出行政处罚等行政执法决定的法定前提,因为取证环节的薄弱,会直接导致行政机关在可能产生的行政复议、行政诉讼中处于被动。因行政处罚等执法活动证据收集及处罚程序不当引致的行政诉讼案件已呈现逐年增加的趋势。法律顾问就行政机关如何进一步完善、规范行政执法取证工作,特提出以下建议:

1. **执法人员应当强化证据意识,熟练掌握法定证据类型及证据规则**

行政执法中的证据收集应当假设形成行政复议、行政诉讼,以相关证据能够经受法庭审查并得以采信为证据收集的标准。以庭审为中心,严格掌握法定证据类型、证据之间关联性及其证明效力等证据规则。《中华人民共和国行政诉讼法》(以下简称《行政诉讼法》)第三十三条第一款明确列出了法定的八种证据类型:书证、物证、视听资料、电子数据、证人证言、当事人的陈述、鉴定意见、勘验笔录及现场笔录。

如何判断证据的证明力大小,人民法院就数个证据对同一事实的证明力,可以依照下列原则认定:国家机关、社会团体依职权制作的公文书证的证明力一般大于其他书证;物证、档案、鉴定结论、勘验笔录或者经过公证、登记的书证,其证明力一般大于其他书证、视听资料和证人证言;原始证据的证明力一般大于传来证据;直接证据的证明力一般大于间接证据;证人提供的对与其有亲属或者其他密切关系的当事人有利的证言,其证明力一般小于其他证人证言。正确掌握证据的形式划分及其效力大小至关重要,如原始证据与传来证据的划分,揭示了不同类别证据的可靠性程度和证明力的强弱,原始证据与传来证据的不同来源决定了效力的不同。所以,在办案过程中我们要尽可能地收集原始证据,在不能取得原始证据的情况下,也应当尽可能地获取最接近案件事实的传来证据。对于书证我们要尽可能地收集、调取原件,调取原件确实有困难时我们才调取复印件或复制件,并按程序要求完善复印件或复制件的制作形式。严格执行孤证不能定案原则,证据间要相互组合、相互印证、相互补充,形成完整、严密的证据体系才能认定案件事实。掌握不同类型证据的证明效力及证据规则,有助于在复杂的执法办案环境中全面、客观、及时、合理、合法地收集和调取证据材料。

2. 严格依照法定程序开展证据收集,遵循客观、全面、及时原则,掌握证据的法定制作形式,提高取证技巧

行政执法的证据收集需由法定主体严格依照法定程序开展,不仅应注重当事人的陈述等言辞证据收集,更需重视客观证据及相关材料的全面收集。在收集当事人违法行为证据的同时,也需重视对当事人相关辩解证据的收集。行政处罚所依据的证据材料需经当事人质证,听取当事人的陈述和辩解。

在掌握证据的法定类型及其证明效力规则的同时,更应严格掌握证据的形式要求。《最高人民法院关于行政诉讼证据若干问题的规定》中明确对书证、物证、视听资料、证人证言等证据制作形式作出了规定。当事人向人民法院提供书证的,应当提供书证的原件(原本、正本和副本均属于书证的原件),提供原件确有困难的,可以提供与原件核对无误的复印件、照片、节录本;提供由有关部门保管的书证原件的复制件、影印件或者抄录件的,应当注明出处,经该部门核对无异后加盖其印章;提供报表、图纸、会计账册、专业技术资料、科技文献等书证的,应当附有说明材料;行政机关提供的被诉具体行政行为所依据的询问、陈述、谈话类笔录,应当有行政执法人员、被询问人、陈述人、谈话人签名或者盖章。当事人向人民法院提供物证的应当提供原物,提供原物确有困难的,可以提供与原物核对无误的复制件或者证明该物证的照片、录像等其他证据;原物为数量较多的种类物的,应提供其中的一部分。当事人向人民法院提供计算机数据或者录音、录像等视听资料的,应当提供有关资料的原始载体,提供原始载体确有困难的,可以提供复制件;注明制作方法、制作时间、制作人和证明对象等;声音资料应当附有该声音内容的文字记录。当事人向人民法院提供证人证言的,应当写明证人的姓名、年龄、性别、职业、住址等基本情况;必须有证人的签名,不能签名的,

应当以盖章等方式证明;注明出具日期;附有居民身份证复印件等证明证人身份的文件。行政机关向人民法院提供的现场笔录,应当载明时间、地点和事件等内容,并由执法人员和当事人签名;当事人拒绝签名或者不能签名的,应当注明原因;有其他人在现场的,可由其他人签名。应当以行政诉讼中的法定证据制作形式作为行政执法取证的具体指导。

　　行政执法的证据收集与调取已越来越受到关注与重视。2011年环境保护部制定了《环境行政处罚证据指南》,2012年文化部制定了《文化市场行政处罚案件证据规则(试行)》及《常见文化市场行政处罚案件执法取证指引(试行)》,2013年国家工商行政管理总局制定了《关于工商行政管理机关电子数据证据取证工作的指导意见》,这些举措的推出为规范行政处罚证据的收集、审查和认定,确保事实认定的准确性和行政处罚案件的办理质量,提高行政执法效能起到了积极的指导作用。如《文化市场行政处罚案件证据规则(试行)》对执法活动中常见的书证、物证进行列举,明确规定相关证据的收集原则、收集形式、收集要求,对证据收集与固定的方式进行列举,对执法活动中的证据收集起到直接、具体的指导作用。执法人员在执法过程中应尽可能地多途径收集证据,除了强调证据的真实性、关联性、合法性,还要注重证据的确凿性、多样化,这样才能使证据之间互相印证,形成具有强大证明力的证据链,使行政执法活动真正做到以事实为依据,以法律为准绳。

案例 16
行政机关可以确认鉴定结论违法吗？[1]

钟 丽

一、案情简介

2005年8月下旬，刘卫某之妻刘兰某(女,25岁)因妊娠到某门诊部就诊，被诊断为"左侧异位妊娠"。2005年9月13日,刘兰某转到某区第一医院住院治疗,于9月15日经抢救无效死亡。2005年10月10日,刘卫某向原审被告某区卫生局提出医疗事故鉴定申请,某区卫生局受理后委托第三人某市医学会组织鉴定。2006年1月26日,某市医学会作出医疗事故技术鉴定书,认定刘兰某的医疗事故争议属于一级甲等医疗事故,某门诊部承担主要责任,某区第一医院承担轻微责任。某区卫生局收到鉴定书后,对参加鉴定的人员资格和专业类别、鉴定程序进行了审核,认为鉴定结论的作出过程符合相关法律、法规规定,于2006年1月27日对该鉴定作出确认的审核意见,并于同日将《医疗事故技术鉴定审核意见书》(以下简称《意见书》)送达当事人。某门诊部负责人王某对《意见书》不服,向被告申请再次鉴定。被告受理了该申请并委托某市医学会组织鉴定,同年4月11日,某市医学会作出了医疗事故技术鉴定书,认定刘兰某病例属于一级甲等医疗事故;某门诊部的医疗过失行为与患者的死亡有直接因果关系,故应承担主要责任;而某区第一医院的医疗过失行为与患者死亡后果无因果关系,故不承担医疗事故责任。某区卫生局收到某市医学会出具的鉴定书后,经审核向当事人送达。某门诊部负责人王某不服,两次信访要求某区卫生局撤销该医疗事故技术鉴定书,均遭某区卫生局拒绝。王某遂于2006年4月10日向某区人民法院提起行政诉讼,请求确认某区卫生局对某医学会作出的医疗事故技术鉴定书的审核行为违法,并责令某区卫生局撤销该医疗事故技术鉴定书。该案后经某市第一中级人民法院二审,现已审理终结。

---

[1] 案例来源:北大法宝评析案例。

二、争议处理

(一) 上诉人(原审原告)主张

原审原告在一审中请求法院确认被告对医疗事故技术鉴定结论的审核违法,并责令被告撤销该鉴定结论,理由如下:① 被告明知鉴定所依据的某区第一医院病历违法(系主治医师超出其职业类别行医作出),有意隐瞒事实,应承担行政责任。② 被告对现场鉴定、专家组评判的参与行为是对鉴定的干扰,影响某市医学会独立鉴定。③ 被告在鉴定中的程序违法,某市医学会于2005年1月25日下午才通知原告,第二天上午就召开鉴定会,并要求原告补签送达回证遭拒绝。被告在审核过程中,有意隐瞒事实,偏袒第三人,导致出现错误的鉴定结论。

上诉人在二审中诉称其在一审中要求确认涉案鉴定结论审核违法并予以撤销具有充足的事实依据和法律依据,理由如下:① 一审法院错误定义了"参加鉴定人员资格"的含义,本案的上诉人和某区第一医院作为医疗事故的当事人,既然参加了医疗事故鉴定,理应属于"参加鉴定人员",而某区卫生局对作为当事人的某区第一医院的主治医师的行医资格应当进行审核。② 上诉人从未要求某区卫生局对鉴定结论是否错误进行审核,而是要求其尽到对医疗事故技术鉴定程序的审核义务。某区卫生局审核的《医疗事故技术鉴定书》,遗漏了医疗行为是否违反相关规定的内容,审核程序违法显而易见。

(二) 被上诉人(原审被告)主张

原审被告在一审中认为原告诉称无依据,请求法院予以驳回,理由如下:① 被告是行政机关,无权撤销鉴定机构作出的医疗事故技术鉴定书,也没有撤销的法律依据,应当驳回原告的该诉讼请求。② 对该医疗鉴定的审核过程是依法进行的,不存在违法行为。首先,原告所称"鉴定依据的病历违法"不能成立,审查病历是否违法被告无权确定,应由司法和鉴定部门进行确认,且原告在鉴定现场陈述、申辩时,都没有对病历提出异议。其次,原告所称"被告存在干扰医学会鉴定的现象"不能成立,被告工作人员确实旁听了鉴定会的一部分内容,但并没有发言也未参加评判,更未干扰专家组的独立鉴定。最后,原告所称"被告送达程序违法"不是事实。某市医学会作出医疗事故技术鉴定书的鉴定工作分为两个阶段,2005年1月26日的鉴定是第一阶段的继续,在鉴定之前医学会已依据法定程序向原告送达了通知书,告知了时间、地点和要求等,原告在鉴定过程中没有就此提出异议,被告审核鉴定书后送达原告。③ 被告还对原告之诉提出抗辩称,原告于2006年1月27日收到鉴定书,2008年3月10日方起诉,已过两年诉讼期限,且死者的诉讼已进入民事审判程序,鉴定结论应依民事程序确定,不应依行政审判确定。

被上诉人在二审中辩称:一审判决在认定事实、适用法律、审理程序、判决内容上均无不当之处,不能撤销,二审时法院应当予以维持。根据有关规定,对参加鉴定人员资格的审核,不是指对鉴定参与人的资格审查。被上诉人只能对参加鉴定人员资格(鉴定专家的资格)、专业类别和鉴定程序进行审核,无权对作为第三人的医生的专业进行审核。事实上,主治医师有医师资格,不属于非法行医。而有关医疗行为的合法性审查的规定是对医学会作鉴定时在鉴定书中应载明内容的要求,而非对卫生行政机关鉴定审核作的规定。

(三) 被上诉人(原审第三人)主张

第三人某市医学会在一审中同意被告的答辩意见,同意撤销鉴定结论。

某市医学会在二审中作为被上诉人请求维持一审判决,辩称其为社会团体法人,作出医疗事故技术鉴定采取专家合议制。上诉人王某不服鉴定结论,按照相关规定可申请某市医学会再次鉴定,该医学会不是行政机关,亦非法律、法规或规章授权行使行政职权的组织,出具医疗事故技术鉴定书并非政府行为,不属于人民法院行政诉讼的范围。

(四) 审理结果

某区人民法院经审理认为:原告王某的诉讼主张缺乏事实及法律依据,不予支持。某区卫生局对参加鉴定人员资格、专业类别和鉴定程序进行审核的行为事实清楚,适用法律、法规正确。二审法院经审理确认一审法院认定的事实和证据,最终维持了一审判决。

三、顾问点评

(一) 本案争议焦点

本案中,各方当事人对参加鉴定人员的资格和专业类别并无争议,争议的焦点在于鉴定程序是否合法。原告王某根据以下四点理由请求确认鉴定程序违法:① 鉴定所依据的病历违法,因制作该病历的医生超出其执业类别行医。② 鉴定所依据的病历经过添加、修改。③ 某区卫生局的工作人员参加了现场鉴定及专家组评判,是干扰鉴定独立进行的表现。④ 某市医学会未在法定期限内通知其鉴定的时间、地点及要求。

关于医疗事故技术鉴定的程序,《医疗事故技术鉴定暂行办法》(以下简称《办法》)第三十三条作出了五项具体规定,同时,《医疗事故处理条例》(以下简称

《条例》第三十条规定:"专家鉴定组应当认真审查双方当事人提交的材料,听取双方当事人的陈述及答辩并进行核实。"按照上述规定,鉴定所依据的病历是否违法及是否被添加、修改并非鉴定程序本身,其应当由专家鉴定组根据具体情况作出分析判断,而非某区卫生局所需审核的范围,亦不属于行政诉讼审查的范围。

关于被告的工作人员参与鉴定程序,因《条例》及《办法》中均没有关于首次鉴定时委托单位不得参加旁听的禁止性规定,且王某提交的证据不能证明某区卫生局参加了专家组评判,故其关于某区卫生局干扰鉴定独立进行的主张缺乏事实和法律依据。

关于某市医学会的通知义务,根据《办法》第二十九条规定:"医学会应当在医疗事故技术鉴定七日前,将鉴定的时间、地点、要求等书面通知双方当事人。双方当事人应当按照通知的时间、地点、要求参加鉴定。"本案中,某市医学会虽未在规定期限内将鉴定的时间、地点、要求等书面通知王某,但王某已按时参加了鉴定会,其所享有的陈述、申辩权未受到实际影响。

(二)行政确认概述

1. 行政确认的概念及类型

本案是一起由对行政机关行政确认行为不服引发的行政诉讼。行政确认,其实在我国一直属学理概念,现行法律尚未将其正式作为一个正式的法律概念使用。

从内涵上说,行政确认是指行政机关或者法律、法规授权的组织根据行政相对人的申请,依法对某一特定的法律事实、法律资格或权利义务关系的真实性、合法性予以确定、认可和证明的具体行政行为。[①]《中华人民共和国行政复议法》第六条规定,对行政机关作出的确认土地、矿藏、水流、森林、山岭、草原、荒地、滩涂、海域等自然资源的所有权或者使用权的决定不服的可以提起行政复议,这也是首次在法律中明确提出行政确认行为。修订后的《中华人民共和国行政诉讼法》第十二条规定,对行政机关作出的关于确认土地、矿藏、水流、森林、山岭、草原、荒地、滩涂、海域等自然资源的所有权或者使用权的决定不服的,公民、法人或者其他组织可以提起行政诉讼。

从实践上看,行政确认主要表现为:① 对权利性质的确认。如工商部门对企业性质的认定,公安部门对交通事故责任的认定,医疗部门对医疗事故责任的认定等。② 对权利归属的确认。如行政机关对土地、森林、草原、水域、矿区范

---

① 杨海坤. 中国行政法基础理论[M]. 北京:中国人事出版社,2000:183.

围内的所有权和使用权、宅基地的使用权、矿产品的采矿权的确权等。③ 对权利对象的确认。通常以"鉴定"、"检验"等文字表达,如文化出版部门对淫秽录像带、图片的鉴定,科技部门对产品质量的认证等。④ 对权利等级的确认。往往涉及行政相对人处于何种法律地位、具备何种资格、享有何种权利,如对不同资质有关公司予以确认。①

2. 行政确认的特征

从概念和所属类型可以看出,行政确认的特征主要有以下三个:

一是行政确认的主体为行政主体,既包括行政机关,也包括法律、法规授权组织。

二是行政确认的内容可以是事实,也可以是公民、法人或者其他组织的权利义务关系,②方式是进行肯定性或者否定性的宣告,而非创设新的事实和法律关系。

三是行政确认是一种要式行为,一般应以书面的规范形式送达当事人。③

容易与行政确认相混淆的一个概念是行政许可,二者的主要区别在于法律后果不同:行政相对人不进行行政确认的后果是其权利可能难以得到或得不到法律保护,而不会导致违法责任的追究;而行政许可是对普遍禁止的解除,因此,在未经许可之前,从事特定活动是法律禁止的,即是违法和应受处罚的。④

3. 行政确认的可诉性

行政确认广泛存在于行政主体事前、事中和事后的各项行政活动之中,不可避免地对公民的合法权益造成一定影响,因而不论是在行政实践中还是在行政法学理论上,都将其作为一项可诉的具体行政行为。但由于大部分行政确认具有较强的专业技术性,如事故责任鉴定和检疫检验都要求专业行政机关或授权委托的组织有专业的技术和必需的设备,法院对行政确认行为的审查限于对其认定过程的合法性审查,除非具有重大明显瑕疵,法院不宜也无力进行实体性审查。

如果当事人对案件牵涉的行政确认没有争议,根据行政行为的公定力,人民法院可以直接以行政确认的事项作为裁判的依据;如果当事人对行政确认存有异议,可以直接提起行政诉讼,进入司法审查的范围。在这种情况下,法院一般

---

① 钱翠华.不可胜诉行政确认行为的处理[J].法学杂志,2000(1).
② 皮宗泰,王彦.准行政行为研究[J].行政法学研究,2004(1).
③ 陶昀.行政确认的可诉性研究[D].中国政法大学硕士学位论文,2008.
④ 韩继先.论对行政确认的司法审查[D].中国政法大学硕士学位论文,2007.

只作形式上的合法性审查,但如果当事人能够提供证据材料证明经过形式审查作出的行政确认是错误的,法院应当以事实不清、证据不足为由撤销行政确认,并责令行政机关重作。但行政确认机关可以将已经履行了法律规定的形式审查义务作为免责抗辩事由。

4. 行政确认的形式审查与实质审查

行政机关行政确认不仅存在管理范围广,而且关于行政确认的法规极其繁多,仅就法律和行政法规涉及行政确认的部分而言,主要有形式审查与实质审查之分。

其一,形式审查。审查不涉及实体内容,行政机关没有丝毫的自由裁量的权力,如登记类行政确认行为、公证类行政确认行为。

其二,实质审查。要求确认机关对确认事项进行实体内容方面的审查,行政机关有依赖专业技术进行判定的相对自由裁量权,如确认权属类行政确认行为、技术性认定行政确认行为、责任鉴定类行政确认行为、质量检验检疫类行政确认行为。

(三)总结与建议

作为一种行政管理手段,行政确认被越来越广泛地采用并发挥着重要作用,但目前法律上对行政确认的界定并不明晰,导致实践中因行政确认引发的纠纷不在少数,具体说来,主要存在以下几个问题:

1. 立法缺陷

行政确认的法规庞杂,立法者未能从立法上对行政确认行为作统一界定,且在已有立法中存在着用词随意、不统一,规定混乱,易与其他具体行政行为混淆等现象。

2. 程序缺失

行政确认涉及领域非常广,然而众多的行政确认立法中,关于程序的规定要么过于笼统,要么规定程序的规范性文件级别低,要么根本未提及,因此,关于行政确认程序的规定与行政确认这一具体行政行为对程序的严格要求并不相称。[①]

3. 制约缺乏

在目前行政确认立法中,行政确认权的监督检查无专门规定,行政确认权的行使缺乏制约。

针对这些问题,首先,要从立法上对行政确认制度作出系统规定,通过有效

---

① 石慧芬.行政确认制度研究[D].中国政法大学硕士学位论文,2005.

的规范性文件对行政确认进行"整理"和"简化";其次,对行政确认的程序作出专门规定,增加有关时限的规定;再次,在既有的立法、执法背景下,行政机关在行使行政确认权时更需要全面地把握散见于具体的法律、行政法规、规范性文件中的相关程序性规定,在某些专业性较强的行政确认领域引入并强化中介组织的作用,且中介组织应该拥有进行该项工作的技术水平和严格的内部组织机构、纪律及监督制约机制;最后,充分发挥司法作为保障正义的最后一道防线的作用,法院审理以形式审为原则,实质审为例外。

除了诉诸法院之外,依照现行规范性文件的规定,行政相对人对行政确认不服的,也可以通过申请重新认定或申请复议来使其权利得到救济。

参考文献:

1. 杨海坤.中国行政法基础理论[M].北京:中国人事出版社,2000.
2. 钱翠华.不可胜诉行政确认行为的处理[J].法学杂志,2000(1).
3. 皮宗泰,王彦.准行政行为研究[J].行政法学研究,2004(1).
4. 陶昀.行政确认的可诉性研究[D].中国政法大学硕士学位论文,2008.
5. 韩继先.论对行政确认的司法审查[D].中国政法大学硕士学位论文,2007.
6. 石慧芬.行政确认制度研究[D].中国政法大学硕士学位论文,2005.

案例 17
司法鉴定投诉怎样处理?[①]

钟　丽

一、案情简介

2013年4月,某司法鉴定中心接受某市某区人民法院的委托,对某市红十字会急诊抢救中心在对杨某的诊疗行动中是否存在过错等事项进行司法鉴定。2013年12月13日,某司法鉴定中心出具了鉴定意见书,鉴定意见为某市红十字会急诊抢救中心存在病历书写欠规范的过失,与杨某的损害后果之间无因果关系。杨某对鉴定结果不服,于2014年1月、2月就某司法鉴定中心所作的鉴定意见书向某市司法局进行投诉,某市司法局受理投诉后就投诉人反映的问题开展了调查工作,并就投诉人相关投诉出具答复意见,杨某不服上述某市司法局投诉答复这一具体行政行为,向法院提起诉讼。

二、争议处理

(一) 原告主张

某市某区人民法院在审理原告诉某市红十字会急诊抢救中心医疗纠纷一案过程中,委托某司法鉴定中心进行司法鉴定。原告诉称,某司法鉴定中心在进行鉴定工作时存在多处违法违规情形,严重损害了其合法权益。其向某市司法局投诉某司法鉴定中心的违法违规行为,某市司法局于2014年3月27日作出被诉答复。杨某对被诉答复不服,向法院起诉,请求法院支持其诉讼请求,撤销被诉答复。

(二) 被告主张

某市司法局作出的被诉答复程序合法,证据确凿,适用法律、法规正确,符合法定程序,请求驳回原告诉讼请求。

[①] 案例来源:中国裁判文书网。

（三）审理结果

某市某区人民法院一审认为：根据《全国人民代表大会常务委员会关于司法鉴定管理问题的决定》(以下简称《决定》)及《司法鉴定执业活动投诉处理办法》(以下简称《办法》)的规定，公民、法人和其他组织认为司法鉴定机构和司法鉴定人在执业活动中有违法违规情形的，可以向司法鉴定机构住所地或者司法鉴定人执业机构所在地的县级以上司法行政机关投诉，司法行政机关应当根据调查结果作出处理。据此，某市司法局作为司法行政机关对司法鉴定执业活动的投诉具有调查处理的职权。本案中，某市司法局收到杨某投诉材料后，履行了案件受理、调查等法定程序，针对投诉材料中反映的问题逐项作了答复，该答复认定事实清楚，程序合法，并无不当之处。杨某要求某市司法局撤销被诉答复的诉讼请求缺乏事实和法律依据，法院不予支持。综上，一审法院依据《最高人民法院关于执行〈中华人民共和国行政诉讼法〉若干问题的解释》第五十六条第（四）项之规定，判决驳回杨某的诉讼请求。

某市第二中级人民法院二审认为：根据《决定》及《办法》的规定，公民、法人和其他组织认为司法鉴定机构和司法鉴定人在执业活动中有违法违规情形的，可以向司法鉴定机构住所地或者司法鉴定人执业机构所在地的县级以上司法行政机关投诉，司法行政机关应当根据调查结果作出处理。据此，某市司法局作为司法行政机关对司法鉴定执业活动的投诉具有调查处理的职权。

本案中，某市司法局就杨某的投诉事项，依照法定程序予以受理，并履行了法定的调查程序。关于杨某投诉某司法鉴定中心鉴定人在听证会前与对方当事人存在不正当接触的问题以及多处违规情形严重损害患者合法权益的问题，某市司法局经调查，告知杨某该局未发现双方不正当接触的证据，亦未发现某司法鉴定中心或鉴定人在听证会记录环节中存在违法违规问题，并无不当行为。关于杨某反映的鉴定书在多个核心环节对患者关键证据和陈述作了删除，最终导致鉴定意见严重有失公正、违法等问题，某市司法局认为鉴定人对鉴定材料和相关事实的认定、取舍及使用属于鉴定人的鉴定工作，杨某的该项投诉属对鉴定意见有异议，据此，某市司法局根据相关法律规定，建议杨某通过申请鉴定人出庭作证、法庭庭审或者委托其他鉴定机构进行重新鉴定等途径解决，符合法律规定。关于杨某投诉鉴定超过法定期限问题，某市司法局经调查核实，委托法院与某司法鉴定中心签订的司法鉴定协议书上，双方约定鉴定时限为十二个月，从此次鉴定的受理时间2013年4月12日至出具鉴定书的日期2013年12月13日，并未超过十二个月，据此答复杨某该局不能认定鉴定中心存在超过法定期限问题，并无不当。关于杨某投诉某司法鉴定中心违反《某市司法鉴定业协会关于办理医疗过失司法鉴定案件的若干意见》的问题,某市司法局组织某市司法鉴定业协会的专家进行了论证,并依据该论证意见认定鉴定中心未违反某市司法鉴定业协会的规范,未发现鉴定中心及鉴定人存在违反《司法鉴定程序通则》第四条、第二十三条的问题。

综上,某市司法局收到杨某投诉材料后,履行了案件受理、调查等法定程序,针对投诉材料中反映的问题逐项作了答复,该答复认定事实清楚,程序合法,并无不当之处。关于杨某上诉认为某市某区人民法院与某司法鉴定中心的《司法鉴定协议》不具备法律效力的主张,因该项主张并非杨某向某市司法局的投诉内容,故不属本案审查范围,对该项主张法院不予支持。杨某上诉称某司法鉴定中心在一审诉讼中未答复杨某对鉴定提出的咨询属违法的主张,不属本案对某市司法局作出的被诉答复合法性审查的范围,对杨某的该项请求,法院不予支持,杨某可在庭外就相关问题向某司法鉴定中心进行咨询。依照《中华人民共和国行政诉讼法》第六十一条第(一)项的规定,驳回上诉,维持一审判决。

三、顾问点评

(一)本案争议焦点

本案的争议焦点问题主要是某市司法局所作投诉处理答复认定事实是否清楚,是否依照法定职权、法定程序作出投诉处理答复,以及某司法鉴定中心及鉴定人是否具有鉴定资质、鉴定程序是否合法。

(二)司法鉴定执业活动投诉处理法律规制

2005年10月1日起施行的《决定》是我国第一部规范司法鉴定管理体制和司法鉴定活动秩序的法律规定。司法部根据该《决定》同年制定公布了《司法鉴定机构登记管理办法》(〔2005〕司法部令第95号),随后《司法鉴定人登记管理办法》(〔2005〕司法部令第96号)、《司法鉴定程序通则》(〔2007〕司法部令第107号)等管理规定陆续出台,其中尤为值得关注的是2010年6月1日起施行的《办法》,该《办法》适用于投诉人对经司法行政机关审核登记的司法鉴定机构和司法鉴定人执业活动进行投诉,以及司法行政机关开展投诉处理工作;同时,确立了司法鉴定投诉处理工作分级受理、依法查处、处罚与教育相结合的原则,对投诉受理、投诉调查、调查处理和投诉监督等工作程序作出了具体规定。该《办法》的颁布施行,对于规范司法鉴定执业活动及司法鉴定执业活动投诉处理工作,加强对司法鉴定执业活动的管理和监督,促进司法鉴定事业依法有序健康发展,具有重要意义。

（三）总结与建议

司法鉴定结论是法定的证据种类之一，因其具有事实指向价值、证明价值而在司法活动中至关重要，甚至可以说司法鉴定结论在民事诉讼中发挥着其他证据所不能替代的重要作用。随着科学技术的发展，司法鉴定的范围更大、对象更多，司法鉴定结论证据的地位越来越突出，司法鉴定结论是否合法、客观、公正直接关系到诉讼中案件事实的认定，关系到当事人切身利益的实现，关系到个案司法公正的实现。因此，当事人因对其不利的鉴定结论被采信而导致败诉后，往往从维护自身权益角度出发，向司法行政机关进行投诉，这类因不服鉴定结论而投诉鉴定机构、鉴定人的案件日益增多，从而引致司法鉴定行政管理诉讼案件逐年增加。法律顾问就如何进一步完善、规范司法鉴定执业投诉处理工作，特提出以下建议：

1. 规范投诉受理工作

司法行政机关要秉持以人为本、服务大众的原则，主动向社会公布投诉受理范围，投诉处理机构的投诉电话、通讯地址、投诉处理程序等事项，充分保障和维护投诉人和被投诉人的合法权益。依法严格审查投诉事项和投诉材料，做好投诉登记工作，规范填写《司法鉴定执业活动投诉登记表》，建立投诉处理档案。对于投诉人提供的信息不齐全或无相关证明材料的，应当以书面形式告知投诉人补充。严格依法认定受理情形和不予受理情形，司法行政机关应当在收到投诉材料七日内，作出是否受理的决定，并书面告知投诉人，情况复杂应依法定程序延长，并将延长理由告知投诉人。

2. 规范投诉调查工作

司法行政机关务必强化程序意识，强化期间、期限意识，做好证据收集和固定。司法行政机关受理投诉后，应当依法进行全面、公正、客观的调查。调查工作可以采取要求被投诉人说明情况、提交有关材料，可以采取调阅被投诉人有关业务案卷和档案材料，可以采取向有关单位、个人核实情况、收集证据，可以听取有关部门的意见和建议等方式。应严格规范调查的法定程序，调查应当由两名以上工作人员进行，并制作笔录。调查笔录应当由被调查人签名或者盖章，及时归入案卷。

3. 及时作出答复

司法行政机关应在法定期限内办结投诉事项，及时向投诉人作出投诉处理答复，书面答复应有规范的文号，答复应当依据合法（包括事实依据、法律依据），内容完整，回答充分，打印清晰，校对认真。包括对投诉事项的逐条回复、对违法违规执业行为的处理、投诉人寻求救济的途径和方法（告知可以提起行政复议、案例 17 司法鉴定投诉怎样处理？

行政诉讼的权利、期间,不在本机关处理范围的可以向其他机关投诉处理的途径和方法等)。

4. 送达和延期

司法行政机关应按时向投诉人送达投诉处理相关文书,保留好送达答复文书的证据原件。对于需要延长投诉处理期限的,应当书面告知投诉人延长期限的事由。

5. 案卷归档

每一件投诉案件均应当有专人负责处理,严格程序审查答复文书,做好法律文书的备案和编号,所有案件材料都应当及时入卷归档,以便查阅和应诉。

各级司法行政机关应当对每一个投诉个案进行总结,加强调查研究,及时总结投诉处理经验和教训,正确解读相关法律、法规和规范性文件,认真查阅相关案例、文章,特别要听取复议机关、人民法院行政审判庭工作人员关于类似问题的分析意见和建议。从教训中提炼出可以复制的答复经验,建立长效机制,并从规范司法鉴定执业机构及司法鉴定人管理监督角度出发,不断细化、完善管理制度,研究各种业务监督的格式文本,争取从源头上预防和减少司法鉴定投诉、行政复议、行政诉讼案件的发生。

案例 18
纳税告知行为理由成立吗?[①]

徐长明

一、案情简介

某公司为一家大型跨国公司,其境外母公司曾为某公司境内全资子公司和某银行之间的 5 000 万美元借贷提供连带责任担保;2012 年,某公司将其在中国大陆的全资子公司的股权全部转让给某集团,并且要求某集团承诺,未来不会因为该子公司不能偿债而被某银行要求承担担保责任;某集团支付某公司境外母公司股权转让价款后,某集团的关联公司代某公司境内子公司偿还了该 5 000 万美元借款本息,某公司境外母公司的担保责任解除。2012 年底,某县国税局向某公司发出〔2012〕2 号《税务事项通知书》要求其补交股权转让收入即该 5 000 万美元本息的预提所得税。某公司就该《税务事项通知书》向该市国税局提起行政复议,要求撤销该行政行为。具体股权交易过程见下图:

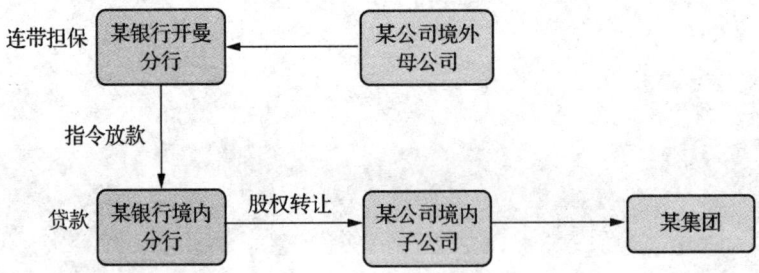

二、争议处理

(一) 申请人主张

第一,被申请人不是适格的征税主管机关,对本案所涉的征税行为没有管辖权。本案涉案股权转让交易双方均为非居民企业,且对价是以受让方某公司的

---

① 案例来源:中国裁判文书网。

母公司向申请人定向增发境外上市公司股票的方式在境外支付。涉案股权转让交易的主管税务机关应为被转让股权的境内企业,即某公司境内子公司的主管税务机关。被申请人不是适格的征税主管机关,对本案所涉的征税行为没有管辖权。

第二,某公司转让其子公司100%股权的对价为人民币5.5亿元,而申请人的股权成本价为5.5亿元。按照《国家税务总局关于加强非居民企业股权转让所得企业所得税管理的通知》(国税函〔2009〕698号)第三条规定:"股权转让所得是指股权转让价减除股权成本价后的差额。"申请人在本次股权转让交易中股权转让价等于股权成本价,无股权转让所得。申请人作为一家非居民企业在本案所涉股权转让交易中,除了合同价款约定的5.5亿元人民币外,从未以任何方式直接或间接地收取或取得过任何形式的收入。认定价款或价外费用的前提是非居民企业从支付人处取得的收入,被申请人将某集团提供给其子公司用以偿还其银行贷款的资金认定为申请人所取得的价外费用,是完全错误、毫无依据的。申请人在本案所涉股权转让交易中无股权转让所得,不应征税。

即使按照被申请人的逻辑认定申请人应当缴纳企业所得税,国税函〔2009〕698号文件明确规定,非居民企业的自行纳税义务是在"扣缴义务人未依法扣缴或者无法履行扣缴义务"的情况下才产生的。此次股权转让交易中某集团从未以任何形式向申请人支付过任何款项,某集团的关联公司也不是此次股权转让交易的支付方,被申请人认定某集团的关联公司为扣缴义务人没有法律依据。

综上,被申请人作出的某国税通〔2012〕2号《税务事项通知书》缺乏事实依据,违反法定程序,超越被告的管辖权,某国税通〔2012〕2号《税务事项通知书》及被申请人的相关税收征收行为应予以撤销。

(二)被申请人主张

第一,被申请人国税局认为买方集团履行消除反担保义务所支付的5 000万美元本息是买方集团基于股权购买实施的一项支付行为,此项支付构成本次股权转让收入的交易对价,属于为实现合同目的支付的价外费用。

被申请人国税局辩称,2012年5月3日,某公司及其母公司与某集团及其母公司签署某公司境内子公司100%股权转让协议和关于某集团母公司发行3亿股股份的认购协议,协议主要条款约定:① 股权的购买价格为5.5亿元人民币;② 买方及买方保证人应采取所有适当措施,以使卖方保证人(某公司境外母公司)在不迟于交割后三个月内妥善地免除和解除为某公司子公司取得某银行上海分行贷款本息5 000万美元而提供的担保。被申请人在税务调查中发现,某公司子公司与另一家某同类企业均位于同一个县,都使用新型干法熟料生产线,产能相同。两家企业的股权买方为同一控制下的母子公司且股权转让时间非常接近,但是某公司的子公司的股权转让价格却远低于某同类企业的股权转让价格。同时发现,在不到四个月的时间内,某公司的子公司向某银行上海分行贷款共计5 000万美元。被申请人认为买方集团履行消除反担保义务所支付的5 000万美元是买方集团基于股权购买实施的一项支付行为,此项支付构成本次股权转让收入的交易对价,属于为实现合同目的支付的价外费用。依据《中华人民共和国企业所得税法》(以下简称《企业所得税法》)第十九条规定,非居民企业转让财产所得,以收入全额减除财产净值后的余额为应纳税所得额。收入全额,是指非居民企业向支付人收取的全部价款和价外费用。

第二,申请人股权转让收入为某公司子公司的股权对价支付价格5.5亿元与某集团子公司偿还5 000万美元贷款本息金额的合计数,申请人转让股权中存在来源于中国境内的所得,在此次股权转让中负有纳税义务,但是申请人未向税务机关申报缴纳税款。

依据《企业所得税法》第三十七条规定,对非居民企业所得应缴纳的所得税,实行源泉扣缴,以支付人为扣缴义务人。而某集团的关联公司在2012年9月7日至9月26日分6次将5 000万美元贷款本息转入某公司的子公司,某公司的子公司用该笔资金偿还了股权转让协议中提及的2012年4月27日贷款确认函下的贷款本金及利息,为此次股权转让的支付人。

第三,由于申请人未主动向税务机关进行纳税申报,税务机关即采用源泉扣缴的方式进行税收征收。某集团作为扣缴义务人委托其关联公司代为支付代扣代缴税款,被申请人作为某集团关联公司的主管税务机关,有权向某集团关联公司及某公司作出税务事项通知。

综上,某国税通〔2012〕2号《税务事项通知书》作出的纳税告知行为没有超越职权,征税行为认定事实清楚,适用法律、法规正确,请求维持某国税通〔2012〕2号《税务事项通知书》。

(三) 审理结果

复议机关认为,根据《企业所得税法》第三条第三款规定,非居民企业在中国境内未设立机构、场所的,或者虽设立机构、场所但取得的所得与其所设机构、场所没有实际联系的,应当就其来源于中国境内的所得缴纳企业所得税。买方集团在收购某公司的子公司前并不对其向某银行上海分行的贷款承担任何责任,但是为了获得其股权,某集团与某公司签订了以免除和解除某公司担保义务为条件的股权转让协议,该约定属附条件的民事法律行为。被申请人认定某集团的关联公司用于消除担保义务而支付的5 000万美元本息原为实现合同目的而支付的价外费用并无不当。依据国税函〔2009〕698号文件之规定,股权转让所得是指股权转让价减除股权成本价后的差额,申请人在此次股权转让交易中存在股权转让所得,申请人称无股权转让所得的主张,不予支持。

由于申请人未主动向税务机关进行纳税申报,税务机关即采用源泉扣缴的方式进行税务征收。某集团作为扣缴义务人委托其关联公司代为支付代扣代缴税款,被申请人作为某集团关联公司的主管税务机关,有权向某集团关联公司及某公司作出税务事项通知。

综上,被申请人对申请人某公司作出的某国税通〔2012〕2号《税务事项通知书》及相关征税行为,认定事实清楚,证据充分,适用法律准确。维持被申请人于2012年10月24日对申请人作出的某国税通〔2012〕2号《税务事项通知书》。

三、顾问点评

(一) 本案争议焦点

为免除某公司境外母公司的担保责任,某集团的关联公司代某公司的子公司(被收购企业)偿还该担保的5000万美元本息的金额是否可以确认为本次股权转让收入成为本案争议的焦点。

(二) 股权转让收入的确定

股权是股东因对公司出资而取得的,以法定或公司章程规定的规则和程序参与公司事务并在公司中享受财产利益的、具有转让性的权利。[1] 股权转让是指公司股东依法将自己的股份让渡给他人,使他人成为公司股东的民事法律行为。

根据《企业所得税法》第二十一条的规定,在计算应纳税所得额时,企业财务、会计处理办法与税收法律、行政法规的规定不一致的,应当依照税收法律、行政法规的规定计算。

根据《企业所得税法》第十九条的规定,非居民企业取得本法第三条第三款规定的所得,按照下列方法计算其应纳税所得额:转让财产所得,以收入全额减除财产净值后的余额为应纳税所得额。

根据《中华人民共和国企业所得税法实施条例》(以下简称《实施条例》)第九条的规定,企业应纳税所得额的计算,以权责发生制为原则,属于当期的收入和费用,不论款项是否收付,均作为当期的收入和费用;不属于当期的收入和费用,即使款项已经在当期收付,均不作为当期的收入和费用。

---

[1] 赵旭东.新公司法讲义[M].北京:人民法院出版社,2005:1.

根据《实施条例》第一百零三条第二款的规定,企业所得税法第十九条所称的收入全额是指非居民企业向支付人收取的全部价款和价外费用。

《实施条例》立法起草小组在其编写的《中华人民共和国企业所得税法实施条例释义及适用指南》中明确规定,价款是指合同约定的价格金额,价外费用是指除了合同约定的价款外,为了实现合同约定的目的而发生的其他费用。非居民企业从支付人取得的收入,不论是何种理由或者目的,也不论是价内或者价外收取的,凡与合同事项相关的收入,均应并入所得进行纳税。

本案中,担保责任的解除是否属于股权转让收入?如果是股权转让收入,又如何进行货币计量?无论从法律的角度还是会计处理的角度,某公司需要承担的担保责任的数额绝对不是简单地与被担保的债权数额画上等号。

（三）担保责任及其免除情形

民法上设定的有效担保是保障合法债权实现的重要法律手段,公平原则下最大程度上使债权人利益得到保护和实现,是担保制度设立的目的和担保设定所追求的目标。① 担保合同为从合同或协议,其随主合同的产生、变更、消灭而变化,故担保合同的成立和有效,均应以主合同之存在为原则和前提。② 担保责任的免除有以下三种情形：

第一,担保期限届满,债权人未主张权利。以保证为例,《中华人民共和国担保法》(以下简《担保法》)第二十六条第二款规定："在合同约定的保证期间和前款规定的保证期间,债权人未要求保证人承担保证责任的,保证人免除保证责任。"

第二,主债权消灭,担保的债权已被偿还。主债务人自行如期如数履行了债务,即在保证期限内,被担保人已经偿还债务,担保人的责任当然免除。

第三,许可转让债务或变更合同内容,未经担保人同意的。以保证为例,《担保法》第二十三条规定："保证期间,债权人许可债务人转让债务的,应当取得保证人书面同意,保证人对未经其同意转让的债务,不再承担保证责任。"

本案属于担保责任免除的第二种情形,某集团直接代偿了该笔5 000万美元的贷款,导致某公司担保责任的免除。

（四）担保责任免除的金额是否属于股权转让收入

本案行政复议机关认为,除了合同约定的价款外,为了实现合同约定的目的而发生的其他费用,如担保责任的免除应构成股权价值的一部分,应并入所得进

---

① 陈君. 担保责任与赔偿责任浅析[J]. 北京律师,2000(3).
② 史尚宽. 物权法论[M]. 北京：中国政法大学出版社,2000：225.

行纳税。

笔者认为,担保责任作为一种"或有债务",担保责任免除的金额并不必然构成股权转让所得的价外费用。

债务分为两类:一类是一般债务,另一类是或有债务。一般债务的计税基础是其账面价值,或有债务的计税基础多数情况下是零,只有或有债务必然演变为一般债务的情况下计税基础才是其所担保债权的账面价值。在多数情况下,担保合同仅具备效力上的法律意义,其并不必然产生实质上的经济效果,此时,从行为所致的经济效果上难以对担保合同进行课税。只有在主合同债务人不履行或不完全履行的情况下,担保合同的内容才具备现实可能性,其经济效果即应运而生,税法之评价亦水到渠成。

复议机关将本案的"或有债务"视同为"一般债务"的做法显然是错误的。本案中股权受让方某集团的子公司在股权转让行为完成后为某公司的子公司债务的代偿行为,从债法的角度分析,这两家公司因代偿行为产生一个新的债权债务关系,某集团的子公司随时可以向某公司的子公司追索这5 000万美元;而从会计的角度看,这5 000万美元系某公司的子公司欠某集团的子公司的一笔其他应付款。

本案的核心在于判断谁因代偿行为真实受益、受益多少?或者说某公司的母公司需承担该5 000万美元担保责任的概率或比例到底有多大?

虽然我们已无法探究本案股权交易双方在缔约时的真实想法,但双方在协商交易价格时,不可能没有考虑这笔或有债务对交易价格的影响。在某公司境外母公司承担连带责任担保的情况下,只有被担保人某公司境内子公司在约定或法定的债务履行期内不履行、不完全履行的情况下,担保人某公司境外母公司才需承担担保责任。

担保人的担保责任在会计学上是一种"或有负债",而担保人是否承担担保责任应当取决于被担保人的履行能力。我们可以将被担保人的履行能力分为完全有能力、完全无能力、有部分能力三种情形进行探讨:

第一,如果双方交易时,某公司境内子公司的资产完全能够偿债,那么即使某公司的原母公司先承担了连带责任,也可以向某公司境内子公司进行全额追偿。该债务的实际承担人还是某公司的境内子公司,某集团代偿行为的真实受益人是某公司的境内子公司。因此,某公司的母公司需承担该5 000万美元担保责任的概率为零。

第二,如果双方交易时,某公司的境内子公司已经完全没有资产可以偿债,则其全部债务由承担连带责任的某公司的境外母公司代偿,该5 000万美元的担保责任就成了某公司境外母公司的真实的一般债务,如果此时购买方代为偿债,某公司的境外母公司就是实际受益人。此时,某公司的境外母公司需承担该5 000万美元担保责任的概率为100％。

第三,如果双方交易时,某公司的境内子公司仍有部分资产可以偿债,则其中应由某公司境外母公司承担连带责任的那一部分是其真实的一般债务,如果此时购买方代为偿债,对承担连带责任的部分,某公司的原母公司的担保责任免除,是实际受益人。此时,某公司的境外母公司需承担该5 000万美元担保责任的概率大于零,小于100％。

本案中,股权转让价款以被转让公司的净资产5.5亿元人民币计价,即使贷款逾期,某公司的境外母公司一般情况下也不太可能实际承担100％的代偿责任。因此,我们只有正确判断谁是本案代偿行为的真正受益人及正确评估出真正受益的金额大小,将该部分金额记入股权转让价格并按照我国相关的税法规定进行纳税。

（五）总结与建议

非居民企业转让境内居民企业权益性投资是国家税务总局自2011年以来国际税收管理的重点工作之一。税务部门之间以及税务部门与非居民企业之间产生的纳税争议,将直接影响到非居民企业纳税人对我国税制的信心。本案中的税务机关在没有就担保责任这种"或有债务"概率作出评估的情况下,武断地进行纳税调增是不能以法服人的。虽然该笔税款已解缴入库,但该案留给我们的启示更为深远,无论是非居民企业间、居民企业间或非居民企业与居民企业间的股权转让所涉及的担保责任这种"或有债务"的税收问题,我国尚无立法,甚至连规范性文件也尚未出台,而担保现象在几乎所有规模以上企业中都是普遍存在的。税务行政案件中涉及的民法问题值得我国税务机关认真考量,"或有负债"绝不能简单地等同于一般债务看待,因此,我们一方面呼吁国家尽快立法,另一方面呼吁今后税务机关在作出行政行为时要深入细致地进行法理分析,适时作出正确的税务行政行为,才能既不影响纳税人对我国税制的信心,又有效地减少我国税收利益的流失。

参考文献：

1. 杨小强,叶金育.合同的税法考量[M].济南:山东人民出版社,2007.
2. 宋兴义.中国非居民企业转让股权的企业所得税处理[J].中国证券期货,2011(12).
3. 陈君.担保责任与赔偿责任浅析[J].北京律师,2000(3).

4. 夏辉. 股权转让交易涉及的企业所得税问题研究[D]. 上海社会科学院硕士学位论文,2012.
5. 北京市通州区国税局重点调研课题小组. 非居民企业股权转让税收征管中存在的问题及对策[R]. 北京市通州区税务学会,2012-8-10.

案例 19
国税局答复企业退税有错吗？[1]

钟　丽　王小维

一、案情简介

原审原告、二审被上诉人某市某投资管理公司（以下简称某公司）系某市火车站前地下人防工程的投资开发人。其中人防工程的产权属于国家，并于2008年12月28日开始营业，原告于当年与租赁户签订了603份名为商铺经营使用权转让合同，并一次性收取了租金。在缴纳税款时，某公司当时按照不动产销售这一税目缴纳所得税，在2009年1月一次性缴纳企业所得税1.93亿元。后来某公司提出退税申请，认为应当按照租金收入进行缴税，根据《中华人民共和国企业所得税法实施条例》（以下简称《实施条例》）第九条规定的收入与费用配比原则，出租人可以在租赁期内对上述已确认的收入分期均匀计入相关年度收入。2012年12月7日，原审被告、二审上诉人某市某区国税局（以下简称某区国税局）认为某公司退税申请的依据是《国家税务总局关于贯彻落实企业所得税法若干税收问题的通知》（国税函〔2010〕79号）（以下简称《通知》），该《通知》发布和执行于2010年2月22日，根据《中华人民共和国立法法》（以下简称《立法法》）第八十四条的规定，法律不溯及既往。某公司的纳税行为发生于2009年1月，企业在该《通知》发布前所发生的涉税事项和行为应按照当时的税收法律、法规执行，故作出某公司申请的退税事项不符合税收政策规定的答复。某公司于2012年12月19日向某市国家国税局申请行政复议。复议机关维持了上述答复。某公司不服，诉至某市中级人民法院，该案经某省高级人民法院二审，现已审理终结。

---

[1] 案例来源：北大法宝司法案例。

二、争议处理

（一）上诉人（原审被告）主张

某区国税局在一审中辩称：原告所缴纳的1.93亿企业所得税是符合《中华人民共和国企业所得税法》（以下简称《企业所得税法》）及《实施条例》规定的，其征收税款的行为无合法性瑕疵，且原告不属应予退税的情形。《实施条例》第九条仅规定了"权责发生制原则"，而配比原则是在2010年2月22日国家税务总局下发的《通知》中首次予以规定的，根据法不溯及既往的原则，某公司主张其2008年度纳税应适用该《通知》是错误的。同时主张其采取的纳税计算方式并未给原告增加税负。故请求法院依法驳回原告的诉讼请求。

上诉人在二审中上诉称一审判决认定事实不清，适用法律错误，请求依法撤销原判，驳回被上诉人的诉讼请求。

（二）被上诉人（原审原告）主张

某公司在一审中诉称：企业所得税是以一个自然年度为纳税会计期间，是针对企业应纳税所得额征收的一项税收。根据《企业所得税法》第五条规定："企业每一纳税年度的收入总额，减除不征税收入、免税收入、各项扣除以及允许弥补的以前年度亏损后的余额，为应纳税所得额。"而当年的应纳税所得额的计算则按照《实施条例》第九条规定："企业应纳税所得额的计算，以权责发生制为原则，属于当期的收入和费用，不论款项是否收付，均作为当期的收入和费用；不属于当期的收入和费用，即使款项已经在当期收付，均不作为当期的收入和费用。本条例和国务院财政、税务主管部门另有规定的除外。"该规定确立了收入与费用应相匹配的原则。国家税务总局出具的《通知》对这一原则再度强调："根据《实施条例》第十九条的规定，企业提供固定资产、包装物或者其他有形资产的使用权取得的租金收入，应按交易合同或协议规定的承租人应付租金日期确定收入的实现。其中，如果交易合同或协议中规定的期限跨年度的，且租金提前一次性支付的，根据《实施条例》第九条规定的收入与费用配比原则，出租人可对上述已确定的收入，在租赁期内，分期均匀计入相关年度收入。"综合上述规定，原告与603名商户签订的跨年度（四十年）期限合同在租金提前一次性支付时，应在该四十年租赁（使用）期内，将租金收入分期即分四十年均匀计入相关年度收入。

被上诉人在二审答辩中坚持一审时的主张，认为原判认定事实清楚，适用法律正确，请求依法驳回上诉，维持原判。

（三）审理结果

一审法院经审理认为，某公司与商户之间签订的合同在性质上属于租赁合同，故该项收入为租金收入。根据《实施条例》和《通知》的规定，对租金收入缴税时应遵循配比原则。而原告按照销售建筑物一次性缴纳税款就无法扣除以后相应年度应当扣除的必要支出，存在多缴税款的事实，故撤销了某区国税局所作答复，责令其在判决生效之日起三十日内针对某公司的退税申请重新作出具体行政行为。

二审法院经审理认为，涉案合同的性质根据合同的形式、内容、当事人意思表示等多方面综合考量后应认定为财产转让合同，一审法院对此认定有误，应予以纠正。在涉案税款的法律适用问题上，上诉人在未作任何事实认定的情况下就作出退税事项不符合税收政策规定的答复，明显认定事实不清，适用法律错误，应予以撤销。综上，二审法院最终驳回了上诉人的上诉请求，维持了一审法院的判决结果。

三、顾问点评

（一）本案争议焦点

从本案诉辩双方在一审、二审法院的主张来看，本案的争议焦点主要为：一是某公司与租赁户所签订的合同是租赁合同还是财产转让合同；二是某公司在2009年缴纳的税款是否适用《实施条例》与《通知》所确定的配比原则。

1. 涉案合同性质认定

二审法院在审理中指出，认定涉案合同性质要从合同的形式、内容、当事人意思表示等多方面综合考量。

首先，从名称上看，涉案合同名为某市某商铺经营使用权转让合同。从内容上看，涉案合同转让的标的是四十年商铺的经营使用权，而不是商铺，该权利是一种复合型的财产权利，其不仅仅是四十年商铺的使用权，更重要的是在某市某商场内四十年商铺的经营权，并且该财产权利是某公司投资建设国家人防工程置换所得，并非是租赁取得，政府允许其出租或转让；合同约定了商铺经营使用权转让金总额，这是合同价款；合同价款的支付方式是首付转让款总额的30%，剩余部分可以向银行按揭贷款；合同还约定了受让人对商铺经营使用权的处分权，在使用期内可以转让或出租等。从合同双方约定的合同名称、合同价款、付款方式、权利期限、权利处分方式以及有关经营权的内容来看，属于财产权利让渡合同。

其次，《中华人民共和国合同法》第二百一十三条、第二百一十四条规定了租

赁合同内容包括租赁物的名称、用途、租赁期限、租金及其支付期限和方式、租赁物的维修等条款,租赁期限不得超过二十年等,涉案合同没有约定租赁物的名称、租赁期限、租金及其支付期限和方式等内容,转让的权利期限超过了二十年,这些均不符合法律规定的租赁合同特征。综上,应当认定涉案合同性质为财产转让合同。

2. 涉案税款的法律适用问题

在这一问题上,一审法院和某公司都以涉案税款性质上属于租金收入为由,认为应当适用配比原则,不应当一次性缴纳;某区国税局则依据法不溯及既往原则,认为在缴税行为发生之后确定的配比原则不适用于该案。而二审法院对上述主张都未予采纳,认为涉案税款并非租金收入,但某区国税局在没有对涉案税款性质进行认定的情况下就作出退税申请不符合税收相关政策法律规定的答复,属于事实认定不清,适用法律错误,并以此为由维持了一审的判决结果。关于法律溯及力的问题,下文再作展开分析。

(二)配比原则的适用问题

1. 配比原则的概念和作用

在生产经营活动中,只有收益大于费用时才可获得经营成果,而配比原则正是将某个会计期间特定会计主体的收入与其相关的成本和费用进行匹配,以正确计算出该会计主体所获得的净损益。配比原则有三个方面的含义:一是某产品的收入必须与该产品的耗费相匹配;二是某会计期间的收入必须与该期间的耗费相匹配;三是某部门的收入必须与该部门的耗费相匹配。[①]

适用配比原则有以下作用:第一,可以正确区分有因果关系的直接成本费用和没有直接联系的间接成本费用;第二,在会计实务中运用配比原则是进行会计确认、会计计量和报告的基础,可以使会计信息的相关性、可比性和可理解性在质量要求上更加强而有力;第三,在税收政策中,配比原则的重要性体现在一些法规中规定的对相关成本费用应在税前扣除的准则中。[②]

2. 配比原则的具体运用

配比一般有因果配比(对象配比)与时间配比(期间配比)两种方式。前者是指企业实现的收入应当与其发生的相关费用(如垫付的资金、投入的人财物等)合理配比,后者是指将同一期间内的收入与相应成本、费用相配比。

具体到不同的业务,配比原则的运用也会存在一定的差异。比如,在销售商

[①] 周煜,周振乾. 配比原则在企业会计核算实务中的应用[J]. 中国乡镇企业会计,2012(2).
[②] 夏婷. 会计实务与税收政策中的配比原则分析[J]. 中国外资(下半月),2013(1).

品业务中,根据收入确认的条件确认收入的金额,根据已销商品归集的相关费用结算成本,以达到收入与成本费用的配比;在涉及让渡资产使用权的业务中,收入主要包括利息收入和使用费收入,支出主要包括吸收存款的利息费用支出和归属于让渡使用权所发生的成本费用,与本期收入有关的未来费用,应当在本期内预提,对于一切预支款项的成本费用,要递延到有关的收入取得时,才能记录列式,以达到配比的目的;在投资收益中,投资收益是指企业一定会计期间进行投资所获得的实际经济回报,应当将此收入与发生的相关成本费用进行匹配,以正确计算企业当期利润。①

3. 配比原则与权责发生制

在本案中,上诉人在其上诉意见中提到了"权责发生制"的概念,权责发生制也称应计制原则或应计基础,是指以应收应付为标准来确认本期收入和费用的一种会计处理基础。按照权责发生制的要求,凡是应属本期的收入,不论款项是否已经实际收到,都作为本期收入处理;凡是不应归属于本期的收入,即使款项已经实际收到,也不作为本期收入处理;凡是本期应负担的费用,不论款项是否实际支付,都作为本期费用处理;凡是不属于本期负担的费用,即使款项已经实际支付,也不作为本期费用处理。换言之,权责发生制实际上是以收款权利是否在本期取得、付款的责任是否在本期发生作为确认本期收入和费用的标准。②

而从上文可知,配比原则是指某项营业收入已经在某一会计期间确认时,所有与赚取营业收入有关的成本均应在同一会计期间转为费用,以便与营业收入配合而正确地计算损益。配比原则和权责发生制都是会计核算的一般原则,二者的关系是:配比原则是权责发生制的具体体现之一,权责发生制是配比原则的基础和目的。③ 但二者的差异也是明显的,权责发生制只是分别规定了收入与费用的确认时间,并不一定能保证收入与费用在确认时间上的一致性和配比性,因而要按配比原则的要求对收入与费用的归属期进行辨别。④

4. 对本案的思考

本案中,不同主体对于涉案税款是否适用配比原则产生了分歧,但否认适用的理由在于法不溯及既往原则以及涉案收入的性质为财产转让收入而非租金收

---

① 周圳. 配比原则在会计核算中的应用[J]. 商业会计,2010(18).
② 汤湘希,张琦. 权责发生制与配比原则在会计实务中的正确运用[J]. 财会通讯:综合版,2005(1).
③ 傅友忠. 再论权责发生制和配比原则的关系[J]. 会计研究,1991(5).
④ 丁时勇. 贯彻配比原则中应处理好的几个关系[J]. 渝州大学学报:社会科学版,1994(4).

入。财产转让收入是指纳税人有偿转让各类财产取得的收入,包括转让固定资产、有价证券以及其他财产而取得的收入,而租赁收入是指纳税人对外出租固定资产、包装物以及其他财产而取得的收入。[①] 如果是财产转让收入,无论是以货币形式还是非货币形式体现,除另有规定外,均应一次性计入确认收入的年度计算缴纳企业所得税;如果是租金收入,则根据配比原则将一次性的租金收入按期分摊到各个受益期间内计入。

(三) 法的溯及力问题

1. 法不溯及既往的一般原则

法的溯及力不外乎溯及既往与不溯及既往两种形式,它所要解决的问题是:新法可否适用于其生效以前发生或正在发生的事件和行为,并对这些事件和行为在法律上的效果发生面向过去和未来的影响。出于法的安定性和保障人民信赖的利益考虑,早在1804年《法国民法典》就将古罗马法律格言——"法律仅仅适用于将来,没有溯及力"规定其中。现在,法不溯及既往已成为各国普遍接受的一项基本法律原则。简言之,新法不得适用于其施行前已经终结的实施行为和法律关系。

法不溯及既往原则并非绝对的。以我国立法为例,2015年修订的《立法法》采取了"从旧兼有利"原则,该法第九十三条规定:"法律、行政法规、地方性法规、自治条例和单行条例、规章不溯及既往,但为了更好地保护公民、法人和其他组织的权利和利益而作的特别规定除外。"《中华人民共和国刑法》(以下简称《刑法》)则采取了"从旧兼从轻"原则,该法第十二条第一款规定:"中华人民共和国成立以后本法施行以前的行为,如果当时的法律不认为是犯罪的,适用当时的法律;如果当时的法律认为是犯罪的,依照本法总则第四章第八节的规定应当追诉的,按照当时的法律追究刑事责任。但是如果本法不认为是犯罪或者处刑较轻的,适用本法。"关于司法解释的溯及力问题,自新中国成立以来,我国的司法解释一直都具有溯及效力;如果以制定法为解释对象,一般与被解释法律同步发生效力。[②]

2. 税法中的溯及既往

从整个税法来看,主要的法律文件还是遵循"从旧原则",但也有数量较大的法律文件在形式上具有溯及既往的效力,其表现形式有三种[③]:一是该法律文件

---

① 凌武生. 财产转让和租赁收入的检查方法[J]. 中国税务, 2005(11).
② 杨登峰. 民事、行政司法解释的溯及力[J]. 法学研究, 2007(2).
③ 翟继光. 论税法中的溯及既往原则[J]. 税务研究, 2010(2).

的生效时间早于该法律文件的发布时间①;二是将发生在法律文件生效时间之前的行为适用新规定的现象②;三是法律文件明确规定了具体的生效日期,但其中有个别条款实际上在该法律生效之前就已经具有了一定的效力③。

税法上的这种溯及既往是有其合理性的。首先,从反避税的角度看,当出现特殊情况时,税法必须进行解释或者重新规定,而这种解释和重新规定只有适用于其生效之前的行为才能确保国家的税收利益,实现纳税人之间的公平;其次,税法的很多规定比较原则,要实际运用有赖于税务主管机关的解释,而为了实现纳税人之间的公平,就有必要将解释适用于解释发布之前的行为;再次,某些税种比如企业所得税是以年度为纳税期限的,只要纳税年度尚未结束,纳税人的具体纳税义务就尚未确定,在这个层面上,某些税法的生效时间早于发布时间也是合理的;最后,从税法的适用本质来看,它是一种事后评价,这种事后适用性使得法律溯及既往并不会在税法体系内部出现较大问题。④

3. 对本案的思考

本案中,且不论涉案收入系财产转让收入还是租赁收入,某区国税局以法律不溯及既往原则为由拒绝某公司的退税申请是有待商榷的。如上所述,法律溯及既往是一项有所保留的原则,在《立法法》、《刑法》中如此,在税法适用上更是存在大量例外。无论是实施性、补充性的规定还是解释性的规定,税法适用上都存在溯及既往的情形,同时要遵循有利溯及的原则,即当执行新规定有利于更好地保护纳税人的利益时,应当溯及既往。而"有利"的标准需要考虑以下问题:如果是侵益性规范,当法的变更缩小了适用范围、减少了适用对象、增加或提高了适用条件、减轻了义务时,新法对纳税人更"有利",反之则为"不利";如果是授益性规范,如退还税款、减免税款、抵扣税款、税前扣除、权利保障等规定,当法的变更扩大了适用范围、增加了适用对象、减少或降低了适用条件、增加了权益内容

---

① 如2009年6月1日,财政部和国家税务总局联合发布的《关于中小企业信用担保机构有关准备金税前扣除问题的通知》(财税〔2009〕62号)。

② 如2009年3月19日,财政部和国家税务总局联合发布的《关于企业手续费及佣金支出税前扣除政策的通知》(财税〔2009〕29号)。

③ 如2007年3月16日第十届全国人民代表大会第五次会议通过的《企业所得税法》,该法第六十条明确规定:"本法自2008年1月1日起施行。"也就是说,这部法律的生效时间为2008年1月1日。但该法第五十七条又规定:"本法公布前已经批准设立的企业,依照当时的税收法律、行政法规规定,享受低税率优惠的,按照国务院规定,可以在本法施行后五年内,逐步过渡到本法规定的税率;享受定期减免税优惠的,按照国务院规定,可以在本法施行后继续享受到期满为止,但因未获利而尚未享受优惠的,优惠期限从本法施行年度起计算。"

④ 翟继光. 论税法中的溯及既往原则[J]. 税务研究,2010(2).

时,新法对纳税人属于"有利",反之则为"不利"。① 从以上标准来看,本案中《通知》的规定明显属于授益性规范,应当遵循有利溯及的原则,对相对人有利的溯及既往。

(四) 总结与建议

本案经复议到一审再到二审审理终结,不同的处理机关根据不同的理论依据得出了不同的结论,最终,某区国税局拒绝原告退税申请的答复被撤销,但是否给予退税,终审法院并没有直接作出判决,而是要求某区国税局在查清事实,正确适用法律的基础上重新作出具体行政行为。以上给予行政机关的启示至少有以下几点:首先,行政机关必须在对涉案事实全面查明之后,才有可能选择正确适用的法律,作出合理的行政决定。不仅仅是司法机关,行政机关的各项活动也必须遵循"以事实为根据,以法律为准绳"的原则。其次,正确理解法律原则与法律规则之间的关系,法不溯及既往固然是一项普遍的法律原则,但这一原则的适用也是有条件的,如果不对具体法律规范、法律事实进行系统的论证,就根据法律原则解决具体争议显然是不妥的。最后,税法有其特殊性,不仅体现在大部分税收法律是实体法和程序法的统一,既需要掌握法律知识,同时必须具备一定的会计学基础,还体现在除了法律之外,充斥着大量的行政法规、司法解释、规章乃至规范性文件,这就使得当面对一个税收争议时,必须在对税法知识全面了解的基础上,同时考虑到不同法律文件之间的逻辑关系,以选择正确的法律文件作为具体行政行为的依据。

参考文献:

1. 周煜,周振乾.配比原则在企业会计核算实务中的应用[J].中国乡镇企业会计,2012(2).
2. 夏婷.会计实务与税收政策中的配比原则分析[J].中国外资(下半月),2013(1).
3. 周圳.配比原则在会计核算中的应用[J].商业会计,2010(18).
4. 汤湘希,张琦.权责发生制与配比原则在会计实务中的正确运用[J].财会通讯:综合版,2005(1).
5. 傅友忠.再论权责发生制和配比原则的关系[J].会计研究,1991(5).
6. 丁时勇.贯彻配比原则中应处理好的几个关系[J].渝州大学学报:社会科学版,1994(4).

---

① 何小王.税法的溯及既往情形及其适用[J].求索,2013(8).

7. 凌武生.财产转让和租赁收入的检查方法[J].中国税务,2005(11).
8. 杨登峰.民事、行政司法解释的溯及力[J].法学研究,2007(2).
9. 翟继光.论税法中的溯及既往原则[J].税务研究,2010(2).
10. 何小王.税法的溯及既往情形及其适用[J].求索,2013(8).

案例 20
政府行政奖励该不该发?[1]

周连勇

一、案情简介

2002年1月,上诉人(原审被告)某市人民政府发布《某市人民政府关于对市区外(内)商投资项目引荐者实行奖励的规定通知》(以下简称《通知》)载明:对直接介绍外(内)商投资者来某市投资的境内外机构、单位和有关个人,按外(内)商投资项目实际到位金额的3‰给予奖励。同时在办理程序中规定,凡自行申报奖励的部门、单位和个人,必须提供介绍引进的投资企业批准书、营业执照、验资报告和税务登记等证书复印件。2002年2月,上诉人(原审原告)张某、裘某引荐了上海某企业发展(集团)有限公司(以下简称上海某公司),并由其与某市交通公司签订合资建设协议书,明确项目公司的注册资金为9.59亿元人民币,首期1.5亿元人民币,其中甲方(某市交通公司)出资额为4500万元人民币,乙方(上海某公司)出资额为10500万元人民币。注册资金在某市政府对本协议批准及项目公司名称预审批准后,10个工作日内到位,其余注册资金在工程建设期内分三期投资到位。2002年6月25日,某市交通公司与上海某公司共同出资组建的某市某高速公路建设发展有限公司(以下简称某高速项目公司)成立。2002年12月10日,某市交通公司增资4500万元人民币,上海某公司增资10500万元人民币,两者持股比例为3∶7。2004年3月31日,两原告申请某市外(内)资项目引荐奖,并提供了其作为引荐人及引资的有关证明,申请表载明本次申请奖励的实到外资额为21000万元人民币,申请奖励额计63万元人民币。原告在申请表上签名,某市交通局作"同意推荐"并盖章。后某市经济贸易委员会因故未予核定。为此,原告一直向有关部门反映情况未果。2008年原告提起民事诉讼,要求被告支付报酬581.7万元人民币并支付违约金。某市中级人民法院裁

---

[1] 案例来源:北大法宝评析案例。

定驳回原告起诉,原告不服,提起上诉,该省高级人民法院以《通知》系政府为招商引资、履行其行政职责而作出的行政允诺行为,应通过行政诉讼解决为由,于2009年3月5日作出驳回上诉、维持原裁定的终审裁定。原告遂提起行政诉讼,要求被告支付招商引资奖金581.7万元人民币及逾期付款违约金。该案经某市中级人民法院一审后,原、被告均不服,向该省高级人民法院提出上诉,现已审理终结。

二、争议处理

(一)上诉人(原审原告)主张

张某、裘某在一审中诉称:被告发布《通知》,是为自己设定公法义务的行政允诺行为。现原告引荐上海某公司投资建设该项目(总投资额为27.7亿元人民币)并已完工,被告本应按《通知》规定,即以27.7亿元人民币为基数(其引荐的上海某公司所占比例为70%)支付原告招商引资奖金,但至今未给,其行为侵犯了原告的合法权利。故请求判决被告按《通知》规定支付原告招商引资奖金581.7万元人民币(27.7亿×70%×3‰)及从2005年12月28日通车之日起至付清日止每日万分之二点四的逾期付款违约金。

张某、裘某在上诉中坚持一审的主张,认为一审判决将项目公司成立时上海某公司的出资而非项目投资总额作为计奖依据是错误的,请求撤销原判,依法改判。

(二)上诉人(原审被告)主张

某市人民政府在一审中诉称:① 未能核发招商引资奖励是由于原告自行认定的引荐项目的到位金额与实际到位金额不一致,故所属相关行政部门不予审核确认。② 原告的引荐工作在其所引荐的项目经被告批准同意后即告完成,其后某高速项目公司的注册资本与投资额的增加和减少均由其公司依法决定,与其无涉。③ 原告在其奖励申请遭拒绝后至2009年提起本案诉讼,已经超过法定期限。故请求驳回两位原告的起诉。

某市人民政府在上诉中坚持招商引资奖励应当以项目公司成立时上海某公司投入的注册资本作为奖励基数以及原告起诉已过起诉期限的主张,并补充:① 建设某高速公路的资金均是由某项目公司向国家开发银行等借款而来,此类贷款不属外(内)商投资项目实际到位金额。② 根据生效的刑事判决书认定的事实,上海某公司2002年12月10日的增资属虚假出资。故认为上诉人的上诉请求也缺乏事实依据。因而请求撤销原判,驳回起诉。

（三）审理结果

某市中级人民法院经审理认为：原告有权根据《通知》要求被告履行招商引资奖励的职责且其起诉没有超过起诉期限，但不同意原告关于将上海某公司实际投入投资项目的资金作为计奖基数的主张，最终判决被告履行支付原告招商引资奖金 31.5 万元人民币的职责，驳回原告其他诉讼请求。

因原、被告双方均不服提出上诉，该省高级人民法院经审理，同样认为原告起诉并未超过法定起诉期限，在计奖依据上不同意一审的判决，认为应以上海某公司实际投入到某高速项目公司的资本作为计奖基数，最终撤销了一审判决，要求某市政府根据《通知》规定履行向张某、裘某支付招商引资奖金 99 万元人民币的职责，驳回张某、裘某的其他诉讼请求和某市人民政府的上诉。

三、顾问点评

（一）本案争议焦点

1. 原告的起诉是否已超过起诉期限

上诉人某市人民政府认为，张某、裘某于 2004 年 3 月 31 日申请某市外（内）资项目引荐奖一直未获批准，而于 2009 年才提起行政诉讼，根据《最高人民法院关于执行〈中华人民共和国行政诉讼法〉若干问题的解释》（法释〔2000〕8 号，以下简称《执行若干解释》）第三十九条和第四十一条的规定，公民、法人或者其他组织申请行政机关履行法定职责，行政机关在接到申请之日起六十日内不履行的，公民、法人或者其他组织向人民法院提起诉讼，人民法院应当依法受理。行政机关作出具体行政行为时，未告知公民、法人或者其他组织救济途径的，起诉期限从公民、法人或者其他组织知道或者应当知道诉权或者起诉期限之日起计算，但从知道或者应当知道具体行政行为内容之日起最长不得超过二年。根据上述规定，原告于 2009 年提起行政诉讼，早已超过二年的起诉期限。然而两审法院经审理查明均认定原告起诉并未超过起诉期限，下文将对法院的依据作出分析。需注意，修订后的《中华人民共和国行政诉讼法》（以下简称《行政诉讼法》）对起诉期限作出了不同规定，公民、法人或者其他组织直接向人民法院提起诉讼的，应当自知道或者应当知道作出行政行为之日起六个月内提出，法律另有规定的除外。因不动产提起诉讼的案件自行政行为作出之日起超过二十年，其他案件自行政行为作出之日起超过五年提起诉讼的，人民法院不予受理。公民、法人或者其他组织申请行政机关履行保护其人身权、财产权等合法权益的法定职责，行政机关在接到申请之日起二个月内不履行的，公民、法人或者其他组织可以向人民法院提起诉讼。《最高人民法院关于适用〈中华人民共和国行政诉讼法》若干问题的解释》(法释〔2015〕9号,以下简称《适用若干解释》)进一步规定,公民、法人或者其他组织依照行政诉讼法第四十七条第一款的规定,对行政机关不履行法定职责提起诉讼的,应当在行政机关履行法定职责期限届满之日起六个月内提出。

2. 作为计奖基数的"投资项目实际到位金额"应如何理解

原审被告和一审法院认为,应以《通知》批复中上海某公司投入的资本计算引资奖励,而原审原告和二审法院则认为,应以上海某公司实际投入到某高速项目公司的资本作为计奖基数。

(二)行政诉讼起诉期限的分析

1. 起诉期限的学理解释

关于起诉期限,我国立法上尚没有法定概念,学者们见仁见智,有的称为起诉期限,有的称为诉讼时效。虽然行政诉讼中的起诉期限与民事诉讼中的诉讼时效同属于广义的时效范畴,但二者在法律性质、适用对象、法院的审查阶段和审查权限、期间经过的处理、期间的可变性以及证据等方面还是存在诸多差异的。行政诉讼法意义上的起诉期限,是指当事人能够向法院对具体行政行为提起行政诉讼的有效期限,超过这一期限,当事人就丧失了向法院提起行政诉讼的权利。①

从立法目的的角度看,起诉期限是法律规定的当事人不服某项行政决定时向法院请求给予司法救济的时间限制。起诉期限制度与刑事、民事诉讼中的时效制度一样,是法的公正相对性最突出的表现之一。② 作为时效制度之一,它同样包含三方面的要素:① 存在一种事实状态,即行政相对人不行使法院给予司法救济权利的事实状态;② 该事实状态持续达一定时间,即不行使法律赋予的救济权利无间断地经过一定时间;③ 发生一定的法律后果,即起诉期限期间届满后,行政相对人丧失胜诉权,行政决定获得形式确定力即不可争力。③

2. 行政诉讼起诉期限的法律规定

我国目前普遍适用的行政诉讼起诉期限规定,主要存在于以下法律文件中:

其一,修订后的《行政诉讼法》第四十五条、第四十六条、第四十七条,这三条分别规定了经复议不服的案件的起诉期限、一般行政案件、行政机关不履行法定

---

① 林莉红. 行政诉讼法学[M]. 武汉:武汉大学出版社,1999:180.
② 马怀德. 行政诉讼原理[M]. 北京:法律出版社,2003:364-365.
③ 林俊盛. 论行政诉讼起诉期限的适用范围:以行政诉讼类型化为视角[J]. 甘肃行政学院学报,2012(6).

职责起诉期限的情形。

其二,《执行若干解释》、《适用若干解释》分别规定了行政机关(包括复议机关)未履行告知义务(告知行政相对人起诉权利或起诉期限)时,当事人不知道具体行政行为内容时起诉期限的起算以及特殊情形下期间的扣除、无正当理由超过法定期限起诉的法律后果。

其三,部分单行法律关于某类行政行为起诉期限的特别规定,如《中华人民共和国邮政法》、《中华人民共和国统计法》、《中华人民共和国水污染防治法》、《中华人民共和国海洋环境保护法》、《中华人民共和国药品管理法》等规定的起诉期限为十五日,《中华人民共和国渔业法》、《中华人民共和国森林法》、《中华人民共和国土地管理法》等规定的起诉期限则为三十日。

其四,最高人民法院针对下级人民法院关于起诉期限规定适用问题请示的答复等。

以上规定构成了我国行政诉讼期限制度的主要内容:第一,经过行政复议的起诉期限是十五日;第二,直接起诉的期限是六个月;第三,因不可抗力或者其他特殊情况耽误法定期限的,在障碍消除后的十日内,可以申请延长期限;第四,行政机关未告知公民、法人或者其他组织诉权或者起诉期限的,起诉期限从公民、法人或者其他组织知道或者应当知道诉权或者起诉期限之日起计算,但从知道或者应当知道具体行政行为内容之日起最长不得超过二年;第五,公民、法人或者其他组织不知道行政机关作出的具体行政行为内容的,其起诉期限从知道或者应当知道该具体行政行为内容之日起计算。对涉及不动产的具体行政行为从作出之日起超过二十年,其他具体行政行为从作出之日起超过五年提起诉讼的,人民法院不予受理。①

此外,在我国起诉期限是法定的起诉条件之一,如果行政相对人在法定期间内不起诉,则发生胜诉权消灭的法律效果,人民法院将裁定不予受理或驳回起诉。此外,在行政相对人不履行行政决定所确定的义务情况下,即可被强制执行。

3. 对本案的分析

本案中,一审、二审法院均认可了原告起诉的期限合法性,其理由归纳如下:

第一,《执行若干解释》第三十九条规定的行政机关在接到申请之日起六十日内不履行的,公民、法人或者其他组织向人民法院提起诉讼,人民法院应当依

---

① 林俊盛.论行政诉讼起诉期限制度的完善:兼谈我国《行政诉讼法》的修改[J].行政法学研究,2013(3).

法受理。该期限是就不履行法定职责可以提起诉讼的时点,规范层面的"可以起诉"并不意味着行政相对人必然知道被诉行政机关不履行法定职责的事实或者起诉期限、诉权,在此种情况下,将该时点作为确定计算行政相对人起诉期限的标准,显然不当。

第二,本案中,《通知》并未对被诉行政机关作出招商引资奖励的期限作出明确规定,张某、裘某提出招商引资奖励申请后,被告某市人民政府亦未明确告知原告不同意申请。因此,有理由认为原告知道或者应当知道可以提起行政诉讼的时间是在民事诉讼终审裁定以后。据此计算,原告的起诉并未超过起诉期限。

(三) 行政奖励制度分析

1. 行政奖励的含义

伴随着福利国家观念的兴起,政府公共职能日益扩大,人们逐渐意识到在公共事务的管理中,还存在着其他的管理方法和技术,政府有责任使用这些新的方法和技术来更好地对公共事物进行控制和引导。① 因而不同于传统的行政处罚、行政强制等强力手段的新型非强制行政行为日益受到重视,手段柔和、态度民主的优点使其成为沟通、协调行政主体与行政相对人之间关系的重要施政手段。其中,行政奖励尤其成为国家行政的"新宠"。

行政奖励,顾名思义,是指由政府依据其职权,按照法定要求、原则、程序等,向符合条件的受奖者颁布的奖励。然而,现实中行政奖励立法尚不完善,导致行政奖励缺少明确的操作依据,进而模糊政府的施政意图与价值导向,难以对相对人的行为进行确定的指引,甚至给相对人造成行政机关随意奖励、任意剥夺奖励、政府诚信缺失的不良印象,抑制了行政奖励的激励作用、引导功能,也引发了大量关于行政奖励的案件。

2. 行政奖励案件的主要类型

早期尚有行政奖励案件是否可诉的争议,现已就行政奖励作为一种具体行政行为具备可诉性达成了共识。根据案件所产生的依据不同,结合我国行政奖励纠纷的现状,可以将行政奖励案件划分为以下几类:

其一,行政奖励案件产生的依据是法律、法规、规章等规范性文件。相对人依照有关规定提出奖励申请,由于对法律、法规等理解或者执行而发生的争议。

其二,行政奖励案件产生的依据是行政机关的抽象行政行为。行政机关根据自己作出的抽象行政行为而作出具体行政行为,因而引发的争议。本案即属

---

① 俞可平.权利政治与公益政治:当代西方政治哲学评析[M].北京:社会科学文献出版社,2000:113.

于此种情形。

其三,行政奖励案件产生的依据是行政机关的悬赏通知。由于行政机关作出悬赏通知而不履行,或者对有关悬赏通知的理解和执行而发生的争议。

其四,行政奖励案件产生的依据是行政机关的具体行政行为。[①] 具体包括行政奖励不作为、超越职权、奖励不当、主体不适格、拒绝奖励等行政奖励违法行为。

3. 对本案的分析

第一,行政允诺行为的可诉性。行政允诺行为是指行政主体为履行自己的行政职责,向不特定相对人发出的,承诺在相对人实施了某一特定行为后由自己或由自己所属的职能部门(如下属财政部门)给予该相对人物质利益或其他利益的单方意思表示行为。其性质类似于民法中的要约,系行政主体为自身设定的一种义务。从"允诺禁反言"的原则判断,该允诺应视为行政主体的一种职责,一旦行政相对人的行为符合行政允诺的条件,行政主体应兑现该允诺,否则构成不履行职责。另外,从相对人的信赖利益保护和合同制度的原理看,行政主体也应兑现该允诺。

本案上诉人某市人民政府发布的《通知》系关于招商引资的规范性文件,是其对符合招商引资条件的单位、个人进行奖励所设定的义务,在与上位法没有抵触的情况下,应属有效,故构成一个行政允诺行为。原告依据该文件的规定,通过多方联系,成功引资,在此情况下,其要求某市政府履行招商引资奖励允诺的法定职责,应属行政诉讼受案范围。

第二,行政奖励金额的计奖基数。本案中,当事人系在《通知》内容的基础上达成有关招商引资奖励的一致意思表示,因此,该文件的内容应成为本案审查之依据。首先,除据以确定注册资金数额的验资报告外,该文件并未明确要求提供其他能够证明有关奖金数额的材料。鉴于此,如果把"实际到位金额"理解为项目实际投资总额,那么,在"办理程序"中未明确要求提供据以确定项目实际投资总额的相关材料不合常理。因此,上诉人提出的以投资总额作为计奖依据的上诉理由不能成立。其次,由于《通知》对实际到位金额的计算应截止于何时并未作出限制,且某市人民政府相关部门为实施该文件而制定的《实施细则》也明确规定:"凡项目规定分期出资的,项目奖金根据实际资金到位情况分批兑现。"因此,本案应以上海某公司实际投入的注册资金总和作为计奖依据。

法院最终认定本案中上海某公司实际投入的注册资金总额为3.3亿元人民

---

① 林莉红.行政奖励诉讼初探[J].法学杂志,2002(2).

币(即第一期注册资本1.05亿元人民币＋第二期注册资本1.05亿元人民币＋第三期注册资本2.7亿元人民币－上海某公司抽逃出资的1.5亿元人民币),因此某市人民政府应向张某、裘某支付招商引资奖金99万元人民币。但张某、裘某提出的要求某市人民政府支付自2005年12月28日通车日至付清之日止每日万分之二点四的逾期付款违约金的请求,缺乏法律依据,不予采纳。

(四) 总结与建议

本案是一起因招商引资引发的行政奖励纠纷案件。行政奖励的发生可以是基于法律的直接规定,也可以是基于行政机关的允诺。行政允诺行为在实践中常见的主要有:允诺引资奖励、允诺举报奖励、允诺国家工作人员辞职奖励等。该允诺应视为行政主体的一种职责,一旦行政相对人的行为符合行政允诺的条件,行政主体应兑现该允诺,否则构成不履行职责,属人民法院司法审查的范围。由于允诺往往是由受诉行政机关自身作出,法院审查时并无其他明确的法律法规依据可资参考,因此允诺的内容应成为司法审查的规范依据。可见,允诺的效力不仅及于行政机关、行政相对人,也及于司法机关。对此,行政机关应注意以下三个问题:

一是行政奖励应自觉遵循基本的法律原则:① 公正原则,体现在全体社会成员获得奖励的机会均等,适用同一的标准,受到平等地对待;② 公开原则,即要将奖励的目的、范围、内容、对象、条件、程序等事先公开,允许外界了解情况、参与评论、进行监督等;③ 法制原则,行政奖励行为必须以相应的法律、法规为依据,通过行政法律规范将行政奖励关系中的权利和义务加以设定,对行政奖励的适用范围、条件标准、实施原则、方式程序等依法规定并严格遵守,建立在实施行政奖励过程中违法或侵权应承担法律责任的制度,同时要为相对人维护自身权益提供救济,保证使虚报蒙骗的行为受到法律追究。

二是在以规章等形式设立行政奖励允诺时,须做到:第一,不宜完全脱离现实社会中人们的普遍平均水准,包括文明、道德、法制观念及实现履行能力等因素;第二,可能量化的条件标准均应量化,这样不仅可以使奖励更具客观性、可行性,也可尽量避免日后授奖与受奖双方主体之间的矛盾。

三是在给予相对人行政奖励时,须严格按照法定职权、法定条件,遵循法定程序进行。行政奖励一般包括奖励的提出、审查批准、公布评议和授予四个步骤,在审查批准阶段,行政机关应审查所报情况是否属实、有无夸大或缩小等,审查所报奖励对象是否当奖、有无剽窃、有无多报或少报受奖人数、有无将个人奖报成集体奖抑或相反,审查奖励的条件是否符合等。在公布评议阶段即在审查批准之后、颁奖之前,行政机关须将审查结果向外界公布,接受公众评议。①

除招商引资外,另一种常见的行政奖励纠纷是由税务违法行为举报而引发的。这两类案件中,法院的审理原则是一致的:行政机关必须依照法定职权、法定条件、法定形式和法定程序实施行政奖励,在法律仅对行政奖励作出原则性规定的情况下,行政机关可以制定规范性文件对如何实施行政奖励进行具体规定并对外公布,作为行政机关在实施奖励行为时的依据,严格依法行政。

参考文献:

1. 林莉红. 行政诉讼法学[M]. 武汉:武汉大学出版社,1999.
2. 马怀德. 行政诉讼原理[M]. 北京:法律出版社,2003.
3. 俞可平. 权利政治与公益政治:当代西方政治哲学评析[M]. 北京:社会科学文献出版社,2000.
4. 林俊盛. 论行政诉讼起诉期限的适用范围:以行政诉讼类型化为视角[J]. 甘肃行政学院学报,2012(6).
5. 林俊盛. 论行政诉讼起诉期限制度的完善:兼谈我国《行政诉讼法》的修改[J]. 行政法学研究,2013(3).
6. 林莉红. 行政奖励诉讼初探[J]. 法学杂志,2002(2).

---

① 崔卓兰. 行政奖励若干问题初探[J]. 吉林大学社会科学学报,1996(5).

案例 21
如何认定"教育行政垄断行为"?[①]

周连勇　姚朝华

一、案情简介

工程造价学近年来成为建筑管理业内的热门专业,工程造价也成为建筑管理业职业培训及相关技能比赛的热门项目。2014年,教育部首次将"工程造价基本技能"列为"2013—2015年全国职业院校技能大赛"赛项之一。业内习惯将由教育部组织的比赛称为"国赛",将由各省组织的选拔比赛称为"省赛"。据悉,工程造价基本技能的学习或比赛操作,都必须使用专业的软件程序及操作平台。而生产这类软件程序的企业,在我国主要有三家公司占据了市场的主要份额。

2014年4月1日,以某省教育厅、高职院校、行业企业等组成的工程造价某省"省赛"组委会(以下简称组委会)发通知称,大赛由某省教育厅主办,某省建筑职业学院承办,指定一家软件股份有限公司协办。在随后组委会公布的《赛项技术规范》和《竞赛规程》中都明确规定,赛事软件统一使用指定公司独家的认证系统。一直在积极介入"工程造价基本技能""国赛"和各地"省赛"赛事的某公司,认为某省教育厅指定独家赛事软件的做法,有滥用行政权力之嫌,违反了反垄断法。

某公司多次与某省教育厅进行商洽,要求给予公平竞争的机会。在沟通无效的情况下,2014年4月26日,某公司遂向某市中级人民法院提起行政诉讼。某市中级人民法院一审认定某省教育厅指定赛事软件行为构成行政垄断,某省教育厅一审败诉。某省教育厅不服一审判决,遂提出上诉。

[①] 案例来源:万静.行政垄断司法判决第一例[OL].法治周末,(2015-03-03)[2015-04-03] http://www.legalweekly.cn/index.php/Index/article/id/7039.

二、争议处理

(一) 被告及第三人公司主张

面对某公司"滥用行政权力"、"涉嫌垄断"的指责,被告某省教育厅和第三人某公司并不认同,各方在庭审中进行了激烈争辩:

某省教育厅提出,该省选拔大赛的各项赛事规程是以教育部文件作为依据的。2014年4月2日,教育部主管的"国赛"组委会办公室发布了《"工程造价基本技能"赛项规程》,其明确规定使用由该指定公司独家提供的"网络考试系统",并在"软件要求"中明确规定了使用由该公司提供的土建算量软件、钢筋算量软件和安装算量软件。某省教育厅认为,该省选拔赛选用与"国赛"相同的软件,是为了更好地与"国赛"衔接,使选手更快适应竞赛规则从而取得好成绩。

诉讼第三方的公司提出,根据"国赛"组委会发布的《2014年全国职业院校技能大赛企业合作管理办法》规定,组委会可以选择全面征集、定向征集、直接商洽的方式确定大赛合作企业。该公司正是基于这样的规定,向"国赛"组委会递交了"合作意向书",并在2014年2月27日参加了公开遴选答辩会,当时参加答辩会的还有原告和上海某软件有限公司。经过遴选,组委会最终确定某公司为"国赛"器材供应商,为"工程造价基本技能"赛项提供竞赛平台、软件、技术支持。这个过程完全是公开、公平、公正的,不存在滥用行政职权的问题。

某省教育厅认为,"省赛"组委会发布的各种《赛项通知》、《赛项技术规范》、《竞赛规程》等都属于内部文件通知,不属于行政诉讼的受案范围。

(二) 原告主张

针对"国赛"组委会指定使用软件程序的做法,原告曾在起诉某省教育厅之前,就于2014年4月16日向教育部提起了行政复议。对此,教育部曾专门邀请相关专家对于指定参赛软件的做法是否违法进行论证。专家们给出的意见是该做法违反了反垄断法等法律规定。为此,原定于2014年6月13日举办的"工程造价基本技能"的"国赛"没有如期举行。基于此,原告在2014年6月18日撤回了行政复议申请。

针对第三方公司的法庭意见,原告的代理律师分析认为,以教育部文件为依据并不能证明某省教育厅指定第三人公司独家软件行政行为的合法性。2011年,教育部和住建部曾使用多家软件成功举办了当年的"工程造价基本技能"全国比赛,既然全国比赛都能顺利成功举办,一个规模较小的省级比赛使用多家软件更不会成为问题。因此,指定软件的做法不具有合理性。另外,某些参赛院校平时不使用指定公司的软件,由于指定比赛软件,致使参赛院校为了获得好成绩不得不提前购买该指定公司的软件进行训练,既额外花钱又投入了更多的精力。

(三)法院及专家证人意见

由于这是司法领域第一次受理关于行政垄断的行政诉讼,涉及专业问题很多,某市中级人民法院为了高水平审理,专门允许反垄断法领域和行政诉讼法领域的知名专家发表专家证言。

其一,针对教育部下发的相关"国赛"通知,法院认为虽然明确要求在"国赛"中使用指定公司的软件产品,但并未强制要求各省"省赛"独家使用该公司的软件产品,而且在其他省组织的"省赛"中也有不要求独家使用该公司软件产品的情形存在。因此,某省教育厅以教育部的相关文件通知作为其"指定独家参赛软件"合法依据的说法不成立。

其二,针对《赛项通知》等文件是否属于行政诉讼受案范围,法院认为本案中的某省工程造价基本技能省级选拔赛,是由某省教育厅主办的,而"省赛"组委会发布的各种《赛项通知》、《赛项技术规范》、《竞赛规程》,也都是经过某省教育厅审核通过方才对外公布的。因此,"指定独家参赛软件"行为是某省教育厅作出的具体行政行为,该案件属于行政诉讼的受案范围。

其三,北京大学法学院某专家作为反垄断法专家发表了自己的看法。他认为,某省教育厅在"省赛"的相关规程、通知中明确指定所有参赛者只能使用指定公司的软件,这种具体限制的交易行为是通过直接方式给相对人设定了具体的权利义务,直接对参赛单位施加了影响,因此这种行为属于限定交易中滥用行政权力排除、限制竞争行为。而这种独家指定行为又使指定公司的产品依靠行政权力扩大市场份额,通过滥用行政权力将其他具有竞争关系的经营者排除、限制出相关市场,影响了合理有效的竞争关系。

其四,对于本案争议的另一个焦点问题"赛项通知指定独家参赛软件",到底是属于"不可诉"的抽象行政行为,还是属于"可诉"的具体行政行为,作为案件的行政法律领域专家证人,北京大学法学院某专家发表了自己的观点。省级选拔赛的对象涉及三十多个参赛学校及学生,以及参赛过程中使用软件的生产经营公司,人数众多,但是却是特定的;抽象性文件的特点是可以反复适用,而此次赛项的通知规定只能针对2014年某省"工程造价基本技能"选拔赛来适用。因此,"指定独家参赛软件"的通知,只具备了抽象性文件的"外壳",其实质是可诉的具体行政行为。

三、顾问点评

(一) 如何认定"行政垄断行为"

《中华人民共和国反垄断法》(以下简称《反垄断法》)第五章对行政垄断的内涵作了规定,根据该章节中的条款规定,行政垄断行为主要有以下构成要件:

1. 主体

行政垄断的主体是指行政垄断行为的实施者。根据我国《反垄断法》,行政垄断的主体为行政机关和法律、法规授权的具有公共事务管理职能的组织。在我国,中央政府的行为往往就是国家行为,尽管其所作出的决定在客观上造成排除、限制和妨碍竞争的结果,但其决策是从国民经济和社会发展的角度作出的,是从宏观上调整社会经济的运行,其具有政治性和合法性的特点,是应当受法律保护的。"国家垄断不同于行政垄断,国家垄断是基于国家政策实行的,并往往以国家权力机关制定的法律作依据。它是一种合法行为,出于政治和社会的安全、国防安全等原因,一定的国家垄断是必要的。"①

2. 主观要件

行政垄断的主观要件是指行政权的滥用。"滥用"包括不正当使用和越权使用两个方面。因此,行政权的滥用是指行政机关和法律、法规授权的具有公共事务管理职能的组织违反法定权限和法定程序排斥、限制竞争的行为。根据我国《反垄断法》的规定,行政权的滥用主要包括三个方面:① 排除,即在一定领域里,使某些市场主体的经营活动难以继续进行,包括现实的排除和发生排除后果的可能。② 支配,指对市场主体加以制约,直接或间接地剥夺该市场主体在经营活动中自主作出决定的权利。③ 妨碍,即公平竞争的妨碍性,指存在着给公平竞争秩序带来不良影响的危险性,而非已经发生了结果。

3. 客观要件

行政垄断的客观要件是指对竞争的实质性限制和损害,即行为的危害性。② 行政垄断的客观要件应从两方面理解:一是对相关市场主体竞争的实质性限制,所谓竞争的实质性限制,是指几乎不可能期待有效竞争的状态,竞争的阻碍性为认定实质限制竞争的标准。③ 二是相关市场主体经济利益的损害,对相关市场主体竞争的实质性限制和相关市场主体利益的损害须有因果关系。

---

① 漆多俊.中国反垄断立法问题研究[J].法学评论,1997(4).
② 徐士英.新编竞争法教程[M].北京:北京大学出版社,2009:85.
③ 顾功耘.经济法教程[M].上海:上海人民出版社,2006:62.

结合本案,某市中级人民法院在判决当中指出,根据《反垄断法》第三十二条规定:"行政机关和法律、法规授权的具有管理公共事务职能的组织不得滥用行政权力,限定或者变相限定单位或者个人经营、购买、使用其指定的经营者提供的商品。"某省教育厅"指定独家参赛软件"行为符合构成行政垄断的要素条件,即在主体上,某省教育厅是"行政机关和法律、法规授权的具有管理公共事务职能的组织";在行为上,其"指定独家参赛软件行为"符合"限定或者变相限定单位或者个人经营、购买、使用其指定的经营者提供的商品";在主观要件"滥用行政权力"上,依据《中华人民共和国行政诉讼法》(以下简称《行政诉讼法》)规定的"行政机关应对自己的具体行政行为负有举证责任",某省教育厅对自己"指定独家参赛软件"的行为不能提供证据证明其合法性,为此某省教育厅构成"滥用行政权力"。

(二)本案中"独家指定行为"的可诉性分析

根据现行《行政诉讼法》的规定,法院只受理对具体行政行为的诉讼,不受理对抽象行政行为的诉讼。抽象行政行为是指行政主体针对不特定的对象制定和发布具有普遍约束力的规范性文件的行政行为。① 抽象行政行为的基本特征:一是行为对象的普遍性,抽象行政行为是针对不特定的人或事作出,而非针对特定的人或事。二是抽象行政行为效力的普遍性和持续性,首先具有普遍的效力,它对某一类人或事具有拘束力;其次具有后及力,它不仅适用于当时的行为和事件,还适用于以后将要发生的同类行为或事件。三是准立法性,抽象行政行为性质上属于行政行为,但它具有普遍性、规范性、强制性的特征,并且必须经过起草、征求意见、审查、审议、通过、签署、发布等严格的程序。四是不可诉性,依据我国《行政诉讼法》的规定,抽象行政行为的诉讼不在法院受理范围内。②

某省教育厅以《赛项通知》为名指定特定公司软件为独家参赛软件,导致其他市场主体失去了公平竞争的机会,该通知涉及对象众多,但是却特定,并且此次赛项的通知规定只能是针对 2014 年某省"工程造价基本技能"选拔赛来适用,不具有反复适用性。因此,该《通知》虽然具备了抽象性文件的"外壳",其实质仍旧是可诉的具体行政行为。

(三)针对行政垄断的救济途径

由于某省教育厅的行政垄断行为使原告的公平竞争权受到损害,根据现有法律规定,原告申请救济的法律途径主要有以下几种:

---

① 孟鸿志.行政法学[M].北京:北京大学出版社,2002:136.
② 董茂云,朱淑娣,潘伟杰.行政法学[M].上海:上海人民出版社,2005:148.

1. 向反垄断执法机构请求救济

《反垄断法》第三十八条规定:"反垄断执法机构依法对涉嫌垄断行为进行调查。对涉嫌垄断行为,任何单位和个人有权向反垄断执法机构举报。反垄断执法机构应当为举报人保密。采用书面形式并提供相关事实和证据的,反垄断执法机构应当进行必要的调查。"根据该条规定,原告某公司可以向反垄断执法机构进行书面举报,并提供相关事实和证据,而且可以向相关的反垄断执法机构寻求救济。

从现行的《反垄断法》以及《中华人民共和国反不正当竞争法》(以下简称《反不正当竞争法》)的规定看,反垄断执法机构对滥用行政权力排除、限制竞争的行政行为并没有直接处理的权力。根据《反垄断法》第五十一条规定:"行政机关和法律、法规授权的具有管理公共事务职能的组织滥用行政权力,实施排除、限制竞争行为的,由上级机关责令改正;对直接负责的主管人员和其他直接责任人员依法给予处分。反垄断执法机构可以向有关上级机关提出依法处理的建议。"反垄断机关对行政垄断只有建议权,而违法机关的上级机关与反垄断机构并不具有直接隶属关系,是否按照有关建议去办,存在较大余地,这种规定只是行政系统内部的一种自我监督措施。

2. 申请行政复议

根据《中华人民共和国行政复议法》第六条第(十一)项的规定:"公民、法人或者其他组织认为行政机关的具体行政行为侵犯其合法权益的,可以申请行政复议。"根据该法第十二条规定:"对县级以上地方各级人民政府工作部门的具体行政行为不服的,由申请人选择,可以向该部门的本级人民政府申请行政复议,也可以向上一级主管部门申请行政复议。"针对本案,原告可以向某省人民政府或者教育部申请行政复议。

3. 提起行政诉讼

根据2000年3月施行的《最高人民法院关于执行〈中华人民共和国行政诉讼法〉若干问题的解释》第十三条第(一)项规定:"被诉的具体行政行为涉及其相邻权或者公平竞争权的,公民、法人或者其他组织可以依法提起行政诉讼。"从而明确承认被诉行政行为涉及公民、法人或者其他组织的公平竞争权的,可以提起行政诉讼,以诉权的形式赋予竞争者对抗行政主体不正当地干涉经济行为的权利。另外,从我国《行政诉讼法》第二条和相关条款的规定来看,只要某一个具体行政行为与某个公民、法人或者其他组织的权益有关,该公民、法人或者其他组织就具有行政诉讼的原告资格。由此可见,我国《行政诉讼法》对原告资格的界定是非常宽泛的,有利于充分保护公民、法人或者其他组织的合法权益。

本案中,原告对某省教育厅提起的行政诉讼,属于人民法院的受案范围。

(四)总结与建议

1. 赋予反垄断执法机构权力

《反垄断法》第五十一条第一款规定:"行政机关和法律、法规授权的具有管理公共事务职能的组织滥用行政权力,实施排除、限制竞争行为的,由上级机关责令改正;对直接负责的主管人员和其他直接责任人员依法给予处分。反垄断执法机构可以向有关上级机关提出依法处理的建议。"由此可知,《反垄断法》将对行政垄断行为的处置权赋予了实施行政垄断行为的行政机关和法律、法规授权的具有管理公共事物职能的组织的上级机关,而反垄断执法机构仅拥有向有关上级机关提出依法处理的建议权。鉴于此,① 应当赋予反垄断执法机构对行政垄断行为的处置权;② 反垄断执法机构对公民、法人或者其他组织举报的行政垄断行为有权利予以审查,作出立案或不立案的决定;③ 对反垄断执法机构作出的对行政垄断行为的处理决定不服的,可以提出行政复议或提起行政诉讼。此外,公民、法人或者其他组织对于反垄断执法机构就自己向其提出的依法处理行政垄断行为要求所作出的不予立案的决定不服的,也可提出行政复议或提起行政诉讼。

2. 逐步确立对抽象行政行为的司法审查

大多数的行政垄断行为都是行政主体以发布规章、决议或命令(抽象行政行为)的方式实施的,而且在很多情况下,具体行政行为是根据抽象行政行为作出的,不对抽象行政行为的合法性进行审查,就无法对被诉具体行政行为的合法性进行审查。只有针对具体的行政违法行为,公民、法人或者其他组织才有权提起行政诉讼。虽然修订后的《行政诉讼法》已将原第二条"公民、法人或者其他组织认为行政机关和行政机关工作人员的具体行政行为侵犯其合法权益的,有权依照本法向人民法院提起诉讼"中的"具体行政行为"修改为"行政行为",但公民基于行政法规、规章或者行政机关制定、发布的具有普遍约束力的决定、命令提起的行政诉讼依然在不予受理的范围。

鉴于此,逐步确立对抽象行政行为的司法审查将更好地监督和制约滥用行政职权限制竞争的行为。

3. 行政垄断法律规制

我国现行法律制度框架内,规制行政垄断的法律有《反垄断法》、《反不正当竞争法》、《中华人民共和国价格法》和《中华人民共和国招标投标法》等。如《反垄断法》专列一章内容对"滥用行政权力排除、限制竞争"进行了明确规定。国务院专门设立反垄断委员会,负责组织、协调、指导反垄断工作。《反不正当竞争法》第七条也明确规定:"政府及其所属部门不得滥用行政权力,限定他人购买其指定的经营者的商品,限制其他经营者正当的经营活动。"国务院亦先后发布《关于打破地区间市场封锁进一步搞活商品流通的通知》、《关于中国行政垄断规制之现状与对策简析》、《国务院关于禁止在市场经济活动中实行地区封锁的规定》,对实行地区封锁具体查处机构、查处程序及实施地区封锁行为的地方各级政府及其主要负责人和直接责任人员的法律责任等诸问题也作了明确规定。行政机关应严格依据法定职权实施具体行政行为,并在行政垄断法律规制框架内依法依规进行社会事务管理。

参考文献:

1. 唐要家.反垄断经济学:理论与政策[M].北京:中国社会科学出版社,2008.
2. 龚维敬.垄断经济学[M].上海:上海人民出版社,2007.
3. 吴宏伟,金善明.《反垄断法》实施的预期效应探究[J].政法论丛,2008(1).
4. 杨晓丹.行政垄断可诉性探析[J].福建农林大学学报:哲学社会科学版,2007(1).
5. 杨兰品.行政垄断问题研究述评[J].经济评论,2005(6).

案例 22
是信访还是行政复议？[①]

钟 丽

一、案情简介

上诉人(原审原告)范某自2002年起在某县某镇白龙潭承包了60亩水域从事渔业养殖。2012年11月20日,范某致信某县环保局,反映自2012年5月以来有人养殖生猪,开办餐具洗涤厂,所产生的污水排入河道,造成水质严重污染,养殖的鱼类大量死亡,要求其履行法定职责,依法查处并弥补损失。同年11月21日,某县环保局收悉投诉信件,12月31日,范某以某县环保局未履行法定职责为由向被上诉人(原审被告)某县人民政府申请行政复议,要求其责令某县环保局履行法定职责。2013年2月26日,被上诉人作出行政复议决定书,认为依据《中华人民共和国信访条例》(以下简称《信访条例》)第二十二条第二款的规定,有关行政机关收到信访事项后,能够当场答复是否受理的,应当当场答复;不能当场答复的,应当自收到信访事项之日起十五日内书面告知信访人。本案中,被申请人某县环保局未提交证据证明对范某信访事项的登记受理情况,应当认为某县环保局已经受理该信访事项。根据《信访条例》第三十三条规定,信访事项应在受理之日起六十日内办结,情况复杂的,可以适当延长办理期限,但延长期限不得超过三十日,并告知信访人延长理由。因此,被申请人自收到信访申请至申请人申请行政复议之时,仍在信访条例规定的办理期限内。根据《中华人民共和国行政复议法实施条例》(以下简称《实施条例》)第十六条第一款的规定,公民、法人或者其他组织申请行政机关履行法定职责,行政机关未履行的,有履行期限的,自履行期限届满之日起计算。故本案行政复议申请期限应当按照《信访条例》规定的履行期限届满之日起计算。据此,以范某未在法定申请期限内提出行政复议申请为由,驳回其行政复议申请。范某不服,于2013年3月13日向某

[①] 案例来源:中华人民共和国最高人民法院公布保障民生典型案例之四。

市中级人民法院提起行政诉讼。该案经某省高级人民法院二审,现已审理终结。

二、争议处理

(一)上诉人(原审原告)主张

范某在一审中诉称被告所作行政复议决定程序违法、认定事实和适用法律错误,理由如下:① 被告将申请某县环保局履行法定职责错误定性为信访,属于认定事实错误;② 被告适用《信访条例》而非《实施条例》第十六条第二款关于紧急情况下复议期限的规定,属于适用法律错误;③ 复议过程中,被申请人在收到申请书副本后进行现场检查,被告将该事实作为驳回原告申请的理由,违反了《中华人民共和国行政复议法》(以下简称《行政复议法》)第二十四条关于"在行政复议过程中,被申请人不得自行向申请人和其他组织或单位收集证据"的规定,致使被申请人的行政不作为行为消失,行政复议丧失审查对象,属于程序违法;④ 因被告错误适用法律,故意拖延复议期限,导致原告损失扩大。综上,请求法院撤销该行政复议决定书,责令被告重新作出复议决定,并赔偿其故意拖延期间所造成的损失。

范某在二审中诉称:① 一审判决遗漏了被上诉人有无"履行期"和"紧急情况"事实的认定;② 一审判决没有明确要求被上诉人"自本判决生效之日起在法定期限内重新作出具体行政行为"中的"法"的具体条款和依据;③ 一审判决驳回上诉人其他诉讼请求的理由不能成立。故请求二审法院依法改判。

(二)被上诉人(原审被告)主张

某县人民政府在一审中诉称其所作行政复议决定认定事实清楚、适用法律正确、程序合法。理由如下:① 根据《信访条例》第二条和第十四条的规定,原告采用挂号信方式向某县环保局投诉反映河道污染严重,要求予以查处,属于信访事项,被告适用法律正确;② 原告未能提供证据证明其反映的问题属于法律规定的紧急情况,且根据现有法律法规的规定,其所反映的问题并不能被认定为紧急情况;③ 被告向被申请人发送申请书副本是行政复议的法定程序,且在法定期限内作出了复议决定,原告诉称被告故意拖延导致其损失扩大并要求被告承担赔偿责任没有事实根据。故请求法院维持涉诉行政复议决定。

某县人民政府在二审中坚持一审的主张,认为上诉人向被申请人某县环保局提出的投诉事项属于信访事项范畴,故应适用《信访条例》的相关规定,且不存在可适用《实施条例》所规定的紧急情况。故请求法院驳回上诉人的上诉请求。

(三)审理结果

某市中级人民法院于2013年5月21日作出行政判决,判决撤销涉诉涉案行政复议决定,责令被告在法定期限内重新作出具体行政行为,但驳回原告关于要求被告赔偿复议期间扩大部分损失的诉讼请求。

某省高级人民法院经审理认为,被上诉人驳回行政复议申请的决定,认定事实不清,证据不足,依法应予撤销并判令其重新作出行政行为。但复议机关的复议期限由于《行政复议法》已经作出明确规定,故上诉人以此为由请求改判的理由不足。据此,判决驳回上诉,维持原判。

三、顾问点评

(一) 本案争议焦点

本案中,被上诉人认为上诉人向被申请人某县环保局提出的投诉事项属于信访事项范畴,且被申请人在收悉投诉事项后亦未超过《信访条例》规定的办理期限,故上诉人径直申请行政复议不符合行政复议的受理条件,据此驳回上诉人的行政复议申请。因此,本案的争议焦点就在于上诉人投诉事项是信访事项,适用《信访条例》,还是属于履行法定职责的申请,直接适用《中华人民共和国行政诉讼法》(以下简称《行政诉讼法》)及其实施条例。

(二) 我国信访制度辨析

1. 信访的含义与功能

信访,从字面含义理解,是指人民来信来访,是一项由宪法明确规定并予以保障的权利。① 2005 年 5 月 1 日起施行的《信访条例》将信访定义为:公民、法人或者其他组织采用书信、电子邮件、传真、电话、走访等形式,向各级政府机关及其工作部门反映情况,提出建议、意见或者投诉请求,依法由行政机关处理的活动。信访制度具有多方面的功能,如信息表达、政府监督、政治参与、纠纷解决、化解矛盾等。

信访事项归纳起来主要有:企业改制、劳动及社会保障问题;"三农"问题;涉法涉诉问题,即各类纠纷、不服法院判决等;城镇拆迁安置问题;反映干部作风不正和违法乱纪问题;机构改革中的问题;环境污染问题;部分企业军转干部要求

---

① 《中华人民共和国宪法》第二条第三款规定:"人民依照法律规定,通过各种途径和形式,管理国家事务,管理经济和文化事业,管理社会事务。"第四十一条第一款规定:"公民对于任何国家机关和国家工作人员,有提出批评和建议的权利;对于任何国家机关和国家工作人员的违法失职行为,有向有关国家机关提出申诉、控告或者检举的权利,但是不得捏造或者歪曲事实进行诬告陷害。"该条第二款规定:"对于公民的申诉、控告、检举,有关国家机关必须查清事实,负责处理,任何人不得压制和打击报复。"

解决政治待遇和经济待遇问题共八大类。①

2. 信访与行政复议

与行政诉讼、行政复议一样,信访也是一项重要且具有中国特色的权利救济途径。自《行政诉讼法》、《行政复议法》相继颁布实施以来,我国的行政救济一直面临着某种困境,如收案数严重不足,撤诉率偏高且相当一部分为非正常撤诉,立案难、审案难、败诉高、执行难等。②信访的使用"频率"大大超过了行政诉讼与行政复议,因而实践中出现了"大信访、中诉讼、小复议"的行政救济格局。③对此,《信访条例》第十四条第二款作了一个原则性的规定:对依法应当通过诉讼、仲裁、行政复议等法定途径解决的投诉请求,信访人应当依照有关法律、行政法规规定的程序向有关机关提出。法律上对信访与行政复议的划分是明确的,但由于《信访条例》与《行政复议法》之间的协调、衔接不够,一些当事人法律意识欠缺,对行政复议救济认识不清,导致因行政争议而引发的非理性信访增多,而将法定解决争议的复议手段虚置不用,造成社会法制资源的浪费,因而需要进一步理清二者之间的关系。④

(1) 行政复议制度简介

行政复议,是指公民、法人和其他组织认为行政主体的行政行为侵犯其合法权益,和行政主体之间发生争议,依法向行政复议机关提出申请,由行政复议机关依照法律程序,对引起争议的行政行为的合法性和适当性进行全面复查、审议并作出复议决定的行政行为。⑤它是一种具备一定司法性的行政行为,既是解决行政争议的一个重要手段,也是行政机关内部监督和纠错机制的重要环节。

(2) 信访与行政复议的程序差异

虽然同为行政主体内部的救济方式,但行政复议比信访具有更严格的程序要求,是一种兼具程序性与简便性的准司法救济。程序要求上的宽松应该是信访数量常年高居不下的重要原因之一。

首先,在管辖上,行政复议有明确的地域和层级管辖原则,而信访的管辖则是比较宽松的,以通过各种不同的渠道化解矛盾、平息纠纷。

---

① 胡奎,姜抒. 2003年中国遭遇信访洪峰——新领导人面临非常考验[OL]. 瞭望东方周刊,(2003-12-8)[2015-4-2]http://news.sina.com.cn/c/2003-12-08/10142314186.shtml.
② 应星. 作为特殊行政救济的信访救济[J]. 法学研究,2004(3).
③ 杨寅. 信访与行政复议衔接疑难问题解析[J]. 法学杂志,2007(6).
④ 邱敬雄,王彦. 行政复议和行政信访救济的比较研究[J]. 上海海关学院学报,2009(3).
⑤ 杨建顺. 行政规制与权利保障[M]. 北京:中国人民大学出版社,2007:552.

其次,在申请期限上,申请行政复议要自知道该具体行政行为之日起六十日内提出,因不可抗力或者其他正当理由耽误法定申请期限的,申请期限自障碍消除之日起继续计算。《信访条例》并没有对信访人提出信访事项作出严格的时效限制。

最后,在审理方式上,行政复议解决问题主要是通过规范有效的案件审理的方式体现出来,而信访往往是通过联席会议、建立排查调处机制、建立信访督查工作制度等方式。[①]

(3) 信访与行政复议的程序衔接

《行政复议法》第六条规定了行政相对人可以申请复议的十一类具体行政行为,涉及行政处罚、行政强制、行政许可、行政确认、行政给付、行政负担、行政不作为等,几乎涵盖了所有模式的具体行政行为。对这十一类具体行政行为不服,当事人可以申请复议,除复议前置的特别情形外,当事人可以直接提起行政诉讼。这里需要注意三个问题:第一,对属于行政复议范围的事项,不得未经复议而先行信访。《信访条例》第十四条第二款明确规定,对依法应当通过诉讼、仲裁、行政复议等法定途径解决的投诉请求,信访人应当依照有关法律、行政法规规定的程序向有关行政机关提出。可见,在行政系统内部不得以信访取代行政相对人应通过行政复议获得的救济,复议的作用应当是基础性的,而信访所应发挥的应该是在无法启动行政复议之后的拾遗补缺的作用。[②] 第二,如果属已走完行政复议或行政诉讼等法定救济途径或者已过申请复议的期限和诉讼时效的情况下提出的投诉,信访部门可以受理此类行政争议案件,以便保障相对人的合法权益。第三,在信访案件处理过程中也可以启动行政复议程序,信访人的程序性权利在信访过程中受到侵害时,同样可以获得法律救济。

3. 对本案的分析

《中华人民共和国水污染防治法》第八条规定:"县级以上人民政府环境保护主管部门对水污染防治实施统一监督管理。"第十七条规定:"新建、扩建、改建直接或者间接向水体排放污染物的建设项目和其他水上设施,应当依法进行环境影响评价。"该法还规定了环境保护主管部门可通过排污许可、排污监测、日常检查、行政处罚等方式对向水体排放污染物的主体进行管理。可见,县环境保护主管部门对水污染防治具有法定监督管理职责。本案中,范某在信中陈述由于河岸旁的生猪养殖场和餐具消毒店直接向河道排污,造成水质污染,导致其养殖的

---

① 邱敬雄,王彦.行政复议和行政信访救济的比较研究[J].上海海关学院学报,2009(3).
② 王学军,国家信访局.信访条例讲话[M].北京:法律出版社,2005:107-108.

鱼类大量死亡,其去信的目的是要求某县环保局对河道排污问题进行调查处理,解决水质污染问题。范某所投诉反映的问题属于某县环保局法定职责范围。范某投诉时明确要求职能部门认真履行职责,依法查处,并作出具体行政行为。综上,范某向某县环保局投诉的行为符合要求履行法定职责的本质特征,符合《行政复议法》所规定的可复议的具体行政行为之一,因而某县人民政府所作行政复议决定将该投诉行为定性为信访,适用《信访条例》,属适用法律、法规错误。

(三) 行政机关信访办理工作提要

为规范信访工作,我国先后出台了《信访条例》、《国家信访局关于进一步加强政务督查抓好工作落实的办法》、《国家信访局办公室关于进一步加强信访新闻发布工作的通知》、《国家信访局关于进一步加强初信初访办理工作的办法》等规定,各级人民政府信访工作机构按照《信访条例》等相关规定的程序、期限,负责受理、转送、交办信访人提出的信访事项,并进行协调、督办。

1. 信访事项的受理

县级以上人民政府应当设立信访工作机构,县级以上人民政府工作部门及乡、镇人民政府应当按照有利工作、方便信访人的原则,确定负责信访工作的机构或者人员,具体负责信访工作。信访办理工作,应坚持"属地管理、分级负责,谁主管、谁负责,依法、及时、就地解决问题与疏导教育相结合"原则,实行首办负责制。信访人可以通过书信、电子邮件、传真、走访、口头形式等提出投诉请求,对于信访人以口头形式提出的信访请求,有关机关应当记录信访人的姓名(名称)、住址和请求、事实、理由。信访信息系统中应当完整、客观、准确地记录信访人姓名(名称)、住址、联系方式、投诉请求、意见建议等相应的事实、理由等主要内容。有权处理收到的初信初访事项的行政机关,应当在十五日内决定是否受理,并向信访人出具是否受理告知书。

信访人向不同行政机关或同一行政机关不同部门提出信访事项的,先收到的机关或部门先行受理,并录入信访信息系统。对属于各级人民代表大会以及县级以上各级人民代表大会常务委员会、人民法院、人民检察院职权范围内的初信初访事项,以及已经或者依法应当通过诉讼、仲裁、行政复议等法定途径解决的初信初访事项,各级人民政府信访工作机构和其他行政机关不予受理,但要做好宣传解释工作,并告知信访人依照有关法律法规规定的程序向有关机关提出。对采用走访形式跨越本级和上一级机关提出的初访事项,上级机关不予受理,按照《国家信访局关于进一步规范信访事项受理办理程序引导来访人依法逐级走访的办法》处理。

2. 信访事项的处理

县级以上人民政府信访工作机构,应当在根据信访登记,区别情况,依据《信访条例》第二十一条规定,在十五日内视具体情形按法定方式作出处理。有权处理的机关应按照规定的时限和程序办理初信初访事项,向信访人出具处理意见书,并告知请求复查(复核)的期限和机关;应依照《信访条例》有关规定,做好复查(复核)工作,并出具复查(复核)意见书。在信访事项处理过程中,有权处理的机关出具的是否受理告知书、处理意见书、延期告知书、复查(复核)意见书应当要素齐全、格式正确、事实清楚、依据充分,并及时送达信访人或有关人员,严格履行签收等手续。相关文书及送达凭证均应及时录入信访信息系统。对具备回复条件的,要以电话、书面等形式向信访人反馈。县级以上人民政府信访工作机构和有权处理机关应为信访人查询初信初访事项办理情况提供便利。对纳入满意度评价范围的初信初访事项的办理过程、处理结果,应通过互联网等方式予以公开,以便于信访人依据查询凭证查询并作出评价。县级以上信访部门要建立新闻发言人制度,省级信访部门或信访工作任务比较重的市级信访部门应设立专职或兼职新闻发言人,条件具备的应成立专门机构,要根据信访新闻发布工作的内容和目的,灵活选择新闻发布会、网上访谈、信访微博等多种形式主动发布信息。

(四) 总结与建议

本案系最高人民法院于 2014 年 2 月 17 日公布的人民法院保障民生典型案例之一。案件围绕上诉人的来信属于信访事项还是要求履行法定职责的申请这一焦点,进而是应适用《信访条例》还是《行政复议法》的规定展开了争议。这里需要明确信访与要求履行法定职责二者之间是存在明显差异的,具体表现在:

一是反映事项不同。信访受理的依据是《信访条例》第十四条的规定,范围非常广泛;申请则是要求行政机关给予许可或履行保护人身权、财产权的法定职责,具有明确的职权指向。因此,在对公民投诉的事项进行审查时,须审查申请的事项是要求履行行政管理职责,还是要求履行办理信访事项的职责。

二是法定处理机关不同。县级以上人民政府信访工作机构均有权受理信访事项,受理后可以按照属地管理、分级负责、谁主管谁负责的原则,直接转送有权处理的机关;而受理申请的行政机关必须遵照法律规定,由具有法定职责的行政机关处理,不得转送其他行政机关。

在实践中,区分信访与合法申请的关键是看对象反映的行为是否属于《信访条例》第十四条规定的范围以及是否能由某项具体行政法律规范确定的程序或职权所涉及。如果符合信访范围且没有其他法律规范的明确指向,则不管行为人采用什么形式均可纳入信访的范围,由信访机关依法进行调查处理;如果符合一般行政行为申请的范围和形式,则应适用信访程序之外的行政程序,此时即使行政机关借信访答复的形式对当事人的权利义务作出实质处理,也应当认定属要求履行法定职责的申请。

参考文献:

1. 杨建顺.行政规制与权利保障[M].北京:中国人民大学出版社,2007.
2. 王学军,国家信访局.信访条例讲话[M].北京:法律出版社,2005.
3. 应星.作为特殊行政救济的信访救济[J].法学研究,2004(3).
4. 杨寅.信访与行政复议衔接疑难问题解析[J].法学杂志,2007(6).
5. 邱敬雄,王彦.行政复议和行政信访救济的比较研究[J].上海海关学院学报,2009(3).
6. 章剑生.行政诉讼履行法定职责判决论:基于《行政诉讼法》第54条第3项规定之展开[J].中国法学,2011(1).
7. 赵明章,刘福山.行政机关不履行法定职责行政案件的审理[J].人民司法,1996(4).
8. 刘媛媛,余韬.寄信要求行政机关履行法定职责的司法审查[J].人民司法,2011(8).
9. 胡奎,姜抒.2003年中国遭遇信访洪峰——新领导人面临非常考验[OL].瞭望东方周刊,2003-12-8.

案例 23
政府如何保障利害关系人的权利?[1]

周连勇

一、案情简介

原审第三人某市第一人民医院于 2010 年 5 月 17 日向原审被告某市环保局提交《某市一院(东区)门急诊楼、行政综合办公楼及食堂改扩建工程环境影响报告书》等相关材料,申请其改扩建工程项目的环境影响评价审批。环境影响报告书由原审第三人委托原审被告的下属事业单位——某市环境科学研究所编制完成。

2010 年 6 月 3 日,被告作出 41 号《关于某市一院(东区)门急诊楼、行政综合办公楼及食堂改扩建工程项目环境影响报告书的批复》(以下简称 41 号《批复》),同意第三人按环境影响报告书所列内容在拟定地点建设,该工程已于 2013 年 3 月投入实施。

原告认为被告的行政许可行为未依法履行告知义务,剥夺了原告申请听证的权利,该工程项目投入使用后,其噪声、振动及油烟等污染对原告及其家人的身心健康造成了严重侵害。原告诉至法院,要求撤销被告作出的 41 号《批复》,同时判决被告限期停止第三人的食堂、锅炉房等设施的运行使用直至彻底消除其产生的噪声、振动、油烟等污染对原告严重的不法侵害。原审法院判决确认被告某市环保局作出的 41 号《批复》的具体行政行为违法。

原告不服,向某市中级人民法院提起上诉,某市中级人民法院判决驳回上诉,维持原判。

二、争议处理

(一)原告主张

原审原告一审诉称:被告的行政许可行为未依法履行告知义务,剥夺了原告

---

[1] 案例来源:江苏省扬州市中级人民法院[2014]扬行终字第 15 号。

申请听证的权利,该工程项目投入使用后,其噪声、振动及油烟等污染对原告及其家人的身心健康造成了严重侵害,要求撤销被告作出的41号《批复》。

原告上诉称原审判决认定事实清楚,但适用法律错误。第一,原审法院仅判决确认被上诉人行为违法,没有责令被上诉人采取相应的补救措施。第二,原审法院认定被诉具体行政行为程序违法不准确,被上诉人无权审批某市一院(东区)改建工程项目,是越权行政。以此请求撤销某市环保局41号《批复》的行为。

(二)被告主张

被上诉人某市环保局二审认为原审判决认定事实清楚,适用法律准确。但是认为:第一,作为公共卫生部门的某市一院,为某市人民服务,是应然的公共利益和国家利益。第二,对工程项目环境影响评价书进行审批,不是对其项目本身进行审批,在审批其项目的环境影响评价过程中,项目本身环境影响指数符合国家规范性标准要求;在建成后,对其继续进行监察,其环境影响指数仍然符合国家标准,不需要行政机关采取相应的补救措施。第三,本案被诉的审批行为是对该项目的环境影响可能存在问题进行审查并采取相关措施,在建成后实际运行中的环境影响不能否定我局审批该项目的环境影响时的行政行为,两者是不同的法律行为及法律关系。故请求驳回上诉,维持原判。

(三)审理结果

一审法院判决确认某市环保局作出的41号《批复》的具体行政行为违法。原告上诉后,二审法院认为被上诉人某市环保局作出的41号《批复》,事实清楚,证据充分,适用法律正确;但是作出批复前没有告知利害关系人享有陈述、申辩以及要求听证的权利,程序违法。由于本案涉及公共利益,故原审法院判决确认某市环保局作出的41号《批复》的具体行政行为违法是正确的。依法判决驳回上诉,维持原判。

一是根据《中华人民共和国环境保护法》(以下简称《环境保护法》)第七条第二款、《中华人民共和国环境影响评价法》(以下简称《环境影响评价法》)第二十二条第一款的规定,本案被告具有审批本辖区内的建设项目环境影响评价文件的职权。

二是根据《中华人民共和国行政许可法》(以下简称《行政许可法》)第三十六条的规定:"行政机关对行政许可申请进行审查时,发现行政许可事项直接关系他人重大利益的,应当告知该利害关系人。申请人、利害关系人有权进行陈述和申辩。行政机关应当听取申请人、利害关系人的意见。"被告在审查行政许可申请、作出行政许可决定前,未履行上述告知义务,导致原告无法行使陈述、申辩和要求听证的权利,存在程序违法。

三是根据《环境影响评价法》第十九条第三款的规定:"为建设项目环境影响评价提供技术服务的机构,不得与负责审批建设项目环境影响评价文件的环境保护行政主管部门或者其他有关审批部门存在任何利益关系。"本案中,环境影响评价机构某市环境科学研究所是环境影响报告书的审批单位某市环保局的下属事业单位,不符合上述规定。但是环境影响报告书在编制阶段已由相关专家进行技术评估,出具了环境影响报告书评审意见;在某市环保局审批阶段,由某市环境科学学会出具了技术评估意见,认为符合相关要求。因此,前述程序上存在的问题并未影响到某市环保局行政许可实体合法性,此问题应视为瑕疵。

四是鉴于该项目系公益事业,满足群众就医需求,被告已在审批时就相关污染防治措施和风险防范应急措施均作了具体明确的规定和要求,现已全部建成完工并投入使用,且该项目投资巨大,如撤销该行政许可行为将会给国家利益和公共利益造成重大损失,根据修订后《中华人民共和国行政诉讼法》(以下简称《行政诉讼法》)第七十四条、第七十六条的规定,被诉具体行政行为违法,但撤销该具体行政行为将会给国家利益或者公共利益造成重大损失的,人民法院应当作出确认被诉具体行政行为违法的判决,并责令被诉行政机关采取相应的补救措施;造成损害的,依法判决承担赔偿责任。故该环境审批行为虽存在程序违法及瑕疵,但并不必然导致被撤销的法律后果。原审判决确认某市环保局作出41号《批复》的具体行政行为违法是正确的。

三、顾问点评

本案所涉的核心问题在于行政机关实施行政审批的过程中对利害关系人权利的保障。本案中,某市环保局的审批行为因程序上违反法律规定未履行告知义务,导致原告无法行使陈述、申辩和要求听证的权利,法院判决被告程序违法,但因撤销判决将会给国家利益和公共利益造成重大损失,故法院作出确认行政行为违法的判决结果。

(一)利害关系人的确定

修订后的《行政诉讼法》第二十九条规定:"公民、法人或者其他组织同被诉行政行为有利害关系但没有提起诉讼,或者同案件处理结果有利害关系的,可以作为第三人申请参加诉讼,或者由人民法院通知参加诉讼。"《最高人民法院关于执行〈中华人民共和国行政诉讼法〉若干问题的解释》(法释〔2000〕8号)第十二条规定:"与具体行政行为有法律上利害关系的公民、法人或者其他组织认为行政机关和行政机关工作人员的具体行政行为侵犯其合法权益的,有权依照本法向人民法院提起诉讼。"

在行政法理论中,行政相对人是指行政管理法律关系中与行政主体相对立的一方当事人,即行政主体行政行为影响其权益的个人或组织。行政相对人又可分为直接相对人和间接相对人。直接相对人是行政主体行政行为的直接对象,其权益受到行政行为的直接影响;间接相对人是行政主体行政行为的间接对象,其权益受到行政行为的间接影响。实践中,一般将直接相对人习惯地称为行政相对人,而将间接相对人称为利害关系人。在本案中,某市环保局对市一院的《环境影响报告书》作出行政审批,同意其按照《环境影响报告书》所列内容在拟定地点建设,使得市一院的扩建工程得以实施,进而间接影响了原告的相邻权利益。因此,原告作为本案的利害关系人有权利提起行政诉讼。

(二)利害关系人的权利保护方式

《行政许可法》第三十六条规定:"行政机关对行政许可申请进行审查时,发现行政许可事项直接关系他人重大利益的,应当告知该利害关系人。申请人、利害关系人有权进行陈述和申辩。行政机关应当听取申请人、利害关系人的意见。"第四十六条规定:"法律、法规、规章规定实施行政许可应当听证的事项,或者行政机关认为需要听证的其他涉及公共利益的重大行政许可事项,行政机关应当向社会公告,并举行听证。"第四十七条规定:"行政许可直接涉及申请人与他人之间重大利益关系的,行政机关在作出行政许可决定前,应当告知申请人、利害关系人享有要求听证的权利;申请人、利害关系人在被告知听证权利之日起五日内提出听证申请的,行政机关应当在二十日内组织听证。"

以上是《行政许可法》对于利害关系人保护的具体规定,既规定了对于利害关系人的保护,也规定了行政机关应当履行告知和听证的义务。这里的利害关系通常表现为相邻权、竞争权、环境权,当然还有其他权利。本案中,原告作为相邻权关系中的利害关系人,以第三人扩建工程项目产生的噪声、振动及油烟等环境污染对其居住生活、身心健康造成侵害为由提起诉讼,正当地行使了自己的合法权利。

总体来说,对利害关系人的保护机制主要有两种方式,一是行政机关事先主动考虑相关因素后,理性地作出决定;二是为行政机关设定一定的义务,用制度来保障权利的实现。第一种方式需要借助行政机关及其工作人员高度的责任意识方能实现,但实践告诉我们,仅仅依靠自觉是实现不了目的的。第二种方式是理性社会的通常手段,为行政机关设定义务,在违反义务规定后行政机关将因此而承担不利后果,以制度约束来实现行政机关责任的履行。

(三)行政机关应当依法保障利害关系人的法律救济途径

第一,陈述申辩。公民、法人或者其他组织,对涉及侵害自己利益关系的行政许可行为可以在事前主动向作出行政许可的行政机关进行陈述申辩,表明这一行政许可行为可能对自己的权利、义务造成的侵害,请求行政机关不作出或限制条件作出行政许可,以免自身合法权益受损。行政机关应当认真听取,并视情况就申辩内容进行实质性审查。

第二,听证。行政机关在作出行政许可行为前认为涉及申请人与他人存在利害关系的,应当告知申请人和利害关系人有要求听证的权利,利害关系人在被告知道听证权利之日起五日内提出听证申请的,行政机关应当在二十日内组织听证。行政机关将根据听证笔录,作出是否同意行政许可的决定。

第三,请求撤销行政许可。对行政机关无法预见或故意对利害关系人的利益视而不见,已经作出的行政许可,利害关系人可以请求行政机关撤销该项行政许可,只要符合《行政许可法》第六十九条第一款第(一)项至第(五)项的规定,行政机关应当撤销该行政许可。但是,如果该行政许可涉及公共利益或者相对人的个人利益而未能撤销,那么行政机关应当对利害关系人所遭受的损害程度予以相应补偿。

第四,诉讼。由于《行政许可法》从法律上明确了利害关系人的法律地位,因而当行政机关存在行政许可行为违法事实,作为利害关系人有权向人民法院提起行政诉讼以维护自身的权益。

第五,赔偿。当行政机关违法实施行政许可,给利害关系人的合法权益造成损害的,应当依照《中华人民共和国国家赔偿法》的规定给予赔偿。

(四)关于行政越权行为的认定

行政越权是指行政机关及其公务人员超越法定的权力及其限度而作出了不属于自己行政职权范围的行政行为,或者非行政机关的组织及其人员在无法确定授权或委托(包括超越授权或委托)的情况下而越权行使行政职权的行为。

实践中,行政越权包括以下几种类型:

第一,无权限,是指越权的主体实施了根本就不具有的职权的行为,亦是指一个行政机关侵犯了其他行政机关的权限而作出行政行为,该类越权行为是一种无效的行为。

第二,层级越权或称纵向越权,是指上下级行政机关之间,上级或下级行使了另一方的行政职权。实践中,主要表现为两种情形:其一,下级行政机关行使了上级行政机关的职权。其二,上级行政机关行使了下级行政机关的职权。

第三,事务越权,是指行政机关行使职权或从事行政管理活动时,超越本机关的主管权限范围。

第四,地域越权,是指行政机关超越了其行政职权行使的空间范围。

第五,内容越权,是指行政机关在行使行政职权时,超越了法定的范围、程度等内容。

第六,内部越权,是指行政机关的内部机构及其工作人员相互间逾越职权。

本案中,原告认为被告作出批复的行为性质应当认定为越权行为,依法予以撤销。根据《环境保护法》第十条、《环境影响评价法》第二十二条第一款的规定,被上诉人某市环保局作为环境保护行政主管部门具有对本案的《环境影响报告书》进行审批的法定职权,不存在越权行政行为。

(五)总结与建议

应当完善程序设计,缩减行政机关自由裁量空间。听取利害关系人的意见,对于利害关系人正确的意见和观点应当采纳,并作为行政机关实施许可的依据。因此,听取利害关系人的意见也应通过一定的程序来达到立法目的,为保障利害关系人的权利,《行政许可法》为行政机关设置了一系列的义务,但是在这个制度设计中,对于利害关系人(相邻权人、环境权人)的程序性保障,却有着很大的伸缩空间。

《行政许可法》将告知、听证作为行政机关的义务,对公民的权利进行了原则性规定,但对其适用范围及其保障的程序却未进一步的规定,《行政许可法》第三十六条、第四十六条、第四十七条的法律用语是"直接关系他人重大利益"、"申请人与他人间重大利益关系",其中"直接"、"重大"均是对程度的表述,与其相对应的词是"间接"、"轻微",二者之间的界限、标准不甚清晰,立法上的模糊用语往往导致自由裁量权的出现,造成实践中行政机关的自由裁量权余地过大,而过于自由的裁量往往造成权利保护的缺失、行政权力的恣意行使。

因此,就行政机关对利害关系人的事前告知义务来设计刚性的义务性规则,是实现依法行政的一项重要制度建设内容。

参考文献:

1. 王克稳.我国行政审批与行政许可关系的重新梳理与规范[J].中国法学,2007(4).

2. 胡建新,黄林芬.浅析行政许可听证制度的完善[J].法制与经济(下旬刊),2013(12).

3. 符加飞.浅谈环境保护行政许可听证制度[J].经营管理者,2014(18).

案例 24
遗产转移登记,政府能要求强制公证吗?①

周连勇

一、案情简介

某市某区某花园 A 组团 23-201 室房屋所有权人为曹某。2011 年 5 月 23 日,曹某亲笔书写遗嘱,将该房产及一间储藏室(8 平方米)以及曹某名下所有存款金、曹某住房中的全部用品无条件赠给原告陈某。后曹某于 2011 年 6 月 22 日在医院去世。2011 年 7 月 22 日,原告陈某经某市某公证处作出公证,声明接受曹某的全部遗赠。2011 年 8 月 3 日,原告陈某携带曹某遗嘱、房产证、公证书等材料前往被告区住建局下设的房地产交易中心办理房屋所有权转移登记被拒绝。2011 年 10 月 10 日,原告陈某向被告区住建局提出书面申请,要求被告区住建局依法为其办理房屋所有权转移登记手续,被告区住建局于 2011 年 10 月 27 日书面回复,被告依据司法部、建设部《关于房产登记管理中加强公证的联合通知》(以下简称《联合通知》)第二条之规定,以"遗嘱未经公证,又无'遗嘱继承公证书'"为由不予办理遗产转移登记手续。

原告陈某认为被告区住建局强制公证的做法,与我国现行的《中华人民共和国继承法》(以下简称《继承法》)、《中华人民共和国物权法》(以下简称《物权法》)、《中华人民共和国公证法》(以下简称《公证法》)等多部法律相抵触,于是向某市某区人民法院提起行政诉讼。

二、争议处理

(一)原告主张

原告陈某诉称:某市某区某花园 A 组团 23-201 室住房原为曹某所有。2011 年 5 月 23 日,曹某亲笔书写遗嘱,将该房产及一间储藏室(8 平方米),以及

---
① 案例来源:《中华人民共和国最高人民法院公报》2014 年第 8 期。

曹某名下所有存款金、曹某住房中的全部用品无条件赠给原告陈某。后曹某于2011年6月22日在医院去世。2011年7月22日，原告经某市某公证处作出公证，声明接受曹某的全部遗赠。2011年8月3日，原告携带曹某遗嘱、房产证、公证书等材料前往被告下设的房地产交易中心办理过户手续被拒绝。2011年10月10日，原告向被告提出书面申请，要求被告依法为其办理房屋所有权转移登记，被告于2011年10月27日书面回复，以"遗嘱未经公证，又无'遗嘱继承公证书'"为由不予办理遗产转移登记。

综上，原告认为被告强制公证的做法，与我国现行的《继承法》《物权法》、《公证法》等多部法律相抵触，故提起行政诉讼，要求法院确认被告拒为原告办理房屋所有权转移登记的行为违法，责令被告就该涉案房屋为原告办理房屋所有权转移登记。

原告陈某提交如下证据：① 曹某所书《我的遗言》，证明曹某将涉案房屋遗赠给原告；② 曹某身份证及户籍信息证明复印件各一份，证明曹某的身份；③ 第J00043260号《房屋产权证》、第19372号《国有土地使用权证》各一份，证明曹某对遗言中所涉及房产有合法处置权；④ 编号为0000974号《证明》一份，证明曹某已过世并被安葬；⑤ 某市某公证处出具的《公证书》一份，证明原告已声明接受曹某的遗赠；⑥ 房产分层分户平面图、取号单、发票各一份，证明原告前往被告处办理房屋所有权转移登记，并办理好配图手续及交纳费用，但是被告拒绝为其办理的事实；⑦《关于办理过户登记的申请》及国内特快专递邮件详情单各一份，证明原告向被告书面申请办理过户登记的事实；⑧ 被告区住建局作出的《关于陈某办理过户登记申请的回复》一份，证明被告回复无法为原告办理房屋所有权转移登记；⑨ 某大学司法鉴定中心出具的鉴定意见书一份，证明曹某所书《我的遗言》是其本人书写，是其真实意思表示；⑩ 曹某的死亡医学证明书一份，证明曹某于2011年6月22日在某市第一医院肿瘤内科病房去世的事实。

(二) 被告主张

被告区住建局辩称：根据司法部、建设部《联合通知》第二条之规定："遗嘱人为处分房产而设立的遗嘱，应当办理公证。遗嘱人死亡后，遗嘱受益人须持公证机关出具的'遗嘱公证书'和'遗嘱继承权公证书'或'接受遗赠公证书'，以及房产所有权证、契证到房地产管理机关办理房产所有权转移登记手续。处分房产的遗嘱未经公证，在遗嘱生效后其法定继承人或遗嘱受益人可根据遗嘱内容协商签订遗产分割协议，经公证证明后到房地产管理机关办理房产所有权转移登记手续。对遗嘱内容有争议，经协商不能达成遗产分割协议的，可向人民法院提起诉讼。房地产管理机关根据判决办理房产所有权转移登记手续。"而本案中，原告陈某仅依据曹某所立书面遗嘱为依据提出房屋所有权转移登记申请,该遗嘱并未经过公证,且原告也未提供该遗嘱分割协议,故不符合《联合通知》的规定,不应为其办理房屋所有权转移登记。

综上,被告不予办理房屋所有权转移登记的具体行政行为事实清楚、程序合法、适用法律正确,请求法院依法驳回原告的诉讼请求。

(三) 审理结果

某市某区人民法院一审认为:

根据相关法律、法规规定,房屋登记由房屋所在地的房屋登记机构办理。被告区住建局作为房屋登记行政主管部门,负责其辖区内的房屋登记工作。本案中,曹某书面遗嘱的真实性已进行司法鉴定,某大学司法鉴定中心出具的鉴定结论为:曹某该书面遗嘱中"曹某"签名与提供的签名样本是同一人书写。根据《中华人民共和国行政诉讼法》(以下简《行政诉讼法》)第五十二条之规定:"人民法院审理行政案件,以法律和行政法规、地方性法规为依据。地方性法规适用于本行政区域内发生的行政案件。"以及第五十三条之规定:"人民法院审理行政案件,参照国务院部、委根据法律和国务院的行政法规、决定、命令制定、发布的规章以及省、自治区、直辖市和省、自治区的人民政府所在地的市和经国务院批准的较大的市的人民政府根据法律和国务院的行政法规制定、发布的规章。"另《物权法》第十条的规定:"国家对不动产实行统一登记制度。统一登记的范围、登记机构和登记办法,由法律、行政法规规定。"《继承法》第十六条第三款之规定:"公民可以立遗嘱将个人财产赠给国家、集体或者法定继承人以外的人。"以及第十七条第二款之规定:"自书遗嘱由遗嘱人亲笔书写,签名,注明年、月、日。"另《房屋登记办法》第三十二条规定:"发生下列情形之一的,当事人应当在有关法律文件生效或者事实发生后申请房屋所有权转移登记……"且《房屋登记办法》并无规定,要求遗嘱受益人须持公证机关出具的遗嘱公证书才能办理房屋转移登记。

某市某区人民法院依照《行政诉讼法》第五十四条第(二)项、第(三)项之规定,于2013年7月24日判决如下:

第一,撤销被告区住建局于2011年10月27日作出的《关于陈某办理过户登记申请的回复》。

第二,责令被告区住建局在本判决书发生法律效力后三十日内履行对原告陈某办理该涉案房屋所有权转移登记的法定职责。

被告区住建局不服一审判决,向某市中级人民法院提起上诉,审理过程中,上诉人区住建局同意为被上诉人陈某办理涉案房屋登记手续并申请撤回上诉,某市中级人民法院于2013年10月8日裁定如下:准予上诉人区住建局撤回上诉。

三、顾问点评

(一) 本案争议焦点

本案的争议焦点是:关于司法部、建设部《联合通知》效力的认定。

根据《物权法》第十条的规定:"国家对不动产实行统一登记制度。统一登记的范围、登记机构和登记办法,由法律、行政法规规定。"

本案中,《联合通知》是由司法部和建设部联合发布的政府规范性文件,不属于法律、行政法规、地方性法规或规章的范畴,其规范的内容不得与《物权法》、《继承法》、《房屋登记办法》等法律法规相抵触。行政机关行使行政职能时必须符合法律规定,行使法律赋予的行政权力,不能在有关法律法规规定之外创设新的权力来限制或剥夺行政相对人的合法权利。被告依据《联合通知》的规定要求原告必须出示遗嘱公证书才能办理房屋所有权转移登记的行为与法律法规相抵触,对该涉案房屋不予办理房屋所有权转移登记的具体行政行为违法。

本案中涉及的法理问题主要有:

1. 行政规范性文件在诉讼中的地位

行政规范性文件是指行政机关在行政管理过程中,为执行法律、法规或规章,贯彻党和国家的方针、政策,对社会实施管理,依照法定的职权和程序制定并发布的规范公民、法人和其他社会组织行为的具有普遍约束力的行为规范。

根据《中华人民共和国立法法》第二条的规定,法的形式分为法律、行政法规、地方性法规、自治条例、单行条例和规章,并不包括行政规范性文件。

根据修订后《行政诉讼法》第六十三条的规定:"人民法院审理行政案件,以法律和行政法规、地方性法规为依据。地方性法规适用于本行政区域内发生的行政案件。人民法院审理民族自治地方的行政案件,并以该民族自治地方的自治条例和单行条例为依据。人民法院审理行政案件,参照规章。"在行政诉讼领域,由于行政规范性文件不属于法律、法规和规章的范畴,原则上在行政诉讼中不能作为人民法院审理行政案件的依据或参照。

根据《最高人民法院关于执行〈行政诉讼法〉若干问题的解释》(法释〔2000〕8号)第六十二条的规定:"人民法院审理行政案件,适用最高人民法院司法解释的,应当在裁判文书中援引。人民法院审理行政案件,可以在裁判文书中引用合法有效的规章及其他规范性文件。"可见,对于其他规范性文件在诉讼中的引用,其前提必须是合法有效,且即使其他规范性文件合法有效,法院也不一定必须引用。显然,这与其他规范性文件不属于立法性质有关。

2004年《最高人民法院关于审理行政案件适用法律规范问题的座谈会纪要》同时规定,其他规范性文件不是正式的法律渊源,对人民法院不具有法律规范意义上的约束力,人民法院经审查认为被诉具体行政行为依据的其他规范性文件合法、有效并合理、适当的,在认定被诉具体行政行为的合法性时应承认其效力,人民法院可以在裁判理由中对其他规范性文件是否合法、有效、合理或适当进行评述。

综上所述,行政规范性文件由于排除在法的范畴之外,在行政诉讼中并不能作为法院审理案件的依据或者参照,法院对于其他规范性文件在认定具体行政行为合法性的效力承认,其前提必须是其他规范性文件符合"合法、有效并合理、适当",且法院对于其他规范性文件是否"合法、有效并合理、适当"可以在裁判理由中"评述",也间接说明法院对于其他规范性文件具有"审查"的权力,对于不符合"合法、有效并合理、适当"的其他规范性文件,法院无须承认其效力。本案中被告依据《联合通知》作为抗辩理由,《联合通知》作为其他规范性文件,其内容因与上位法相冲突,明显不符合"合法、有效并合理、适当"的要求,法院对其效力不予认可。

2. 行政规范性文件与法律、法规和规章之间的效力冲突问题

"法制统一"是我国的一项基本宪法原则。《中华人民共和国宪法》第五条第一款规定:"国家维护社会主义法制的统一和尊严。"行政规范性文件实质是对法律、法规和规章的执行、细化,它必须受到国家法律和行政立法的界定、规范和制约,不得与之相冲突,更不能有所逾越,这和"下位法不违反上位法"的原则是相通的。

实践中,不少行政规范性文件与法律、法规、规章相抵触和冲突,下位阶规范性文件与上位阶相关文件不符,更有甚者不顾法律法规相关规定,肆意为行政相对人设置权利义务,造成政出多门,带来执法冲突,大大增加了执法成本。本案中,《联合通知》是由司法部和建设部联合发布的政府规范性文件,不属于法律、行政法规、地方性法规或规章的范畴,通知要求原告必须出示遗嘱公证书才能办理房屋所有权转移登记,其与《物权法》、《继承法》、《房屋登记办法》等法律法规相抵触,违反上位法的规定。作为规范性文件性质的《联合通知》,其本身的效力在法律、法规和规章之下,其内容与上位法相抵触,自然得不到法院的认可。

(二)总结与建议

1. 完善行政法律体系

我国的行政法律体系具备了基本框架,但是体系还不完善,很多行政权的行使都无法可依,只能制定行政规范性文件来弥补空缺。而行政规范性文件在制

定和实施上都不太容易管理,而且随意性很大,经常出现错误和冲突,同时还会造成行政权力的膨胀。所以制定完善的行政法律体系,以缩减行政规范性文件的适用场合,是治理行政规范性文件泛滥的良方。

2. 规范行政规范性文件的制定程序

关于制定行政规范性文件的程序,目前仅在行政规章中有所规定,但在国家法律、法规中几乎没有作出规定,这就导致了行政规范性文件在制定程序方面的不统一,有鉴于此,建议在高层级法律法规中对其制定程序作出统一规范。

3. 确立对行政规范性文件的审查备案

建议行政规范性文件像行政立法一样,报告给相关权力机关备案。这样做的意义有二:一是可以更好地对行政规范性文件的合法性进行确认或否认,从而提高行政规范性文件的质量。二是行政规范性文件上报存档后,可以更方便追究制定主体的责任。

参考文献:

1. 杨永华,沈洁颖. 强制公证制度初探[J]. 行政与法,2003(7).
2. 李倩. 论不动产登记中的强制公证[J]. 暨南大学学报:哲学社会科学版,2011(3).
3. 陈慧娜,郭发产. 处分不动产遗嘱应当实行强制公证[J]. 上海房地,2009(4).
4. 王蕾. 不动产登记中强制公证浅析[J]. 法制与社会,2013(1).

案例 25
政府受理工伤认定需要实质审查吗?[①]

钟 丽

一、案情简介

原告高某是姚某的妻子。2012年12月14日11时15分许,李某驾驶变型拖拉机沿头十一线由东向西行驶至某区头十一线前进街道农村合作银行位置时,与由西向东行驶的姚某驾驶的二轮电动车发生碰撞,造成姚某死亡。经事故认定,李某负主要责任,姚某负次要责任。

原告认为,姚某与第三人某公司存在事实劳动关系,姚某是在上班的路上发生非本人负主要责任以上的交通事故而死亡,根据《中华人民共和国工伤保险条例》(以下简称《工伤保险条例》)的规定应当认定为因工死亡,并于2013年9月23日通过其委托代理人向被告某区人力资源和社会保障局提出申请,申请被告某区人力资源和社会保障局将姚某死亡一事认定为因工死亡。被告某区人力资源和社会保障局收到原告的申请后,于当天向原告发出一份《工伤认定补正材料告知书》,认为原告尚需提供姚某与第三人某公司之间存在劳动关系或事实劳动关系的有效证明材料。之后,原告未提供进一步的申请材料,亦未明确表示撤回工伤认定申请,故被告某区人力资源和社会保障局对原告的申请至今未作出受理与否的决定。原告遂将某区人力资源和社会保障局诉至法院。

二、争议处理

(一)原告主张

原告诉称:原告是姚某的亲属,姚某生前在第三人某公司工地上从事填土工程作业。2012年12月14日11时15分许,李某驾驶变型拖拉机沿头十一线由东向西行驶至某区头十一线前进街道农村合作银行位置时,与由西向东行驶的姚某驾驶的二轮电动车发生碰撞,造成姚某死亡。经事故认定,李某负主要责

---

① 案例来源:浙江省杭州市中级人民法院〔2013〕浙杭民终字第2966号。

任,姚某负次要责任。原告认为,姚某是在上班的路上发生非本人负主要责任以上的交通事故,根据《工伤保险条例》的规定,应当依法认定为工伤,故于2013年9月23日向被告某区人力资源和社会保障局提出工伤认定申请。被告于同日向原告发出一份《工伤认定补正材料告知书》,以申请材料中缺少姚某与某公司之间存在劳动关系或事实劳动关系的证明材料为由,要求原告补正。事实上,原告除了提供初步证据材料证明姚某与某公司之间存在事实劳动关系外,已无法进一步提供相关材料,但时至今日,被告仍未受理原告的工伤认定申请。原告起诉要求责令被告依法受理原告关于姚某的工伤认定申请,并依法作出因工死亡认定。

（二）被告主张

被告某区人力资源和社会保障局辩称:被告已依法履行职责,原告一直未补正工伤认定申请材料。根据《工伤保险条例》第十八条、《工伤认定办法》第六条、第七条、第八条之规定,被告在收到原告的工伤认定申请材料后,即对原告提交的申请材料进行了书面审核,认为缺少能够证明姚某与某公司之间存在劳动关系或事实劳动关系的有效证明材料,故于2013年9月23日发出《工伤认定补正材料告知书》,要求原告补正工伤认定申请材料,直接送达原告的委托代理人并由其签收。而原告在收到《工伤认定补正材料告知书》后,一直未向被告提交能够证明姚某与某公司之间存在劳动关系或事实劳动关系的有效证明材料。被告经审查发现原告提交的工伤认定申请材料不完整,即以书面形式一次性告知原告需要补正的全部材料,程序合法;而原告一直未按照书面告知要求补正材料,也无任何书面反馈意见,致使本案迟迟未能进入受理程序,故原告诉请于理无据。被告已依法履行职责,原告的诉请与事实不符,请求人民法院依法予以驳回。

（三）双方提供的证据材料

第一,原告在法定期限内向法院提交的证据有:

《工伤认定补正材料告知书》,证明被告以缺少存在能够证明劳动关系的材料为由,迟迟不作出工伤认定的事实。

第二,被告某区人力资源和社会保障局向法院提供的证据、依据有:

①授权委托书;②律师执业证,证明原告委托律师处理相关工伤认定申请事宜;③工伤认定申请表;④高某身份证;⑤户口簿内页;⑥家庭情况登记表;⑦某公司工商登记基本情况;⑧死亡医学证明书、居民死亡殡葬证、火化证明;⑨道路交通事故认定书;⑩路线图;⑪证人郭某出具的书面证明及其身份证;⑫证人壬某的书面证明及其身份证;⑬原告与某公司签订的书面协议。证据

③—⑬是证明在2013年9月原告委托代理人向被告提出工伤认定申请,一并提交了部分工伤认定申请材料。同年9月23日,被告收到原告的工伤认定申请材料,经初步审查,发现原告提交的申请材料不完整,缺少工伤认定申请所必需的与用人单位存在劳动关系(包括事实劳动关系)的证明材料;⑭《工伤认定补正材料告知书》,证明2013年9月23日,被告作出一份《工伤认定补正材料告知书》,要求原告补正工伤认定申请材料,直接送达原告的委托代理人并由其签收,但原告一直未向被告提交与用人单位存在劳动关系(包括事实劳动关系)的证明材料,也无任何书面反馈意见。

法庭审查时,原告对被告某区人力资源和社会保障局提供的证据发表以下质证意见:对证据①—⑬没有异议,承认是原告向被告申请工伤认定时提交的材料,其中证据⑪、⑫、⑬即是原告提供的用以证明姚某与某公司存在事实劳动关系的证据,原告已经尽到了提交申请材料的义务。对证据⑭的证据三性没有异议,但认为原告收到该告知书后多次与被告沟通,但被告拒不受理。被告对原告提供的证据没有异议。

经庭审质证,法院认为,原、被告双方对上述证据的三性均没有异议,法院予以采信。

(四)审理结果

法院认为被告发出的《工伤认定补正材料告知书》要求原告提供姚某与某公司之间存在劳动关系或事实劳动关系的有效证明材料,该要求没有法律依据。原告在收到补正告知书之后虽未书面回复被告,但亦没有证据表明其撤回了该申请。在此情况下,被告至今未对原告的申请作出处理决定,构成了怠于履行法定职责的行为。同时,姚某死亡的情形能否构成工伤尚需被告进一步审查判断,原告要求在本案中即责令被告作出姚某构成工伤的认定决定,裁判时机尚不成熟。第三人某公司经法院合法传唤,无正当理由拒不到庭,不影响本案的审理。据此,依照《中华人民共和国行政诉讼法》第五十四条第(三)项、《最高人民法院关于执行〈中华人民共和国行政诉讼法〉若干问题的解释》(法释〔2000〕8号)第五十六条第(四)项、第四十九条第三款之规定,判决责令被告某区人力资源和社会保障局于本判决生效之日起十五日内对原告关于姚某的工伤认定申请作出处理决定。

三、顾问点评

(一)本案争议焦点

本案争议的焦点问题在于如何理解受理工伤认定申请的审查标准。本案中

被告对原告的工伤认定申请不予受理,实际是对工伤认定的申请作出的处理,是一种程序处理,并不属于对是否构成工伤的实体处理,类似于法院审查立案程序。被告以"原告缺少能够证明劳动关系或事实劳动关系的有效证明材料"为由认为原告提交的材料不齐全,实质上被告将证明劳动关系存在的材料的完整性与有效性混为一谈,混淆了工伤认定受理程序和工伤认定程序。

根据《工伤保险条例》第五条第二款的规定,被告某区人力资源和社会保障局具有处理工伤认定申请的法定职责。依据《工伤保险条例》第十八条规定,提出工伤认定申请应当提交下列材料:① 工伤认定申请表;② 与用人单位存在劳动关系(包括事实劳动关系)的证明材料;③ 医疗诊断证明或者职业病诊断证明书(或者职业病诊断鉴定书)。工伤认定申请表应当包括事故发生的时间、地点、原因以及职工伤害程度等基本情况。工伤认定申请人提供材料不完整的,社会保险行政部门应当一次性书面告知工伤认定申请人需要补正的全部材料。申请人按照书面告知要求补正材料后,社会保险行政部门应当受理。

依据原劳动和社会保障部《工伤认定办法》第六条规定,提出工伤认定申请应当填写《工伤认定申请表》,并提交下列材料:① 劳动、聘用合同文本复印件或者与用人单位存在劳动关系(包括事实劳动关系)、人事关系的其他证明材料;② 医疗机构出具的受伤后诊断证明书或者职业病诊断证明书(或者职业病诊断鉴定书)。第八条规定,社会保险行政部门收到工伤认定申请后,应当在十五日内对申请人提交的材料进行审核,材料完整的,作出受理或者不予受理的决定;材料不完整的,应当以书面形式一次性告知申请人需要补正的全部材料。社会保险行政部门收到申请人提交的全部补正材料后,应当在十五日内作出受理或者不予受理的决定。

社会保险行政部门决定受理的,应当出具《工伤认定申请受理决定书》;决定不予受理的,应当出具《工伤认定申请不予受理决定书》。

不论是国务院的行政法规,还是原劳动和社会保障部的部门规章都直接规定申请人提出工伤认定申请时必须提交"与用人单位存在劳动关系(包括事实劳动关系)的证明材料",但是,对于劳动关系存在的证明材料并未要求其"有效性"。换言之,《工伤保险条例》和《工伤认定办法》均未规定人力资源和社会保障部门在受理工伤认定申请时对于申请材料的"有效性"进行审查,在受理阶段的审查应当是一种形式上的审查,即只要申请材料在形式上完整的,即应当予以受理,在受理之后对于工伤认定的实质性审查时,才需要考察申请材料的"有效性"。

结合上述法规、规章的规定,申请人提出工伤认定申请时,应当提供与用人单位存在劳动关系(包括事实劳动关系)的证明材料,收到申请的社会保险行政部门应对申请材料是否完整进行审查,但此时尚无须对申请材料是否有效进行审查。对劳动者提供的这些材料,人力资源和社会保障部门只作形式审查,不作实质审查。通过形式审查,证明标准只要达到可能性即可,不需要达到优势证明的程度。

(二)关于事实劳动关系的举证问题

劳动关系认定是工伤认定行政案件要解决的基本问题。本案中,阻碍原告工伤认定申请受理的原因在于被告认为原告提供的证明劳动关系存在的材料之有效性存问题,这也反映出在实践中所经常面临的对工伤认定中劳动关系的证明问题。

在用人单位与劳动者签订有书面的劳动合同的情况下,劳动者提供与用人单位存在劳动关系的证明材料是非常简单的事情,然而现实情况远非如此简单。在我国,劳动合同制的全面实施还有一个过程,从目前的实际情况看,劳动者没有与用工单位签订劳动合同,只形成事实劳动关系的情况仍然存在。特别是近几年来,受经济下行压力影响,劳动力供求结构性矛盾突出。用人单位为了节约用人成本,违法不签订书面的劳动合同,只建立松散的劳务关系。而劳动者为了生存与就业,加之法律意识淡薄,客观上助长了用人单位的非法用工行为,也大大增加了劳动者在工伤认定过程中的举证难度。

原劳动和社会保障部《关于确立劳动关系有关事项的通知》(以下简称《通知》)中就事实劳动关系的认定作了如下规定:

其一,用人单位招用劳动者未订立书面劳动合同,但同时具备下列情形的,劳动关系成立:① 用人单位和劳动者符合法律、法规规定的主体资格;② 用人单位依法制定的各项劳动规章制度适用于劳动者,劳动者受用人单位的劳动管理,从事用人单位安排的有报酬的劳动;③ 劳动者提供的劳动是用人单位业务的组成部分。

其二,用人单位未与劳动者签订劳动合同,认定双方存在劳动关系时可参照下列凭证:① 工资支付凭证或记录(职工工资发放花名册)、缴纳各项社会保险费的记录;② 用人单位向劳动者发放的"工作证"、"服务证"等能够证明身份的证件;③ 劳动者填写的用人单位招工招聘"登记表"、"报到表"等招用记录;④ 考勤记录;⑤ 其他劳动者的证言等。其中,①、③、④项的有关凭证由用人单位负举证责任。

劳动关系是劳动者承担初步举证责任所要证明的基本事实。要求劳动者同时举证证明《通知》第一条所述的三个事实显然超出了他们的能力范围,《通知》

第二条将部分举证责任倒置给用人单位体现了社会法保护弱势群体的理念。

(三)劳动行政部门在工伤认定程序中是否具有劳动关系确认权

最高人民法院行政审判庭在《关于劳动行政部门在工伤认定程序中是否具有劳动关系确认权请示的答复》(〔2009〕行他字第12号)中确定"根据《中华人民共和国劳动法》第九条和《工伤保险条例》第五条、第十八条的规定,劳动行政部门在工伤认定程序中,具有认定受到伤害的职工与企业之间是否存在劳动关系的职权"。

劳动行政部门应当理清工作职责内涵与边界,依法律的授权对职工因事故伤害(或者患职业病)是否属于工伤或者视同工伤依法进行行政确认。

参考文献:

1. 陈芳.工伤认定过程中存在的问题及对策[J].人力资源管理,2013(4).
2. 曹艳春,马玉宝,闻德生.我国工伤认定一般原则研究[J].燕山大学学报:哲学社会科学,2010(1).
3. 高希.对工伤认定问题的几点思考[J].管理观察,2014(11).
4. 解德海.工伤认定因素界定与分析[J].经济研究导刊,2008(19).
5. 周湖勇.工伤认定举证责任的困境及出路[J].中国劳动,2010(7).
6. 刘彦博.浅论工伤认定中的若干问题[J].法制与社会,2010(24).

案例 26
文物拆毁责任如何追究?①

周连勇　徐以杰

一、案情简介

"中共中央某分局旧址"是某市重要的革命历史遗迹。该楼建于 1936 年,抗日战争时期某市沦陷后,成为日军驻某市司令部。1945 年 10 月 25 日,某分局成立,一直在此办公。某分局作为某地区中国共产党的最高领导机构,在领导某地区人民坚持革命斗争中发挥了重要作用。1995 年 4 月,经省政府批准,某分局旧址被列为省级文物保护单位。

2005 年 3 月 1 日,某师范学院(甲方)与某市某区政府(乙方)签订某师范学院某校区转让协议书(某分局在其院内),协议书约定 2005 年 7 月 11 日前甲方将某师范学院某校区移交给乙方,其中规定甲乙双方权利义务的第十一条表明:"校区内的某分局旧址属省级文物,乙方在接受移交后仍按国家文物管理的有关规定加以保护,与甲方无关。"此前的 2 月 18 日,某省教育厅、财政厅下发的《关于同意某师范学院转让某校区的批复》(以下简称《批复》)文件中第三条表明:"关于校区中列为省级文物的原中共中央某分局旧址东楼和美术楼,不列入本次转让范围。请你校商请文物管理部门办理文物交接手续,确保文物安全。"(此《批复》某师范学院于签订协议当日签收。)

另据调查,某师范学院已委托区文物部门拟定了一份文物移交接受单,但一直未到文物管理部门办理文物交接手续。2005 年 7 月 22 日,某师范学院与某市某区政府正式办理某校区移交手续,某区政府接受某师范学院某校区后,立即交于某中学用于办学。10 月 27 日,某中学召开了校长办公会,会上决定成立领导小组,负责拆建工程对外招标。11 月 3 日,学校总务处副主任安排学校水电

---

① 案例来源:江苏省文物局.实践中的法治:江苏省文物法治实践优秀案例集萃[M].南京:南京大学出版社,2015.

工到某规划局调取某中学新校区规划设计要点和红线图,图纸上某分局被标为"教师公寓",但仍在文物保护红线范围内。11月5日,某中学在未办理任何报批(审)手续的情况下,即与某市某建筑有限公司签订了拆除协议书。某市某建筑有限公司于11月7日开始对东楼拆除。11月12日左右,施工队将东楼的两层以上的部分推倒,施工队即撤离现场。2006年2月9日下午,某区文化局分管文物的副局长和区文管办副主任就古城墙遗址事宜去某中学时,发现东楼被拆,还存有半人高的残壁,当即通知区文管办人员将其拍摄取证。2月11日,某区文化局再次到某中学,将此事的严重性告知了校长,同时要求校方对现存文物建筑根基予以保护,并就此事写一份情况说明。同日,学校与一个体户签订建筑垃圾清理协议书,个体户在交了保证金后进入施工现场清理建筑垃圾,3月15日左右基本清理完毕。至此,"中共中央某分局旧址"的东楼已被全部拆毁,夷为平地。

2006年3月17日上午,某市文化(文物)局接到省文物局转来的举报,称"中共中央某分局旧址"东楼被拆毁。接到举报后,某市文化(文物)局文化综合执法支队立即派人赶赴现场,现场发现"中共中央某分局旧址"东楼确已被拆毁。

二、争议处理

(一) 某市文化行政综合执法支队主张

某市文化行政综合执法支队认为:某中学于2005年11月中旬在未办理任何报批(审)手续的情况下,与某市某建筑有限公司签订了拆除协议,将位于校内的某省政府于1995年公布的省级文物保护单位"中共中央某分局旧址"东楼拆除。2006年2月9日某区文化局执法人员杨某、李某在执行公务时发现该楼被拆只剩有半人高的残壁,即告知该楼为省级文物保护单位,要求立即停工,等待处理。但某中学仍然于2006年2月13日与个体户李某签订协议,将剩余残壁夷为平地。

为支持其主张,某市文化行政综合执法支队提供了如下证据:① 文化行政执法现场检查笔录;② 当事人陈述(询问笔录);③ 省政府公布该文物为省文保单位文件;④ 现场摄像及照片资料;⑤ 规划设计要点(含红线图);⑥ 某市人民政府会议纪要;⑦ 会计师事务所评估报告。

(二) 某中学主张

某中学辩称:① 某中学从未知晓东楼是文物。某分局旧址由三栋楼组成,其中两栋连体,东楼独立,文物标志牌镶嵌在连体楼墙体上;② 某规划部门提供给某中学的红线图上,东楼标注为"教师公寓";③ 转让中,某师范学院未按省教育厅、财政厅下发的文件要求,到文物管理部门办理文物交接手续。

（三）审理结果

某市文化（文物）局认为：某中学于 2005 年 11 月中旬在未办理任何报批（审）手续的情况下,将位于校内的省级文物保护单位"中共中央某分局旧址"东楼拆除。违法事实成立,情节严重,证据确凿。某中学行为已违反了《中华人民共和国文物保护法》（以下简称《文物保护法》）第二十条第三款、第二十六条第一款的规定。依据《文物保护法》第六十六条第一款第（三）项之规定,本机关决定对某中学作出以下行政处罚：罚款人民币 40 万元整。

某中学接受了行政处罚,缴纳了罚款,并按照国家文物局的文件要求,请某大学设计了某分局文物修复和保护规划。两年后,某中学筹集了大量资金复建了某分局旧址东楼,实际履行了民事赔偿责任。

某区吸取该案教训,加大文物保护工作力度,又投资 800 多万元把"中共中央某分局旧址"建设为"中共中央某分局旧址纪念馆"。

三、顾问点评

（一）本案争议焦点

本案的争议焦点问题主要有：① "中共中央某分局旧址"东楼是否属于文物,某中学对此是否明知；② 若属于文物,某中学的行为是否属于违反《文物保护法》的行为及是否应该承担相应的责任及责任大小。

（二）文物与文物行政执法

文物是人类在历史发展过程中遗留下来的遗物、遗迹,具有历史、艺术、科学价值,是人类宝贵的历史文化遗产。对我国来说,文物是中华民族历史发展和传统文化的载体,是我国历史发展和五千年文明的见证。

从我国历史文献看,文物一词最早见于《左传》,但在唐代以前的文献中是分为"文"、"物"两个词,指当时的礼乐典章制度。到了唐代,文物才真正合成一个词,指前代的遗物,既包括可移动文物,也包括古建筑等不可移动文物,接近现代文物学/考古学的文物含义。但是,这时的文物不是国家通用性称谓,更不是法定称谓。民国时期,主要有古物和文物两种称呼。其中,古物含义拓宽,如 1930 年制定的我国第一部文化遗产保护的法律《古物保存法》明确规定："本法所称古物是指与考古学历史学古生物学及其他与文化有关之一切古物而言。"① 民国时

---

① 《中国大百科全书》总编委会. 中国大百科全书 23[M]. 北京：中国大百科全书出版社,2009：306.

期的文物一词主要指不可移动文物,如1935年北平市政府编辑出版了《旧都文物略》,同年还成立了从事研究、修整古建筑的"北平文物整理委员会"。新中国成立后择用文物称谓,20世纪60年代初,我国制定了《中华人民共和国文物保护暂行条例》,1982年出台了《文物保护法》,文物及文物商店等名称就以法律的形式确定了下来。联合国教科文组织曾发起签署《佛罗伦萨协定》,在其通过的一系列有关文物保护的国际公约中,多将文物称为文化财产(cultural property)或文化遗产(cultural heritage)。日本将文物称为文化财。其他国家对文物的称呼也多有不同。

我国《文物保护法》制定于1982年,后经1991年、2002年、2007年、2013年和2015年共5次修改。《文物保护法》第二条明确规定:"在中华人民共和国境内,下列文物受国家保护:(一)具有历史、艺术、科学价值的古文化遗址、古墓葬、古建筑、石窟寺和石刻、壁画;(二)与重大历史事件、革命运动或者著名人物有关的以及具有重要纪念意义、教育意义或者史料价值的近代现代重要史迹、实物、代表性建筑;(三)历史上各时代珍贵的艺术品、工艺美术品;(四)历史上各时代重要的文献资料以及具有历史、艺术、科学价值的手稿和图书资料等;(五)反映历史上各时代、各民族社会制度、社会生产、社会生活的代表性实物。文物认定的标准和办法由国务院文物行政部门制定,并报国务院批准。具有科学价值的古脊椎动物化石和古人类化石同文物一样受国家保护。"该条以列举的方式确定国家保护的文物范围,但它实际上并非文物的所有内涵,如未被确认为文物的民居等。也正因为如此,该条第二款紧接着就规定了"文物认定的标准和办法由国务院文物行政部门制定"。

文物行政执法的正式启动,是以2002年修改公布《文物保护法》为起点的。在此之前,文物行政部门以行使管理权为主,几乎没有执法权。而2002年修改公布的《文物保护法》,则赋予文物行政部门以明确的执法权限,文物行政执法从此得以展开。文物行政执法工作是文物工作的重要组成部分,在打击违法行为、保护文物方面发挥着十分重要的作用。

针对本案,至少有以下四点能够证明东楼为文物且某中学对此是明知的:

① 东楼与另外两幢的建筑年代、风格、楼层完全相同;② 某市人民政府第134号专题会议纪要写明,某师范学院的资产详见江苏某会计事务所有限公司的《某师范学院某校区委估资产的评估报告》,在该报告中,东楼被标注为文物,且某区政府出资3 040万元购买某师范学院某校区给某中学用于办学,某中学的领导也多次参加购买中的商谈和会务活动,某中学校长也出席了134号专题会;③ 在某区规划局提供给某中学的规划图中,东楼确实被标为"教师公寓",但

无论东楼有没有被标为中共中央某分局本体,它都在规划红线之内,即文物保护范围之内,某区规划局提供的设计要点中明确要求"中共中央某分局旧址保护范围内不得建设",同时规定新校区设计规划要"满足消防、安全、人防、文物保护、园林等部门要求";④即使在2006年2月11日前某中学对东楼是否为文物的概念模糊,但2月11日之后,区文化局发现并已明确告知东楼为文物,不能再拆。

(三)文物行政主管部门及其他行政部门行使的文物行政处罚项目

文物行政主管部门行使的文物行政处罚项目主要有如下19项内容:对擅自在文物保护单位的保护范围内进行建设工程或者爆破、钻探、挖掘等作业的处罚;对在文物保护单位的建设控制地带内进行建设工程,其工程设计方案未经文物行政部门同意、报城乡建设规划部门批准,对文物保护单位的历史风貌造成破坏的处罚;对擅自迁移、拆除不可移动文物的处罚;对擅自修缮不可移动文物,明显改变文物原状的处罚;对擅自在原址重建已全部毁坏的不可移动文物,造成文物破坏的处罚;对未取得文物保护工程资质证书,擅自从事文物修缮、迁移、重建的处罚;对转让或者抵押国有不可移动文物,或者将国有不可移动文物作为企业资产经营的处罚;对将非国有不可移动文物转让或者抵押给外国人的处罚;对擅自改变国有文物保护单位的用途的处罚;对文物收藏单位未按照国家有关规定配备防火、防盗、防自然损坏的设施的处罚;对国有文物收藏单位法定代表人离任时未按照馆藏文物档案移交馆藏文物,或者所移交的馆藏文物与馆藏文物档案不符的处罚;对将国有馆藏文物赠与、出租或者出售给其他单位、个人的处罚;对擅自借用、交换国有馆藏文物、擅自处置不再收藏文物的处罚;对挪用或者侵占依法调拨、交换、出借文物所得补偿费用的处罚;对未取得资质证书,擅自从事馆藏文物的修复、复制、拓印活动的处罚;对未经批准擅自修复、复制、拓印、拍摄馆藏珍贵文物的处罚;对买卖国家禁止买卖的文物或者将禁止出境的文物转让、出租、质押给外国人的处罚;对发现文物隐匿不报或者拒不上交的处罚;对未按照规定移交拣选文物的处罚。

同时,文物保护离不开相关职能部门的参与配合、共同保护。从目前我国《文物保护法》及其《中华人民共和国实施条例》(以下简称《实施条例》)等规定中行政处罚权的设置来看,主要涉及公安、海关、工商、建设、环保等部门,其中《文物保护法》及其《实施条例》明确设置行政处罚权的行政机关及其处罚项目有:

公安机关:对刻画、涂污或者损坏文物尚不严重的,或者损毁文物保护单位标志的处罚。

工商行政管理部门:对未经许可,擅自设立文物商店、经营文物拍卖的拍卖企业,或者擅自从事文物的商业经营活动的处罚;对文物商店从事文物拍卖经营活动的处罚;对经营文物拍卖的拍卖企业从事文物购销经营活动的处罚;对文物商店销售的文物、拍卖企业拍卖的文物,未经审核的处罚;对文物收藏单位从事文物的商业经营活动的处罚。

(四) 文物行政处罚程序

依法行政,就是用法律来规范政府的行政行为。法律的规范,不仅包括实体法,还应包括程序法。文物行政执法,当然要依照一定的行政程序进行。文物行政处罚程序与一般的行政处罚程序并无太大的区别,主要适用《中华人民共和国行政处罚法》(以下简称《行政处罚法》)的规定。同时,2005年1月,国家文物局根据《行政处罚法》、《文物保护法》及其他有关法律、行政法规的规定,制定出台了《文物行政处罚程序暂行规定》,同时制定下发配套的文物行政执法文书,为文物行政部门正确实施行政处罚提供了明确的依据,进一步规范了文物行政处罚行为。

根据《文物行政处罚程序暂行规定》,文物行政处罚程序一般为:立案→调查取证→简易程序/一般程序/听证程序(责令停产停业、吊销许可证或者执照、较大数额罚款等行政处罚需进行听证)→送达和执行。

(五) 总结与建议

当前文物行政执法存在的主要问题有:① 文物行政执法机构建设尚有争议,尽管文物行政执法机构建设在日益加快,但是由于长期以来文物行政执法存在着执法机构不健全、执法力量薄弱的现象,同时适逢近年我国大力推行文化体制改革,一时积重难返;② 文物行政处罚项目设置仍有欠缺,包括个别文物行政处罚项目设置不合理、文物行政处罚存在缺失项目等;③ 文物行政处罚种类存在不足,在法律、行政法规没有规定的情况下,我国的行政处罚的种类一般就仅有《行政处罚法》规定的六大类行政处罚(警告,罚款,责令停产停业,暂扣或者吊销许可证、暂扣或者吊销执照,没收违法所得、没收非法财物,行政拘留),不可以采用《行政处罚法》没有规定的行政处罚种类;④ 文物行政处罚幅度设置还不规范,存在法定处罚幅度不合理、自由裁量幅度不明确等问题。

面对上述文物行政执法中存在的主要问题,可以采取以下措施予以解决:① 搁置争议、切实推进文物执法机构建设;② 规范设置,有效惩处各种文物违法行为;③ 完善种类,明确健全文物执法措施手段;④ 科学设计,合理规范文物行政处罚幅度。[①] 另外,还有如下应对之策供参考、借鉴:

---

① 邹建良.当前文物行政执法存在的问题及其对策研究[D].苏州大学硕士学位论文,2010.

一是建立健全队伍,培育坚强过硬的执法力量。这是加强文物执法的根本和基础。从目前设区的市、县级政府文物机构设置情况来看,在文物部门建立健全专职执法队伍,是不太现实的。以某省为例,全省11个设区的市政府和172个县(市、区)政府,大多数都没有设立文物局,少数设区的市、县政府虽然设立了文物局(或旅游文物局),但人员编制十分有限,基本不可能建立专职执法队伍。针对这种情况,可以尝试在市、县文化广播电视新闻出版局文化综合执法大队中建立一个文物执法队,专门负责文物执法,解决没有队伍、无人执法的问题。同时,加强专职执法人员培训,提高他们的行政执法能力和水平。另外,还要对执法人员予以必要的经费、车辆等保障,使他们能够正常开展执法活动。

二是加强协调配合,建立查处违法行为的联动工作机制。打击文物违法行为不只是文物部门自己的事情,也不是靠文物部门自身力量就能够做到的,是政府相关部门的共同责任,需要相关各部门齐抓共管,形成合力。应建立打击文物违法犯罪联动工作机制和文物安全工作联席会议制度,及时通报案情,明确职能分工,周密协调动作,实施联合打击。近年来,各级文物、公安部门联合开展的打击文物犯罪专项行动,效果十分明显,这种经验值得借鉴,应予以推广。

三是政府重视支持,做好查处违法行为的坚强后盾。各级党政领导要树立经济建设、政治建设、文化建设、社会建设、生态文明建设"五位一体"的思想,把文化建设放到与经济建设同等重要的位置,统筹规划,协调发展。防止和纠正重GDP、重政绩工程,轻文化发展、轻文物保护,甚至把二者对立起来,视文物保护为经济发展障碍的错误观念,切实把文化建设摆上位,为文物保护做后盾。

四是加强社会监督,形成查处违法活动的良好氛围。社会监督是查处违法案件的强大力量和有效途径。一些重大违法案件一旦被媒体曝光,就会引起当地领导重视,就会很快得到查处。要坚持双向监督,一方面监督违法行为和违法单位及人员,形成强大的社会舆论压力,推动违法问题解决;另一方面监督文物部门履职尽责情况,鞭策不作为、慢作为和乱作为现象,从而减少知情不报、有案不查现象的发生。

五是严格问责制度,依法严肃查处失职渎职行为。上级文物部门加强对下级文物部门的督察,发现知情不报、有案不查的情况,要提出严肃批评,督促相关文物部门进行整改。对于发生重大文物违法案件造成文物或周边环境严重受损不报不查,或者多次出现对违法案件不报不查的,上级文物部门应致函当地人民政府,建议对文物部门相关领导和人员进行问责,严肃查处失职渎职行为。①

---

① 李家文. 文物行政执法现状探析[N]. 中国文物报,2014-6-24.

(六) 文物行政执法的法治意义

文物行政执法是实施国家法律规范的途径之一。现代社会应是法治社会，现代国家应是法治国家。随着我国改革开放和社会主义市场经济的发展，政治、经济和社会生活的各个方面都发生了一系列深刻的变化。这些变化引起的权力和利益格局变动，必须用法律来加以规范和调整。因而依法治国、走法治国家之路也就成为我们的必然选择。而在一个法治的社会和一个法治的国家中，全部的社会生活和整个的国家管理都必然纳入法治的轨道，因而也就必然要求数量众多的法律规范得到贯彻执行。

文物行政执法是依法行政、实施依法治国方略的环节之一。中国共产党第十五次全国人民代表大会郑重提出了实施依法治国、建设社会主义法治国家的治国方略，1999年3月召开的第九届全国人大二次会议，又庄严地将"依法治国、建设社会主义法治国家"写入了国家根本大法——宪法。由此标志着我们党和国家进入了"依法治国"的历史新阶段。在实施依法治国方略中，依法行政是其重要的组成部分；而要依法行政，行政执法则是关键性环节。一方面，在所有国家机关中，行政机关最为量多人众，行政机关能否依法行政对整个国家实施依法治国方略具有极其重要的意义；另一方面，在全部法律规范体系中，行政法律规范比重也较大，在实施、适用法律规范即在整个国家执法领域中，行政执法又占有非常重要的地位。

文物行政执法是实现国家行政管理职能的方式之一。国家行政管理的目的是实现国家的政治统治和社会管理。古今中外任何一个国家的政治统治和社会管理，都必然是也只能是通过行政管理才能得以实现。在实现国家行政管理的过程中，其环节和方式是多种多样的，诸如行政决策、行政立法、行政执法、行政监督等，而其中行政执法在实现国家行政管理职能中占有十分重要的地位。这是因为，在行政管理的实践过程中，一切行政法律关系所涉及的法律规范，都必须通过行政执法这一基本方式才能得到具体实施和切实执行；一切行政管理和服务，也都必须通过行政执法这一基本方式才能具体而有效地作用于行政相对人和国计民生。正因为如此，我们才说，行政执法是实现国家行政管理职能的重要方式。

通过该起案件，我们应当清晰地知晓文物行政执法应当坚持以事实为依据，以法律为准绳，坚持在实践中发现问题，坚持积极推动文物保护法治化、规范化。我们应当做到：首先，对于有多个建筑群体的文物保护单位，除在醒目位置建立文物标志牌之外，每个单个的文物构建，也应按序号建立文物本体标志，确保文物安全；其次，规划部门的规划设计要点，在提供给内有文物保护单位的政府部门、企事业等单位之前,应先提供给文物行政管理部门,文物行政管理部门对其中涉及文物保护单位的规划进行审核;最后,对于内有文物保护单位的政府部门、企事业单位,在发生转让、拍卖、购买等产权转移行为之前,应到文物管理部门办理文物交接手续,文物行政管理部门在整个产权转让的过程中对文物安全进行监督,转让交易双方必须履行相应责任,确保文物交接安全。

参考文献：

1. 《中国大百科全书》总编委会. 中国大百科全书 23[M]. 北京：中国大百科全书出版社,2009.
2. 邹建良. 当前文物行政执法存在的问题及其对策研究[D]. 苏州大学硕硕士学位论文,2010.
3. 李家文. 文物行政执法现状探析[N]. 中国文物报,2014-6-24.

案例 27
考试作弊不授予学位违法吗？[①]

张 博 王小维

一、案情简介

被上诉人（原审原告）袁某系上诉人（原审被告）某大学应用技术学院工商管理专业 2001 级本科生。2003 年 12 月 24 日，袁某在税法考试中作弊，该科目考试成绩被记零分，并被处留校察看一年的处分。2005 年 4 月 30 日，某大学撤销了对袁某的处分。后又准予袁某补考，其补考成绩为 94 分。2005 年 6 月，袁某完成全部规定课程学习，取得相应学分，获得大学本科毕业证书，但在向某大学申请学士学位时，被口头告知因其在税法考试中作弊，并曾受留校察看一年的处分，根据《某大学学分制学士学位授予工作实施细则》（以下简称《细则》）的规定，已被取消学士学位授予资格。袁某对此不服，遂向某市某区法院提起诉讼。该案经某市中级人民法院二审，现已审理终结。

二、争议处理

（一）上诉人（原审被告）主张

某大学在一审中诉称：《细则》是依据《中华人民共和国学位条例暂行实施办法》（以下简称《实施办法》）的授权而制定的具有法律效力的规范性文件，其中明确规定，考试作弊者不授予学士学位。袁某在税法考试中有作弊行为，故不符合《细则》规定的学士学位授予条件，被告不授予其学士学位并无违法之处。请求维持被告不授予原告学士学位的决定。

上诉人在二审中诉称：① 坚持《细则》是依据《实施办法》授权而制定的合法的规范性文件的主张；② 考试作弊者不能获得学士学位既是某大学制定的具体标准，也是各学位授予单位的通行做法，符合社会公知的学术评价标准；③ 原审法院

[①] 案例来源：《人民司法（案例）》2007 年第 12 期。

认为《细则》不能作为学位授予工作的依据,实质就是判定其违法或无效,超越了司法职权;④ 对被上诉人的考试作弊行为,上诉人给予"留校察看一年"的处分完全符合规定,不存在重复处理的问题,原审法院认为上诉人对被上诉人"处理明显畸重,且有重复处理之嫌"错误。故请求撤销原判,驳回袁某的诉讼请求。

（二）被上诉人（原审原告）主张

袁某在一审中诉称:① 其于2001年9月至2005年6月在某大学就读,修完规定课程,取得相应学分,获得某大学本科毕业证书,具备《中华人民共和国学位条例》(以下简称《学位条例》)规定的授予学士学位的条件,而被告却在原告申请学位时口头告知其已被取消授予学士学位的资格。但原告在校期间未收到被告的处分通知,被告以此为由不授予其学位,程序违法。② 原告的政治思想及学术水平已经达到了《学位条例》、《实施办法》、《普通高等学校学生管理规定》(以下称《管理规定》)规定的授予学士学位的条件,被告制定的《细则》与上述法律、法规相冲突,被告据此不授予原告学位违法。故请求判令被告向其颁发学士学位证书,并承担本案诉讼费用。

在二审中诉称:《细则》的制定超越了上位法的授权范围,上诉人据此作出的不授予被上诉人学位的决定,依法应予撤销。上诉人认为原审法院对《细则》进行司法审查错误的观点没有法律依据。故请求驳回上诉,维持原判。

（三）审理结果

一审法院认为:① 某大学作为从事高等教育的事业单位法人,其对受教育者颁发学位证书的行为,属于依法律、法规授权所作的可诉的具体行政行为。② 针对原告要求授予学士学位的申请,被告只是口头告知其不符合条件,且未告知其诉权,原告依法应适用两年起诉期限的规定。本案原告起诉并未超过法定期限。③《学位条例》、《实施办法》、《管理规定》中都未规定考试作弊者不授予学位。原告因考试作弊已受到纪律处分,被告根据《细则》的规定不授予其学位适用依据错误。④ 仅因一次考试作弊就不授予其学位,处理明显畸重,且有重复处理之嫌。故判决被告对原告的学士学位资格重新进行审核,并承担本案的案件受理费、其他诉讼费。

二审法院认为:① 某大学系国务院授权的高等学校,依法具有对本校本科毕业生授予学士学位的法定职责。它可以根据上位法的授权制定本校学术水平方面的具体标准或其他方面的具体规定,故《细则》为合法有效的规范性文件。② 考试作弊以及学术领域的抄袭、剽窃等既是较为严重的学术道德问题,也是教学管理领域的突出问题,对考试作弊者不授予学位,管理目的正当、处理手段正当。③ 关于授予学士学位的程序问题,目前法律对此规定不详,本案中上诉人口头告知,行政程序确有瑕疵,但尚不足以构成程序违法。综上,撤销一审法院判决,驳回袁某要求某大学向其颁发学士学位的诉讼请求。

三、顾问点评

(一) 本案争议焦点

本案的争议焦点之一是某大学制定的《细则》中关于考试作弊者不授予学士学位的规定是否具备合法性。对此,原告、被告双方和一审、二审法院之间亦产生了分歧,二审法院最终支持了原审被告的主张,即只要该规定不明显直接与上位法的规定相抵触,规定正当、合理,就应认定为合法有效。

本案的争议焦点之二是某大学不授予袁某学士学位工作中是否存在程序违法。对此,一审、二审法院都认定了某大学在此行政程序上的确存在一定瑕疵,如未作出书面决定,未说明不授予学士学位的事实、理由和依据,忽视了行政相对人的申辩权、救济权。但本案的审理法院认为袁某并未因此瑕疵而受到特殊侵害,因而该瑕疵尚不足以导致某大学行为无效的法律后果。

(二) 焦点辨析

大学的行政诉讼被告适格辨析。大学能否成为行政诉讼的适格被告在学界掀起研究热应始于1999年田某诉北京科技大学拒绝颁发毕业证、学位证行政诉讼一案。① 该案主审法官在其裁判文书中对这一问题进行了解答:在我国目前情况下,某些事业单位、社会团体虽然不具有行政机关的资格,但是法律赋予它行使一定的行政管理职权。这些单位、团体与管理相对人之间不存在平等的民事关系,而是特殊的行政管理关系。他们之间因管理行为而发生的争议,不是民事诉讼,而是行政诉讼。尽管《中华人民共和国行政诉讼法》(以下简称《行政诉讼法》)第二十五条所指的被告是行政机关,但是为了维护管理相对人的合法权益,监督事业单位、社会团体依法行使国家赋予的行政管理职权,将其列为行政诉讼的被告,适用《行政诉讼法》来解决它们与管理相对人之间的行政争议,有利于化解社会矛盾,维护社会稳定。《中华人民共和国教育法》(以下简称《教育法》)第二十一条规定:"国家实行学业证书制度。""经国家批准设立或者认可的学校及其他教育机构按照国家规定,颁发学历证书或者其他学业证书。"第二十二条规定:"国家实行学位制度。""学位授予单位依法对达到一定学术水平或者专业技术水平的人员授予相应的学位,颁发学位证书。"《学位条例》第八条规定:"学十学位,由国务院授权的高等学校授予。"因此,大学作为从事高等教育事业

---

① 北京市海淀区人民法院行政判决书〔1998〕海行初字第104号。

的法人,由于其代表国家行使对受教育者颁发学业证书、学位证书的行政权力时引起的行政争议,属于行政诉讼的受案范围。

从上可知,在授予学士学位争议案件中的大学之所以能够成为行政诉讼的适格被告,理由主要有:① 大学虽并非国家行政机关,但其实施的授予学士学位行为是根据国务院颁布的《学位条例》之规定,属行政法规授权的组织所作出的具体行政行为,应构成适格的被告。② 授予学士学位的行为并非被告以平等主体的身份以相对人是否达到学士条件而决定的,被告授予行为受国家行政法规的调整,被告依法履行学士学位的报考审核、组织考试、评定及管理行为,且被告针对特定的相对人就授予学士学位特定的事项作出授予或不予授予的行为。因此,该行为属可诉的准行政行为。本案中,一审法院对某大学被告资格的认定也遵循了上述规则,且辩诉双方对此都无异议。

学校自主办学活动进行司法审查的辨析。大量学生诉学校的行政案件的受理开启了司法对大学管理行为的审查之门,也引发了行政法学理论界对司法审查与大学自治的关系与界限、司法的能动性等问题的深入探讨。在这些案件中,诉辩双方的争议焦点归纳起来主要包括:学校制定自治规则的行为、学校招生行为、学校实施处分学生的行为、高校对学生毕业成绩的评定以及毕业证、学位证的颁发行为、学校对学生的评价行为、教育行政合同纠纷。本案就是一起因不服学校不授予学位证而引发的行政纠纷,该案在审理中又涉及了学校据以作出不授予学位证书的规则本身是否合法的问题。

1. 高校校规的法律地位

高校制定自治规则(俗称"校规")的权力来源于《教育法》、《中华人民共和国高等教育法》(以下简称《高等教育法》)等教育法规授予他们的自主办学权。因而校规的实质合法性决定于高校的法律地位。但由于高校的多重角色,使得校规的具体法律地位在一定程度上呈现扑朔迷离的状态。首先,大学固然是有权的行政主体,其制定校规的行为有抽象行政行为的属性,校规属于规范性文件的一种,受到上位法律规范的约束。其次,大学是一个社会共同体,其制定的规则具有社会自治组织制定的"软法"的特征,在共同体自身事务方面应受到充分的尊重。最后,大学在历史上还曾经是一个"特别权力机构",行使着特殊的管辖权,在"特别权力关系"乃至"基础关系与管理关系"划分等理论走向消亡的今天,由于强烈的学术自治需要,校规仍然拥有一定的特殊色彩。① 这些特殊性,都要

---

① 湛中乐.教育行政诉讼中的大学校规解释:结合甘某诉暨南大学案分析[J].中国教育法制评论,2012(10).

求司法机关在对校规进行审查时,遵循一些特殊的原则——法院不但要避免介入大学法定的自由裁量空间,而且还要尊重大学具有高度属人性的专业判断,这是一种在法律之外的,基于教育学的和大学各专业专门知识的决定。①

2. 司法对校规的实质审查

校规涉及的事项非常广泛,如招生、学籍、证书颁发标准、学生评价标准等,而国家对此往往没有统一的规定,因而这些内部规则的创设一般能够得到社会普遍的认同。同时,国家和社会都积极倡导尊重高校自主办学权,这就要求法院对高校自主办学权范围内开展的活动应该予以充分的尊重。但这并不意味着法院面对此类案件时就应该消极应对,而是应以该活动的合法性审查为主,合理性审查为补充,具体可分为以下两种模式:

一是给予学生处分类案件中的校规审查。法院主要是遵循"具备授权和不与上位法相抵触"的标准进行审查。首先,对行为是否"具备授权"进行审查。依据《教育法》第二十八条第(四)项的规定,确认国家赋予学校及其他教育机构行使对受教育者进行学籍管理、实施奖惩的权利。其次,对校规内容进行"冲突性"审查。《管理规定》第二十七条规定了六种应予退学的情况,第五十四条规定了七种学校可以给予开除学籍处分的情形。法院将校规中的有关条款与之相比对,判断校规所定的惩戒对象、种类、范围、幅度是否与《管理规定》相冲突或超出《管理规定》所定的范围。若超出或冲突,则认定为无效;反之,则认定为有效。在此审查过程中,冲突性审查是关键。

二是拒绝颁发毕业证、学位证类案件中的校规审查。法院虽然仍然遵循了"具备授权和不与上位法相抵触"的标准,但在论证上,更加注重和强调高校的自治属性和学术自由权的保障。因为在这类案件中,上位法主要就是《学位条例》和《实施办法》,而以上法律法规所涉规定非常笼统和原则化。因而,法院普遍遵循了"学校以培养人才为目的,有权对自己所培养的学生质量作出规定和要求"这一准则,出于自主办学权的考虑,大多数情况下对高校校规采取了尊重的态度。

3. 司法机关的程序性审查

2005年以后,正当程序原则已内化在法律条文中,成为行政机关行使行政权力时必须遵循的一项基本法律原则,法院对于违反正当程序的行为,也可以"程序违法"或"程序瑕疵"为由,作出相应判决。依照一般理解,正当程序要求行政主体在作出对相对人具有不利影响的行为前,应听取其申辩;在作出对相对人

---

① 李学永.大学行政行为的司法审查:从特别权力关系到大学自治[J].教育学报,2010(3).

不利影响的行为后,应告知其救济权利。在涉及颁发毕业证、学位证的案件中,法院在司法实践中的基本做法是,按照《学位条例》、《实施办法》的规定,审查高校是否履行了"由系逐个审核本科毕业生的成绩和毕业鉴定等材料,对符合暂行办法第三条及有关规定的,可向学校学位评定委员会提名"的义务;审查学位评定委员会的组织形式是否合法。而对不授予学位决定是否应该以书面形式作出,是否应该听取申辩、陈述并告知、送达等,体现正当程序原则的程序性要求则以"法律未明确规定"为理由,加以排除。本案中,一审、二审法院也是如此判定,认为虽然某大学在行政程序上存在瑕疵,但这些瑕疵并不足以导致其不授予袁某学位证书的决定违法。

(三) 对本案的法律分析

1. 考试作弊者不授予学位的规定并未超越上位法的授权范围

虽然《学位条例》、《实施办法》关于授予学士学位的条件只就学术水平作了两个方面的规定:较好地掌握本门学科的基础理论、专门知识和基本技能;具有从事科学研究或者担负专门技术工作的初步能力。但不能据此认为《细则》关于考试作弊者不授予学位的规定超越了上位法的授权范围,原因如下:

第一,从授予学位工作的法制状况分析,长期以来,我国授予学位工作依据的法律规范主要为《学位条例》及其《实施办法》,但其中专门针对学士学位授予工作的仅有第一条、第三条。如此粗疏的法律规范不可能对学位授予工作作出详尽的规定,因而各学位授予单位根据上位法的授权制定具体实施细则,既是学位授予工作的基本保证,也是依法自主办学的应有之义。

第二,从上位法规定的学士学位授予条件分析,《学位条例》第二条规定,学位申请者必须"拥护中国共产党的领导、拥护社会主义制度"。《实施办法》第四条第一款规定,"授予学士学位的高等学校,应当由系逐个审核本科毕业生的成绩和毕业鉴定等材料,对符合本暂行办法第三条及有关规定的",可列入学士学位获得者名单。可见,学位申请者的学术水平只是获得学士学位的必备条件,而非所有条件。根据上位法的授权,各学位授予单位既可制定本单位授予学士学位学术水平方面的具体标准,同时也可就上述法律条款中的"有关规定"制定具体规定。

2. 不授予学士学位工作中的程序瑕疵不足以导致决定违法

依行政正当程序的要求,行政主体在作出对相对人具有不利影响的行为前,应听取其陈述、申辩,在作出对相对人不利影响的行为后,应当履行告知其救济权利和送达的义务。本案法院认定某大学虽未依此办理,但不宜据此认定为程序违法。主要理由有三:

第一,目前,我国无论是在行政领域还是在行政诉讼领域,判断行政行为程序是否合法的标准是法定程序,即程序的合法性问题。正当程序对保护行政相对人权益虽有积极意义,但尚属理论研讨范畴。因合理性问题并不具有确定性,行政主体在行政管理过程中,对行政程序的合理性无法作出周全、完整的预见,苛求其遵守正当程序,同时存在新的合理性问题。在保护相对人权益的同时,对行政主体履行管理职能带来了巨大的负面影响。因此,除非合理性问题超过一定限度转化为合法性问题,一般不宜以程序不尽合理而认定行政程序违法。

第二,本案的程序瑕疵尚属合理性问题,不足以构成程序违法。某大学决定不授予袁某学士学位,对相对人权益影响重大。某大学未作出书面决定,说明不授予学士学位的事实、理由和依据,忽视了相对人申辩权、救济权,行政程序确有瑕疵。但是,基于法律对不授予学士学位的程序未作具体规定,某大学采用了通常和一贯的做法,其程序符合相关管理领域的公知,对此,不能认为其合理性问题已经转化为合法性问题。

第三,袁某并未因该程序瑕疵而受到特殊侵害。依行政法的一般原理,各行政相对人有权就相同的事实或行为,获得行政主体公正、平等的对待。本案中的某大学决定不授予袁某学士学位,与不授予其他学生学士学位遵循的程序并无明显区别。袁某并未举证证明其因此而受到更为不利的影响,其当然也不应享有优于他人的救济权利。

(四)总结与建议

高校对学生毕业成绩的评定以及毕业证、学位证的颁发行为引发的纠纷如此之多,既凸显了学校与学生在对学生毕业成绩评定的标准和毕业证、学位证的具体授予条件理解上的冲突;又对我国高等学校自身如何正确行使法律、法规赋予其的权力提出了考验,这也是高校对学生毕业成绩的评定以及毕业证、学位证的颁发行为进入司法审查的意义所在。

司法机关在此类纠纷处理过程中,一方面,应进一步降低受理门槛,扩展司法审查范围,直面在校园管理中发挥巨大作用的校纪校规,这在当前对于学生权益的保障有着重要意义。另一方面,在面对教育行政案件时,又应该把握好限度问题。教育行政管理是一个特殊的行政管理领域,受特殊权力关系理论的影响,长期以来,教育行政关系并未纳入司法审查的范围。因教学管理行政行为的特殊性和复杂性,加之司法审查在理论和实践中均有较大分歧,因此,司法在干预教育行政关系时,应充分考虑历史和现实状况,通过与各方的对话和沟通并努力获取直接的可接受性,利用专家学者的法律意见和专门论证,善于把握媒体和公众的意见动向,更紧密地依托法律原则和公认合理的裁量空间等途径,增强理性、渐进介入,保证司法洒向学术殿堂的是温暖阳光而非暴风骤雨。在对相关规定进行合法性审查时,宜粗不宜细,宜宽不宜严,只要其规定不明显直接与上位法的规定相抵触,规定正当、合理,一般不宜认定违法。

参考文献:

1. 湛中乐.教育行政诉讼中的大学校规解释:结合甘某诉暨南大学案分析[J].中国教育法制评论,2012(10).
2. 李学永.大学行政行为的司法审查:从特别权力关系到大学自治[J].教育学报,2010(3).

案例 28
公安局 110 不作为要不要行政赔偿？[①]

周连勇　钟　丽

一、案情简介

2002年6月27日凌晨3时许，原告尹某位于某县县城东门外的工艺礼花渔具门市部（以下简称门市部）发生盗窃，作案人的撬门声惊动了在街道对面劳动就业培训中心招待所住宿的旅客吴某、程某，他们又叫醒了该招待所负责人任某，当他们确认有人行窃时，即打电话110向警方报案，前后两次打通了被告某县公安局"110指挥中心"的电话并报告了案情，但某县公安局始终没有派人出警。20多分钟后，作案人将盗窃物品装上一辆摩托车后驶离了现场。尹某被盗的物品为渔具、化妆品等货物，以及店内被毁坏物品价值总计25 001.50元人民币。案发后，尹某向某县公安局提交了申诉材料，要求某县公安局惩处有关责任人，尽快破案，并赔偿其损失。某县公安局一直没有作出答复，尹某遂向该省某县人民法院提起行政诉讼。

二、争议处理

（一）原告主张

2002年6月27日凌晨，原告尹某在某县县城东门外开办的工艺礼花渔具门市部被盗。当小偷行窃时惊动了门市部对面劳动就业培训中心招待所的店主和旅客。他们即向某县公安局"110指挥中心"报案，但接到报警的值班人员拒不处理。20多分钟后，小偷将所盗物品装上摩托车拉走。被盗货物价值24 546.50元人民币，被毁坏物品折价455元人民币，共计25 001.50元人民币。被告某县公安局接到报警后不出警，违反了职责，是行政不作为。事后，原告尹

[①] 案例来源：尹琛琰诉卢氏县公安局110报警不作为行政赔偿案[J]. 中华人民共和国最高人民法院公报, 2003(2).

某虽多次交涉,要求被告赔偿损失,但其一直推脱不赔。故原告请求法院根据国家赔偿法的规定,责令被告赔偿其全部损失。

原告提供的证据有:① 申请材料一份,证明其起诉前曾要求某县公安局予以赔偿,某县公安局一直不予赔偿。② 证人吴某、程某、任某的书面证言及某县公安局68号文件,证明某县公安局接到报警后不出警行为的存在。③ 工艺礼花渔具门市部进货数、销货数、存货数、修复门等发票三张,证明自己的损失数额。

(二)被告主张

某县公安局"110指挥中心"接到报案后未出警是事实,但对原告尹某主张的损失数额有异议。请求法院划清其承担损失的责任。

某县公安局未提供证据。

(三)审理结果

1. 证据采信

在法庭调查中,被告某县公安局对原告提供的证据的质证意见为:对证据①无异议,承认接警不出警违法事实的存在;对证据②虽无异议,但认为这属于法律规定的赔偿范围,原告起诉不符合国家赔偿法规定的程序;对证据③证明的数额有异议,认为一辆摩托车无法装运这些东西。

某县人民法院审理后认为,原告提供的三份证据符合法律的规定,和本案事实相关联,内容真实,可以作为本案的定案依据。

2. 判决依据

(1)原告有权向被告主张赔偿

根据《中华人民共和国人民警察法》(以下简称《人民警察法》)第二条的规定:"人民警察的任务是维护国家安全,维护社会治安秩序,保护公民的人身安全、人身自由和合法财产,保护公共财产,预防、制止和惩治违法犯罪活动。"第二十一条规定:"人民警察遇到公民人身、财产安全受到侵犯或者处于其他危难情形,应当立即救助;对公民提出解决纠纷的要求,应当给予帮助;对公民的报警案件,应当及时查处。"

根据《中华人民共和国国家赔偿法》(以下简称《国家赔偿法》)第二条的规定:"国家机关和国家机关工作人员违法行使职权侵犯公民、法人和其他组织的合法权益造成损害的,受害人有依照本法取得国家赔偿的权利。"

依法及时查处危害社会治安的各种违法犯罪活动,保护公民的合法财产,是公安机关的法定职责。被告某县公安局在本案中,两次接到群众报警后,都没有按规定立即派出工作人员到现场对正在发生的盗窃犯罪行为进行查处,不履行应当履行的法定职责,其不作为的行为是违法的,该不作为行为相对原告的财产安全来说,是具体的行政行为,且与门市部的货物因盗窃犯罪行为而损失在法律上存在因果关系。因此,原告有权向某县公安局主张赔偿。

(2) 原告起诉符合法律规定

根据《国家赔偿法》第十三条的规定:"赔偿义务机关应当自收到申请之日起两个月内依照本法第四章的规定给予赔偿;逾期不予赔偿或者赔偿请求人对赔偿数额有异议的,赔偿请求人可以自期间届满之日起三个月内向人民法院提起诉讼。"

原告在门市部被盗窃案发后,向被告某县公安局提交了书面申诉材料,要求给予赔偿,符合法律规定的申请国家赔偿程序。某县公安局在国家赔偿法规定的两个月的期间内没有任何意见答复原告,原告以某县公安局逾期不受理为由提起行政诉讼,符合行政诉讼的受理程序。

(3) 双方责任的承担

原告主张的损失数额,有合法的依据,被告某县公安局虽然对具体数额表示怀疑,但由于没有提供相关的具体证据予以否认,因此,对原告主张的财产损失数额应予以认定。原告门市部的财产损失,是有人进行盗窃犯罪活动直接造成的,某县公安局没有及时依法履行查处犯罪活动的职责,使尹某有可能避免的财产损失没能得以避免,故应对盗窃犯罪造成的财产损失承担相应的赔偿责任。原告的门市部发生盗窃犯罪活动时,原告没有派人值班或照看,对财产由于无人照看而被盗所造成的损失,也应承担相应的责任。

三、顾问点评

(一) 本案争议焦点

公安机关接警后未出警,致当事人财产损失,当事人是否可以得到国家赔偿?

根据《人民警察法》规定,人民警察有保护公民人身财产不受侵害的义务,打击各种违法犯罪活动是人民警察的法定职责。公安机关在接到报警后没有出警,系不履行法定职责。根据最高人民法院《关于公安机关不履行法定行政职责是否承担行政赔偿责任问题的批复》中规定:"由于公安机关不履行法定行政职责,致使公民、法人和其他组织的合法权益遭受损害的,应当承担行政赔偿责任。"财产的损失虽不是由公安机关的行为直接造成,但因其没有及时依法履行查处犯罪活动的职责,导致了应当避免的损失而没有避免,其行政不作为行为与财产损失之间存在法律上的因果关系,根据《国家赔偿法》的规定,国家机关违法行使职权侵犯公民、法人和其他组织的合法权益造成损害的,受害人可以取得国家赔偿,所以,本案中的公安机关应当承担赔偿责任。

(二)本案延伸的其他问题

1. 如何理解政府行政不作为

行政不作为指的是行政主体及行政公务人员在所属职责范围内,负有积极实施的法定义务,并且在能够履行即有条件、有能力履行的情况下,没有履行的行政违法行为。这一概念包含以下几个内容:

第一,行政不作为的主体包括行政主体及行政公务人员。根据我国法律规定,行政主体包括行政机关和法律法规授权组织,具体指能独立以自己名义对外行使行政职权并承担行政责任的行政机关或法律法规授权组织。行政公务人员不仅仅指该行政主体的公务人员,也可以是不属于该行政主体的行政公务人员,比如说行政委托过程中的公务人员。

第二,行政不作为违法必须以行政主体负有某种法定作为义务为前提。所谓法定作为义务指法律、法规、规章等法律规范明确规定的行政主体应积极履行的义务。它必须符合以下条件:必须是与行政主体的行政职责相关的义务,也就是说必须是行政主体在其职责范围内能作为的行为;必须是法律、法规、规章中有明确具体规定的作为义务。

第三,行政不作为违法主观条件应当是行政主体有过错,包括故意和过失。若行政主体违反法定义务不作为是因为不可抗力等非主观原因,即使客观上形成了违法的不作为行为,也不能认定为行政不作为。如地震、海啸等自然灾害原因阻碍了行政机关的作为,不能因此而认定行政主体负不作为责任。

第四,行政不作为客观上表现为行政主体在法定或合理期限内未予作为。在实践中经常表现为两种形式:一种是行政主体在接到行政相对人的申请或依职权发现相对人的人身权、财产权需获得保护的情形后,没有启动相应的行政程序;另一种是行政主体虽启动了行政程序,但在法定或合理期限内没有全部完成该程序,属拖延履行义务行为。紧急情况下行政相对人的人身权、财产权需要保护时,行政主体应主动、及时履行义务,不得以期限规定作为抗辩理由。

2. 政府作为义务的来源

第一,法律、法规、规章及规范性文件中规定的作为义务。行政机关行使的行政职权是由法律明确规定的,它是一种国家权力,这种权力是受法律约束的,既是法律规定行政机关应当享有的权利,又是法律规定其必须履行的义务,这些可以统称为法定作为义务,也是最主要的义务来源。法律法规按其性质可以划分为义务性规范、授权性规范和禁止性规范。

第二,行政主体的自我约束性规定的作为义务。行政机关作为履行行政职能的执行机关,行政职权不能由行政机关自行创造、设立而只能为立法所赋予,但是这并不妨碍行政机关为自己设定义务,对行政权实现自我规范不仅是法治原则所使然,亦有利于行政机关自我加压和督促,以更好地行使法律所赋予的职权,更好地为人民服务。

第三,行政合同、行政承诺等契约行为引起的作为义务。行政合同又称行政契约,是指为执行行政公务,与行政相对人确定双方权利义务关系的协议。

第四,先行行为引起的作为义务。先行行为引起的作为义务是指由行政主体先实施的行为,使行政相对人的合法权益处于可能被侵害的危险状态,该行为即要求行政主体采取进一步的措施阻止危险的发生以保护行政相对人的合法权益。

第五,基于信赖利益而产生的行政作为义务。信赖利益是民法帝王条款"诚信原则"在行政法领域的扩充与体现。信赖利益是指公民基于对公权力机关的公益性与所作出行为的先定性而产生的合理期待与信赖。公权力在作出某种行政行为时,公民就有理由对其产生合理期待与信赖的可能,公民的此种信赖要求公权力机关赋予一定的后续作为义务。

3. 政府行政不作为中行政相对人的救济方式

第一,确认违法。这种救济方式适用于行政主体的作为义务已无履行的必要或履行的可能情形,这时若再责令其履行就失去意义,对行政相对人也无益。在这种情况下应当确认违法,给行政相对人情感上的慰藉,为行政相对人申请赔偿提供依据,同时也可以启动工作人员责任追究程序。

第二,责令履行。这种救济方式适用于在认定行政主体还有履行义务的可能与必要性后,责令其在一定期限内履行的情形。

第三,责令赔偿。行政不作为虽然是违法的,但并不必然导致赔偿责任。责令赔偿的适用应当符合以下条件:一是客观上必须损害了行政相对人的合法权益。这种损害必须是客观存在的、直接的。二是行政不作为与行政相对人遭受的损害之间存在因果关系。只要行政主体的法定作为义务是为了保护公民、法人和其他组织的合法权益,行政主体与公民、法人和其他组织的损害结果之间就存在因果关系。三是行政相对人的损害无法通过其他途径得到赔偿。由于《国家赔偿法》中未明确规定可对行政不作为申请国家赔偿,导致在实践中行政相对人因行政不作为受到损害而难以获得真正的弥补,建议在今后修订《国家赔偿法》时对此作出相应的补充、完善。

4. 依职权的行政行为能否构成行政不作为

行政行为分为依职权的行政行为和依申请的行政行为。对于行政不作为,是否必须以行政相对人的申请为条件?在依职权的行政行为情况下,是否还会构成行政不作为?

行政不作为在大多数的情况下以行政相对人的申请为诱因,但是,对于依职权的行政行为在一定条件下也会构成行政不作为。因为,行政机关的许多法定义务即使没有行政相对人的申请也是客观存在并必须履行的。

根据《人民警察法》第二十一条的规定:人民警察遇到公民人身、财产安全受到侵犯或者处于危难情形的,应当立即救助……如果该民警没有上前制止而是径直走开则属行政不作为。当然对这种依职权的行政不作为在认定上,我们须注意义务履行的可能性。不能因为公安机关有维护社会治安的职责,一旦发生治安案件,就要该地区的公安机关承担行政不作为的法律责任,关键是看行政机关所负的义务是否有履行的可能性。

(1) 关于公安机关出警的法定职责

公安机关的出警行为属于依申请的法定职责。以主动性来划分,法定职责分为两类:一类是依申请的法定职责,即行政机关必须有行政相对人的申请才能实施行政行为。在这类行政行为中,行政相对人的申请是行政机关作出行政行为的开始,没有行政相对人的申请,行政机关不得主动作出行政行为。另一类是依职权的法定职责,即在作出行政行为时,行政机关依据法律、法规规定的职权,不需要行政相对人申请即可作出行政行为,若行政机关不作出一定的行政行为即构成不履行法定职责。根据《人民警察法》第二十二条第一款"人民警察对公民的报警案件,应当及时查处"的规定,本案被告如果履行出警的法定职责显然属于前一种情况,即依申请的法定职责。

不能将公民、法人或者其他组织是否提出申请作为判断行政主体不履行作为义务是否构成行政不作为的前提。

行政主体除依行政相对人申请而被动作出相关授益行为外,亦可以依职权产生行政作为义务,例如,一旦发生了违反社会治安管理的行为,无论是否提出申请,公安机关均应依职权作出相应的处理。正如有的学者指出:"行政机关的许多法定义务即使没有相对人申请也是客观存在并必须积极履行的。"①因此,行政主体的作为义务并非一定基于行政相对人的申请而产生,对于依职权的行政行为,只要一定的法律事实发生,行政主体就负有相应的作为义务。行政主体

---

① 陈小君,方世荣. 具体行政行为几个疑难问题的识别研析[J]. 中国法学,1996(1).

若不履行这种作为义务,同样构成行政不作为。

(2) 正确界定"行政不作为"与"行政不能作为"

本案中,公安机关接到群众110报警,在未有意志以外的阻碍原因下没有及时出警履行法定职责,明显构成行政不作为,且本案中公安机关对于行政不作为的事实也已默认,但在行政管理实践中仍应正确界定"行政不作为"与"行政不能作为"。

行政不作为是指行政主体有积极实施法定行政作为的义务,并且能够履行,而未从程序上履行或者拖延履行的行为。此外,行政主体不履行先前行为等引起的作为义务,也构成行政不作为。构成行政不作为包括以下要件:主体上必须是行政主体,即具备行政机关或法律、法规、规章授权的组织;内容上法律、法规、规章为行政主体设定了作为义务;主观上行政主体存在故意或过失;后果上行政主体对法定的作为义务在当时的情况下能够履行,却因故意或过失而没有履行或者拖延履行,行政主体能作为而不作为。本案中公安机关行为符合以上不作为构成要件,不存在争议。

"行政不能作为"虽也属于行政主体没有履行法定作为义务的行为,但它是因意志以外的客观因素限制而无法履行法定作为义务的,故属于免责行为,不构成行政不作为。只有行政主体及其工作人员在当时情况下,有作为的可能性而出于主观意志范围内的原因(故意或者过失)没有作为的,才能构成行政不作为;否则,就是"行政不能作为"而不是"行政不作为"。

在依法治国方略已成为全社会的普遍共识并被深入推进的情况下,在建设法治政府、服务型政府成为社会治理的基本目标的形势下,关注和推动行政不作为诉讼是依法行政的必然要求,寄希望于通过人民法院对行政权进行合理的干预与司法审查是司法权监督行政权、制约行政权并保障公民合法权益的重要可能路径与现实的畅通渠道。

参考文献:

1. 汤晶. 论行政不作为的救济[J]. 法制与社会,2014(28).
2. 王敏. 也论警察程序正义[J]. 河南警察学院学报,2014(2).
3. 韩海凤. 浅议行政不作为国家赔偿责任制度[J]. 法制与社会,2014(3).
4. 陈诚. 浅析行政不作为致害国家赔偿的归责原则[J]. 法制与社会,2013(30).
5. 顾冶青. 行政不作为及其救济:Negative Administrative Behavior and Its Remedy[J]. 河北法学,2005(4).
6. 王世涛. 论行政不作为侵权[J]. 法学家,2003(6).

7. 曹慧丽,揭萍,姚平.论行政不作为行为的界定[J].江西公安专科学校学报,2004(4).
8. 周佑勇.行政不作为的理论界定[J].江苏社会科学,1999(2).
9. 毕维良.论行政不作为的赔偿责任[J].黑龙江科技信息,2010(11).
10. 陈小君,方世荣.具体行政行为几个疑难问题的识别研析[J].中国法学,1996(1).

案例 29
公安机关能否拒绝律师会见犯罪嫌疑人？[①]

钟 丽

一、案情简介

2002年10月10日,犯罪嫌疑人李某因涉嫌参加黑社会性质组织罪被某县公安局刑事拘留,羁押于某县公安局看守所。11月16日,李某家属与丁律师事务所签订了"为犯罪嫌疑人李某担任辩护人的委托协议"。律师事务所指派律师担任李某的辩护人。律师在11月16日向侦查机关递交了委托手续,并多次向看守所出具会见函等手续,某县看守所均以李某案"涉黑",应经侦查机关批准为由而未安排会见。律师因此花去交通费144元,住宿费30元。某律师事务所以某县公安局不履行法定职责,向某县人民法院提起诉讼。

二、争议处理

(一)原告主张

原告某律师事务所诉称:

2002年11月16日,我所与犯罪嫌疑人李某的家属签订了委托代理合同,我所随即指派律师担任李某的辩护人。律师从11月16日起至该案移送审查起诉之日止,多次到某县公安局看守所要求安排会见李某,看守所的工作人员在查验了提交的委托书、律师执业证、会见在押犯罪嫌疑人介绍信后,以要办案单位批准为由,均未安排会见。律师也多次到某县公安局找办案人员,办案人员又以李某案"涉黑"为由未予批准。某县公安局不安排律师会见在押犯罪嫌疑人李某,其行为违反了《中华人民共和国刑事诉讼法》(以下简称《刑事诉讼法》)第九十六条、《最高人民法院、最高人民检察院、公安部、国家安全部、司法部、全国人大法制工作委员会关于刑事诉讼法实施中若干问题的规定》(以下简称《规定》)

[①] 案例来源:湖南省桂阳县人民法院〔2004〕桂行初字第01号。

第十条的规定,剥夺了原告指派律师的法定会见权。

为此,请求法院依法判令:① 被告不安排原告指派律师会见在押犯罪嫌疑人李某的不作为行为违法;② 被告赔偿原告差旅费274元;③ 被告赔偿原告误工费11天计550元;④ 被告向原告书面赔礼道歉。

(二) 被告主张

被告某县公安局辩称:

其一,我局未安排原告指派的律师会见在押犯罪嫌疑人李某,是依法办事。李某是公安部挂牌督办的黑社会性质组织成员之一,根据《中华人民共和国保守国家秘密法》第八条第一款第(六)项、第十条,公安部、国家保密局《公安工作中国家秘密及其密级具体范围的规定》第三条第一款第(二)项第(五)目、第(三)项第(六)目,《刑事诉讼法》第九十六条第二款,《公安部关于律师在侦查阶段参与刑事诉讼活动的规定》第十条的规定,该案属涉及国家秘密案件,我局未安排律师会见,并作出解释是正确的。

其二,该案不属行政诉讼受案范围,律师会见在押犯罪嫌疑人,公安局看守所许可或不许可辩护律师会见在押犯罪嫌疑人都是依据《刑事诉讼法》的规定进行的,两者之间的关系受刑事诉讼法律规范调整,是刑事诉讼法律关系,因此,我局未安排原告指派律师会见在押犯罪嫌疑人李某的行为是刑事司法行为而不是行政行为,不属于《中华人民共和国行政诉讼法》(以下简称《行政诉讼法》)第十一条规定的受案范围。如果律师不服,可以向有关部门进行申诉、控告,而不是提起行政诉讼。

其三,原告某律师事务所不具有诉讼主体资格。根据《刑事诉讼法》的规定,享有会见在押犯罪嫌疑人的权利主体是受委托的律师,而不是律师事务所。所以,原告在本案中不具有诉讼主体资格。

综上所述,请人民法院依法驳回原告的起诉。

(三) 审理结果

某县人民法院经审理后认为:

根据《刑事诉讼法》第九十六条规定,受委托的律师可以会见在押的犯罪嫌疑人,看守所是否许可律师会见在押的犯罪嫌疑人是其法定职责。

被告某县公安局所辖看守所在查验了原告某律师事务所指派律师所提交的委托书、律师执业证、律师会见函后,未按照《刑事诉讼法》及六部委的《规定》安排律师会见在押犯罪嫌疑人李某,其不作为行政行为违反了法律规定,侵犯了原告的合法权益,由此造成损失应予适当赔偿。故原告的部分诉讼请求,法院予以支持。其他诉讼请求,因未提交有效证据,法院不予支持。

依照《最高人民法院关于执行〈中华人民共和国行政诉讼法〉若干问题的解释》(法释〔2000〕8号)第五十七条第二款第(一)项、第五十六条第一款第(四)项、《中华人民共和国行政诉讼法》第六十七条第一款、第六十八条第一款的规定,法院于2004年3月3日作出判决如下:

其一,确认某县公安局不许可某律师事务所指派律师会见在押犯罪嫌疑人李某的具体行政行为违法。

其二,由某县公安局赔偿某律师事务所损失174元。

其三,驳回某律师事务所的其他诉讼请求。

(四)判决理由

第一,李某虽涉嫌参加黑社会性质组织,但该案案情及案件性质并不涉及国家秘密,因此,不能以侦查过程需要保守秘密为由而将此案作为涉及国家秘密的案件。

第二,律师的会见权虽然来源于《刑事诉讼法》,但是否许可律师会见在押犯罪嫌疑人,则是公安机关实施的具体行政管理行为,因为该行为针对的是除犯罪嫌疑人以外的第三人即律师,它不是针对犯罪嫌疑人的刑事强制措施,对律师而言,该行为具有行政管理的性质。因此,对该行为不服而提起行政诉讼,应属人民法院行政诉讼的受案范围。

第三,本案受委托的律师要求会见在押的犯罪嫌疑人李某,并出示了某律师事务所的律师会见在押犯罪嫌疑人的函,因此,某律师事务所与某县公安局不许可律师会见在押犯罪嫌疑人李某的具体行政行为有法律上的利害关系,某律师事务所可以依法提起行政诉讼。

三、顾问点评

(一)本案争议焦点

本案对公安机关不许可律师会见在押犯罪嫌疑人的行为进行司法审查,其所争议的焦点是:① 公安机关(看守所)许可律师会见犯罪嫌疑人,被告人是行政行为还是司法行为? ② 律师事务所主体是否适格?

根据《中华人民共和国宪法》、《中华人民共和国国务院组织法》、《中华人民共和国刑法》(以下简称《刑法》)、《中华人民共和国刑事诉讼法》及行政法律法规,公安机关是一个单一主体却行使双重职能的行政机关,除了行政权还具有刑事司法权,以及由此产生的两种性质相异的行为:刑事司法行为和行政管理行为。对于后者,公民、法人和其他组织认为公安机关的具体行政行为侵犯其合法权益,可依法向人民法院提起行政诉讼。对于前者则不能提起行政诉讼,由此实践中便出现了将具体行政行为认定为刑事司法行为而排除在行政诉讼受案范围之外的规避行为。

(二)焦点辨析

我国公安机关具有双重身份和双重职能,它既是刑事诉讼侦查机关,又是公安行政管理机关;既具有刑事侦查职能,又具有行政管理职能。

公安行政行为是指公安机关依照治安管理、道路交通管理、户籍登记管理等行政法律、法规,针对特定公民、法人或者其他组织权利、义务所作的特定的单方行为。也就是说,公安机关在行政管理过程中实施的行政处罚、行政强制以及其他行政决定行为是行政行为,行使的是公安行政管理职能。修订后的《行政诉讼法》第二条将原"具体行政行为"修订为"行政行为",第十一条更是进一步扩大行政诉讼受案范围,由此可见,公安机关的行政行为毫无疑问是可诉的,属于人民法院行政诉讼的受案范围。

刑事侦查行为是指公安机关、人民检察院在办理案件过程中,依照法律进行的专门调查工作和有关的强制性措施的行为。其中,所谓"专门调查工作"是指刑事诉讼法所规定的由公安机关和人民检察院依法进行的讯问犯罪嫌疑人、询问证人、勘验、检查、搜查、扣押物证书证、鉴定、通缉等活动;所谓"有关的强制性措施"是指为保证专门调查工作的顺利进行,侦查机关所采取的拘传、拘留和逮捕等强制性限制人身自由的措施。公安机关在刑事侦查过程中行使的是刑事侦查职能,根据《最高人民法院关于执行〈中华人民共和国行政诉讼法〉若干问题的解释》(法释〔2000〕8号)第一条的规定,公安机关依照刑事诉讼法的明确授权实施的行为不属于行政诉讼的受案范围,即刑事侦查行为不可诉。公安机关的刑事侦查行为是否合法则由检察机关实施法律监督。

由于公安机关的行政行为是可诉的,而刑事侦查行为具有不可诉性,所以公安机关在实践中应当严格依法区分行政行为与刑事侦查行为。

刑事侦查行为与公安行政行为的区别主要有三个方面:

第一,两者的适用程序和法律依据不同。公安行政行为适用的是行政执法程序,使用的是行政法律文书,法律依据是公安行政法律规范;刑事侦查行为适用的是刑事诉讼程序,这种程序的要求比行政执法程序更为严格。刑事侦查行为使用的是刑事法律文书,它在名称、格式、内容上与行政法律文书完全不同。其法律依据是《刑法》、《刑事诉讼法》及相关司法解释等刑事法律规范。

第二,两者的对象和目的不同。公安行政行为适用的对象是有一般违法行为的公民、法人或者其他组织,目的是通过处理当事人的违法行为,维护行政管理秩序,推进行政事务的开展;而刑事侦查行为的目的是为了查证和打击犯罪活动,保障司法事务顺利进行。公安机关进行刑事侦查的前提是有犯罪事实存在,并且侦查的对象涉嫌犯罪,在无该前提条件下采取的强制性措施,只能认定是公安行政行为。

第三,两者的性质和法律后果不同。公安行政行为是行政执法行为,是针对违法行为所实施的一种较轻的法律制裁。公安行政行为着重于管理,自始至终由公安机关独家办理,其法律后果是要使行政管理相对人承担行政法律责任;刑事侦查行为是刑事执法行为,是针对犯罪行为所实施的一种严厉的法律制裁。刑事侦查只是刑事诉讼的一个环节,此后还有一定的后续工作,即可能将案件移送检察院起诉,或按照《刑事诉讼法》规定的程序结案。该行为着重于打击犯罪,其法律后果是要使犯罪分子或犯罪嫌疑人承担刑事法律责任。

1. 公安机关拒绝安排律师会见犯罪嫌疑人的行为是行政行为,而不是司法行为

公安机关拒绝安排律师会见犯罪嫌疑人的行为是基于行政权而非基于司法权,严格来讲司法权仅归属于法院,在此基础上的司法行为是法院基于司法权对案件进行审理和裁判的行为。公安机关行使职权的行为,包括刑事强制措施行为和刑事侦查行为,严格说来都是行政行为,只是因为刑事强制措施行为和刑事侦查行为与作为司法行为对刑事案件的审理、裁判行为具有关联性和连续性,如在未进行审理裁判前过早地对刑事强制措施行为和刑事侦查行为进行司法审查,可能不利于刑事案件办理的顺利和连续进行,不利于对犯罪行为的追究,故法律和司法解释将之从行政诉讼范围中排除。但这并不意味着刑事强制措施行为和刑事侦查行为就是本来意义的司法行为,更不意味着不属刑事强制措施行为和刑事侦查行为的公安机关安排或拒绝安排律师会见犯罪嫌疑人的行为也是司法行为。

2. 律师事务所是否具有诉讼主体资格

根据《中华人民共和国律师法》第十五条规定:"律师事务所是律师执业机构。"第二十三条规定:"律师承办业务,由律师事务所统一接受委托,与委托人签订书面委托合同。"法律赋予律师事务所法定组织资格,律师事务所指派律师到看守所会见犯罪嫌疑人,并向公安机关提出申请并提供相关证件材料等法定手续,而公安机关不安排会见是具体行政行为不作为,与律师事务所存在法律上的利害关系。公安机关不安排会见的行为直接侵害了律师事务所的执业活动,损

害了律师事务所的合法权益,律师事务所可以依法以自己的名义提起诉讼。根据修订后《行政诉讼法》第二十五条第一款的规定:"行政行为的相对人以及其他与行政行为有利害关系的公民、法人或者其他组织,有权提起诉讼。"因此,本案中的律师事务所同时也当然具备行政诉讼主体资格,将它作为本案的原告是适格、有效的。

(三)总结与建议

第一,公安机关在实践中应当严格依法行使刑事司法权,滥用刑事司法权将导致刑事司法行为和行政行为难以界定,弱化行政机关严谨性、权威性的同时也给人民法院的司法实践带来困难。针对这种状况,界定我国公安机关的行政行为与刑事司法行为的标准至关重要。公安机关所行使的职权究竟是"刑事司法权"还是"行政管理权"主要从该履职行为所依据的职权性质和该履职行为所依据的法律法规性质两个方面进行界定。

第二,纠正办案人员对《刑事诉讼法》和律师工作存在着的以往认识上的偏差,重新认识律师的作用,消除那种认为律师会干扰侦查机关的调查取证、正常破案、放纵犯罪分子的认识,认识到律师参与刑事诉讼活动的积极作用,正确理解律师在促进司法公正,维护犯罪嫌疑人、被告人的合法权益,防止冤、假、错案发生等方面具有的重要意义。

第三,加强对一线工作人员专业法律知识的系统培训,从法制角度去考虑问题,依法办事,提高办案素质,使犯罪嫌疑人获得辩护的权利落到实处。

第四,加强服务宗旨的思想教育,克服特权思想,严格依照法律的规定、法定的程序办案,并加强内部监督、制约、处罚机制,提高社会公众对司法机关公正执法的信赖,只有这样,才能真正做到依法办案、依法行政、依法治国,使法律的尊严得到更好地维护。

本案的重要贡献就是从行政诉讼的角度为一个看似属于刑事诉讼范围的问题找到了正确的解决出路,即把公安机关拒绝律师会见犯罪嫌疑人的行为作为行政不作为,纳入了行政诉讼程序。在当代依法行政、建立法治政府的理念下,正确界定公安机关等兼具行政管理和刑事司法权的行政机关所实施的履职行为性质,并将其实施的属于行政管理行为范畴的行政行为纳入行政诉讼程序,将有效制约此类政府机关履职行为,将原本此类模糊状态下的行政管理行为清晰化,此举是国家法治发展的趋势,更是法治进步的体现。

参考文献：

1. 张娟.试论公安机关行政行为和刑事司法行为的界定[J].合肥工业大学学报:社会科学版,2002(3).
2. 曹文安.论公安具体行政行为与刑事司法行为的区分标准[J].福建法学,1994(1).
3. 杨俊.我国行政诉讼受案范围逐步扩大之机理与构想[J].学海,2005(2).
4. 李科蕾.公安行政行为与刑事侦查行为的甄别[J].重庆城市管理职业学院学报,2006(4).
5. 温书敏.公安行政行为与刑事侦查行为关系之理论初探[J].行政法学研究,1998(3).
6. 戴凯平,罗瑛.关于公安刑事行为转公安行政行为的研究[J].北京人民警察学院学报,2010(5).
7. 张雪丹.论行政诉讼受案范围反思与重构[J].法制博览:中旬刊,2014(12).

案例 30
监狱的监管行为是否可诉?①

周连勇 马 源

一、案情简介

2009年原告潘某因犯诈骗罪获刑六年,被送至被告某监狱服刑。入监体检时潘某否认自己的结核病史,关押后没有反映真实情况,也未因此病提出就诊诉求。2012年潘某经法院裁决予以假释。假释后潘某到医院就诊患肺结核病,后病情恶化,花费巨额医药费才挽回生命。治疗期间,原告潘某的家人多次找被告某监狱寻求经济帮助无果。原告潘某认为被告某监狱无视自己的生命健康权,一再延误其治疗,是被告某监狱的不作为才导致自己病情恶化。2015年原告潘某对被告某监狱提起行政诉讼,请求某区人民法院确认某监狱未履行医疗保健行政行为违法,并索取赔偿。

二、争议处理

(一)原告主张

原告诉称:根据《中华人民共和国监狱法》(以下简称《监狱法》)第五十四条规定,监狱应建立医疗机构和生活卫生设施,建立罪犯生活卫生制度,罪犯的医疗保健列入监狱所在地区的卫生防疫计划。某监狱完全没能做到上述这点,才导致原告出狱后肺结核严重恶化。所以某监狱负有不可推卸的责任。

(二)被告主张

被告辩称:本案不属于人民法院行政诉讼的受案范围。《监狱法》第二条规定:"监狱是国家的刑罚执行机关。"《最高人民法院关于执行〈中华人民共和国行政诉讼法〉若干问题的解释》(以下简称《解释》)第一条第二款第(二)项明确规定:公民、法人或者其他组织对下列行为不服诉讼的,不属于人民法院行政诉讼

---

① 案例来源:江苏博事达律师事务所代理案件。

的受案范围……(二)公安,国家安全等机关依照刑事诉讼法的明确授权实施的行为……根据上述法律及司法解释的规定:① 监狱的性质是国家刑罚执行机关,具有司法性质,不是通常意义上的国家行政管理机关;② 监狱刑事的职权是刑事执法权,不具有一般行政机关的行政管理权;③ 监狱的管理对象是特定的,监狱的管理行为属于对于一个单位内部特定人员的管理,原告不具备行政相对人的资格。因此,被告对原告的管理、改造等管理行为和执法行为,不属于行政诉讼的受案范围,人民法院依法应不予受理,已经受理的应当依法驳回起诉。此外,被告在原告服刑期间,已依法对其进行管理,包括生活、医疗等方面。原告在服刑期间也没有肺结核病复发的症状,因此原告认为其在服刑期间肺结核病情恶化没有事实依据。

(三) 审理结果

某区人民法院认为,原告提起行政诉讼,应当属于人民法院行政诉讼案件的受案范围。《中华人民共和国行政诉讼法》(以下简称《行政诉讼法》)第二条规定:"公民、法人或者其他组织认为行政机关和行政机关工作人员的行政行为侵犯其合法权益,有权依照本法向人民法院提起诉讼。"《监狱法》第二条规定:"监狱是国家的刑罚执行机关。"根据上述法律规定,被告某监狱不属于行政机关,被告对原告的监管行为不应属于行政行为,因此本案依法不属于人民法院行政诉讼案件的受案范围。依照《最高人民法院关于执行〈中华人民共和国行政诉讼法〉若干问题的解释》第三条第一款第(一)项的规定,裁定驳回原告的起诉。

三、顾问点评

(一) 本案争议焦点

本案的争议焦点是监狱与罪犯之间的法律关系究竟是刑事法律关系还是行政法律关系。

《监狱法》第二条明确规定:"监狱是国家的刑罚执行机关。依照刑法和刑事诉讼法的规定,被判处死刑缓期二年执行、无期徒刑、有期徒刑的罪犯,在监狱内执行刑罚。"这条规定用准确简明的法律语言,从国家法制的高度明确界定了我国监狱的性质。

监狱是国家刑罚执行机关,监狱对罪犯的监管和改造是依法执行国家刑罚的刑事司法活动,监管与被监管、改造与被改造的刑罚执行关系。从法律形式上来看,监狱与罪犯之间的刑罚执行法律关系属于刑事法律关系的范畴。

(二) 法律关系分析

监狱与罪犯之间的刑罚执行法律关系是由刑事法律所确认和调整的,监狱在刑罚执行过程中与罪犯之间是以刑罚执行为纽带所形成的,是以惩罚和被惩罚、改造和被改造为核心内容的权利义务关系。监狱与罪犯之间的刑罚执行法律关系属于刑事法律关系,理由如下:

1. 法律规范是决定法律关系性质的形式特征

一种法律关系的成立必须同时具备两个条件:一是具有某种现实的社会关系存在,二是国家制定了相应的法律规范对这种社会关系进行调整。社会关系的范围是极其广泛的,不可能所有社会关系都被纳入到法律关系的范畴,只有那些对社会秩序影响较大的社会关系,国家才把它上升为法律关系,通过制定法律规范对其进行利益调整。任何一个部门法的法律规范对与其相对应的社会关系进行调整就会形成一类法律关系。监狱与罪犯之间的刑罚执行法律关系是由《中华人民共和国刑法》(以下简称《刑法》)、《中华人民共和国刑事诉讼法》(以下简称《刑事诉讼法》)和《监狱法》等刑事法律规范确认和调整的,所以监狱与罪犯之间的刑罚执行法律关系属于刑事法律关系的范畴。

2. 国家意志性是构成刑事法律关系的本质特征

从本质上讲,刑事执行法律属于刑事法律,而刑事法律最本质的属性就是国家意志性,它是国家希望通过刑罚权的运用而实现预防犯罪、打击犯罪、惩罚和改造罪犯目的的意志法定化。所以,作为刑事法律所调整的刑事执行法律关系所表现的意志内容是国家希望通过行刑而实现惩罚和改造罪犯的刑罚目的。这是刑事执行法律关系最本质的特征。

3. 刑事强制性是构成刑事法律关系的主体特征

从法律关系的主体来看,刑罚执行法律关系表现为主体之间惩罚和被惩罚、改造和被改造的社会关系。无论是监狱还是罪犯,在确认、变更、消灭监狱刑罚执行法律关系过程中,都没有选择的自由,而只能严格按照法律规定进行。对罪犯而言,这种法律关系的确立具有绝对的刑事强制性,它的实现是国家强制力量直接作用的结果,而民事法律关系、行政法律关系等则一般是以间接的国家强制力作为后盾。监狱刑罚执行直接以国家的名义将罪犯强行纳入到刑事法律关系之中,用禁止性的法律规范不容争议地规定了主体之间的权利义务关系。如果罪犯不履行他们应尽的义务,那么他们将面临的可能直接是刑事制裁。监狱与罪犯之间的刑罚执行法律关系体现出刑事强制性的特征,是国家强制力量直接作用的结果,因此是一种刑事法律关系。

4. 刑罚上的权利义务关系是刑事法律关系的内容特征

监狱与罪犯之间的刑罚执行法律关系的内容是指法律关系主体所享有的权利和应承担的义务。这种主体的权利义务主要是由刑事法律规定的,是以刑罚执行为中心的权利义务关系,是一种刑事法律关系。作为执法主体,监狱的主要职权是刑罚执行权,包括刑罚的施行权、刑罚执行变更建议权、教育改造权、劳动改造权、监管改造权等。监狱所承担的义务,主要有依法行刑的义务、保障人权的义务、接受人民检察院行刑监督的义务等。作为执法对象,罪犯所享有的权利主要是人格权、合法财产权、辩护权、申诉权、控告权、检举权以及其他未被依法剥夺或者限制的权利,需要承担的义务主要有服从管理、参加教育、参加劳动、接受改造等。监狱和罪犯的权利义务体现出刑罚上的特征,因此,监狱与罪犯之间的刑罚执行法律关系当然是刑事法律关系。

(三) 监狱刑罚执行行为不可诉

《行政诉讼法》第二条规定:"公民、法人或者其他组织认为行政机关和行政机关工作人员的行政行为侵犯其合法权益,有权依照本法向人民法院提起诉讼。"《刑事诉讼法》第二百五十三条规定:"对被判处死刑缓期二年执行、无期徒刑、有期徒刑的罪犯,由公安机关依法将该罪犯送交监狱执行刑罚。"《解释》第一条第二款第(二)项的规定,公安,国家安全等机关依照刑事诉讼法的明确授权实施的行为,公民、法人或者其他组织对下列行为不服诉讼的,不属于人民法院行政诉讼的受案范围。

监狱对罪犯执行刑罚,是监狱依照刑事诉讼法明确授权实施的司法行为,而不是行政行为。罪犯就监狱执行刑罚的行为提起诉讼,不属于行政诉讼的受案范围,人民法院依法应裁定不予受理。

(四) 总结与建议

第一,关于监狱刑罚执行职能之外有无行政职能?正如公安机关在进行治安处罚时履行的是行政管理职能,在捉贼拿赃,刑事拘留犯罪嫌疑人时履行的是刑事职能一样,监狱对罪犯履行刑事职能的同时,对于单位内部公务员序列的干警履行的也是行政管理职能。监狱与其属下干警之间如有奖惩、任免等纠纷,依照现行《行政诉讼法》的规定,也不在行政诉讼的受案范围,但由此可以肯定的是:依据现行法律的规定,中国监狱兼具刑罚执行职能和行政管理职能应该是毋庸置疑的法律状态。

第二,法院对于罪犯起诉监狱的行政案件到底是程序上驳回还是需要实体上审理?基于监狱存在刑罚执行与行政管理的双重职能,法院立案庭在审查立案条件时其实是可以向当事人释明不予受理的理由的,如当事人要求法院签发不予受理的裁定,也是可以准许的;基于目前法院系统司法为民,敞开立案大门的形势,当事人坚持立案,愿意承担败诉风险的,在实践中人民法院也可以立案,并由立案庭将案件移交行政审判庭审理,经过进一步审查,当事人提起的行政诉讼的确不在行政诉讼的受案范围，人民法院应当及时从程序上裁定驳回起诉，不进行实体上的审理，不采用判决驳回诉讼请求的方式结案。笔者认为，从提高诉讼效率，遏制当事人滥用诉权，减少司法资源浪费的角度考虑，对于在押服刑人员、假释、暂予监外执行的服刑人员、刑满释放公民针对服刑期间的刑罚执行事项提起行政诉讼的，法院直接裁定不予受理更为妥当。行政诉讼制度本质上是司法权制约行政权的一种制度，目的是维护、监督、审查被诉执法机关行政行为是否合法。从积极意义上看，在监狱刑罚执行行为成为现实的可诉行为之前，对监狱的监督主要包括纪检监察监督、检察院的监督、监狱管理局的监督、人民群众的监督等。在被认定为可诉行为之后，法院也加入到了对监狱刑罚执行行为的监督中来，某种意义上进一步加大了监狱外部监督的力度，这对于提高监狱刑罚执行质量而言无疑也是大有裨益的。

第三，如何应对行政诉讼范围不断扩大的趋势？从发展趋势来看，随着社会的发展和法治的进步，行政诉讼的受案范围也在逐步扩大。从其他国家的法治实践来看，尤其是法治较为发达的国家，其行政诉讼的受案范围一般较为宽泛，司法权通过行政诉讼制约行政权、保障人权的做法较为普遍。在国内，现在对于《行政诉讼法》内原先规定的不可诉行为进行可诉性研究的法律探讨日渐升温，通过司法权制约行政权的理念也越来越得到认可，这必将影响到《行政诉讼法》进一步的修改。因此，通过行政诉讼制约监狱权力，保障罪犯人权，也是我们国家法治发展的大势所趋。为了顺应社会的发展趋势，监狱应加强法制工作，依法治监，既可以从源头上减少诉讼案件的发生，又可以在诉讼发生时充分运用法律武器维护监狱的合法权益。

第四，在法院裁定不受理、驳回起诉的现状之下，如何用法治思维消解监狱与服刑人员之间的现实纠纷与矛盾？针对服刑人员或其亲属对于监狱缺乏信任，监狱公信力不足的情况，可以引进社会第三方力量，让有法律专业知识、诉讼经验、熟悉监狱工作的律师组团介入或协助监狱解决难题；可以在各地法律援助中心的协调下（作为服刑人员的社会福利，增加服刑人员的信任，体验回归社会的温暖），组织援助服刑人员的律师巡回接待服刑人员，如在监狱各监区定时值班、网上咨询等；可以与监狱聘请的常年法律顾问进行常态对话和交流，适时梳理纠纷苗头、矛盾成因、解决路径等，通过法律手段的运用，防患于未然，增加信任和互动，就必然有利于问题的发现与解决。党的十八届四中全会提出全面建立政府法律顾问制度后，不少监狱已经聘请了法律顾问，但如何最大化发挥作用，还需进一步研究。笔者建议应加强针对性培训和实务案例研讨，不断总结经验和教训，形成充分的预案。在监狱系统设立政府法律顾问，让有专业法律知识的律师参与监狱难题的处理,一方面可以在监狱与服刑人员及其亲属之间设立一层防火墙,可以让监狱顾问律师代表监狱先行和服刑人员及其亲属,或者援助律师就具体纠纷处置进行接触,尽快导入法制轨道,提高沟通效率,减轻监狱压力;另一方面也可以通过顾问律师第三方的视角来观察监狱存在的问题,加快监狱法制化的建设进程。

参考文献:

1. 王辉.监狱刑罚执行性质的多维度思索[J].河北法学,2010(3).
2. 孔祥鑫.监狱性质的法理与实证辨析[J].吉林公安高等专科学校学报,2011(3).
3. 李庆红.罪犯权益保护的行政法思考——以监狱与罪犯之间的法律关系为视角[D].东南大学硕士学位论文,2011.